beck'sche reihe

bsr

Die Grenzen des römischen Weltreichs erstreckten sich über Tausende von Kilometern und über drei Kontinente. Je nach Territorium markierten Gräben und Palisaden, Wachtürme und Patrouillenwege die Außenposten des Imperiums. Noch heute stößt man allenthalben auf archäologische Zeugnisse dieses gewaltigen Bodendenkmals. Seine Erforschung ist weit gediehen, und mit der Aufnahme seiner eindrucksvollen Spuren in Deutschland in die Liste des UNESCO-Welterbes hat das öffentliche Interesse am Limes noch einmal stark zugenommen. In dem vorliegenden Lexikon haben ausgewiesene Limesforscher für alle, die sich für Archäologie und Geschichte des Limes interessieren, die wichtigsten archäologischen und historischen Informationen dieses einzigartigen Bauwerks zusammengestellt und kompetent und verständlich erklärt.

Die Autoren

Dr. Martin Kemkes ist Referent für die Zweigmuseen beim Archäologischen Landesmuseum Baden-Württemberg und u.a. für das Limesmuseum Aalen und das Römermuseum Osterburken verantwortlich.

Dr. Jürgen Obmann ist Limeskoordinator beim Bayerischen Landesamt für Denkmalpflege.

Professor Dr. Dieter Planck ist Vorsitzender der Deutschen Limeskommission und Präsident des Landesamtes für Denkmalpflege in Baden-Württemberg.

Dr. Marcus Reuter ist Wissenschaftlicher Referent im LVR-RömerMuseum Xanten.

Dr. Andreas Thiel ist Konservator beim Referat Denkmalpflege im Regierungspräsidium Stuttgart.

Die Herausgeber

Dieter Planck und Andreas Thiel haben dieses Limes-Lexikon herausgegeben.

DAS LIMES-LEXIKON

Roms Grenzen von A bis Z

Herausgegeben von Dieter Planck und Andreas Thiel
in Zusammenarbeit mit Martin Kemkes, Jürgen Obmann
und Marcus Reuter

Verlag C.H.Beck

Mit 43 Abbildungen und Karten im Text sowie 2 Karten
auf den Umschlaginnenseiten (Egon Schallmayer/Gerhard Preuß)

Originalausgabe

Gesamtherstellung: Druckerei C.H.Beck, Nördlingen
Umschlagentwurf: malsyteufel, willich
Umschlagabbildungen: Nachbau eines römischen Wachturms bei Lorch,
© mauritius images/Robert Knöll-03727261; Rekonstruktion römischer Reiter, ©
NLK Kasper/Bernhart, Amt der NÖ Landesregierung – Pressedienst
Printed in Germany
ISBN 978 3 406 56816 9

www.beck.de

A

Aalen

Im Westteil der Stadt Aalen auf einem nach Nordosten geneigten Abhang lag oberhalb der Einmündung des Flüsschens Aal auf einem strategisch günstigen Abhang in das Kocher- und Remstal das Reiterkastell der *ala II Flavia*. Mit einer Seitenlänge von 277 × 240 m besitzt es eine Fläche von 6,07 ha.

Schon zur Zeit des Humanismus wurde A. als römische Fundstätte erkannt. Umfangreiche Ausgrabungen durch die (↗) Reichs-Limeskommission fanden 1894 und 1895 statt. Aufgrund dieser Erkenntnisse konnten die Ausdehnung und die vier mit einer Doppeldurchfahrt versehenen Tore nachgewiesen werden. Im Jahre 1962 wurde für den Bau des Limesmuseums das linke Lagertor *(porta principalis sinistra)* ausgegraben und restauriert. 1978 bis 1981 fanden im Zusammenhang mit der Erweiterung des Museums und der Konzeption eines Archäologischen Parks große Flächengrabungen statt, bei denen die (↗) Kommandantur untersucht und in ihren Grundmauern konserviert wurde. Sie besitzt eine Länge von 70 m und eine Breite von 60 m. Ihre zunächst aus Holz errichtete Vorhalle mit einer Länge von 68 m und mit einer Höhe von 18–20 m war ein monumentales Bauwerk, dessen drei Eingänge architektonisch hervorgehoben waren. Die zum Bau der Vorhalle verwendeten Eichenhölzer ließen sich dendrochronologisch auf das Jahr 163 n. Chr. datieren. Dieses Datum passt vorzüglich mit dem Abschluss der Bauarbeiten für das Jahr 163/64 zusammen, der durch das Fragment einer Bauschrift überliefert ist. Im Innenhof der Kommandantur waren ein zentrales Altarfundament, ein Brunnen und ein Wasserbecken aufgedeckt worden, das als (↗) Nymphaeum anzusprechen ist. Auf den von einer offenen *porticus* umgebenen Innenhof folgt die «Querhalle», eine rückwärtige Raumreihe mit dem zentralen Fahnenheiligtum und dem darunter liegenden Keller, der vorzüglich erhalten war. Hier wurden Fragmente einer bronzenen Kaiserstatue, Reste von (↗) Feldzeichen, ein goldener und silberner Armring sowie schon bei den Grabungen der Reichs-Limeskommission ein Bronzeblech mit der Darstellung des (↗) Juppiter Dolichenus geborgen.

Einer mittelalterlichen Kalkbrennerei in der Apsis des Fahnenheiligtums fielen auch zahlreiche Bauinschriften zum Opfer. Trotzdem konnten bei den Grabungen zwischen 1978 und 1986 insgesamt 16 Inschriften nachgewiesen werden. Es handelt sich um (↗) Bauinschriften aus den Jahren 163 oder 164 n. Chr. sowie aus dem Jahre 208, die zum ersten Mal in diesem Zusammenhang die antike Bezeichnung (↗) *capitolium* für das Fahnenheiligtum in A. nennen. Weitere Bauinschriften zu Ehren des Severus Alexander stammen aus dem Jahr 222.

Zum Kastell A. gehört ein (↗) Lagerdorf, das sich vor allen Dingen nördlich und südöstlich des Kastells vor dem Haupttor *(porta praetoria)* erstreckte.

Schon im 19. Jahrhundert wurden hier Steingebäude ausgegraben. Hier handelt es sich wahrscheinlich um die große (↗) Badeanlage und repräsentative Wohn- und Empfangsgebäude. Das Fundmaterial deutet darauf hin, dass das Lagerdorf von A. wohl kaum länger als 260 n. Chr. Bestand hatte.

Jüngere germanische Funde aus der Zeit um 300 n. Chr. und aus der ersten Hälfte des 4. Jhs. etwa 800 m westlich des Kastells belegen, dass die frühen Germanen sich am Rande des römischen Lagerdorfes niedergelassen haben.

Unmittelbar vor der *porta praetoria,* östlich des Kastells befindet sich die St. Johann-Kirche aus dem 13. Jahrhundert. Es handelt sich wohl um das älteste Kirchengebäude in Aalen. Zum Bau dieses Gebäudes sind zahlreiche römische Bausteine verwendet worden, zweifellos Mauerquader des Kastells. Hier fand sich im Jahre 1974 im Fundamentbereich das Fragment einer großen Inschriftenbasis für Juppiter Dolichenus, die zweifellos aus der Kommandantur stammt.

Lit.: D. Planck, Die Römer in Baden-Württemberg (2005) 9 ff.

Abb. 1: Luftbild des mittleren Kastellbereichs von Aalen mit dem Limesmuseum, dem konservierten Grundriss der Kommandantur und dem Teilnachbau einer Reiterbaracke.

agri decumates

Tacitus bezeichnet in seiner *Germania* die römischen Provinzgebiete östlich bzw. nördlich von Rhein und Donau als *decumates agri.* Dieses Land, dessen Eigentumsverhältnisse offenbar unklar waren, hätten sich keltische Siedler noch vor der Vorverlegung des Limes angeeignet.

Die Herkunft des Ausdrucks ist unklar und die Bedeutung umstritten; möglicherweise ist der antike Text an dieser Stelle fehlerhaft überliefert. Aufgrund der Lautfolge wird der Name verschiedentlich vom Lateinischen *decem* = Zehn abgeleitet und mit «Zehntland» übersetzt, aber auch andere Herleitungen werden diskutiert.

ala

Ursprünglich Bezeichnung für die in der Feldschlacht zu beiden Seiten (*ala* lat. «der Flügel») des republikanischen römischen Bürgerheeres aufgestellten Truppen der Bundesgenossen. Eine *ala Sociorum* bestand aus zehn (↗) Kohorten und war damit genauso stark wie eine (↗) Legion.

Der Ausdruck ging in der frühen Kaiserzeit auf die taktisch selbstständigen Reiterverbände der (↗) Hilfstruppen über. Etwa ab Claudius bestand eine *ala quingenaria* aus rund 500 Reitern und gliederte sich in 16 (↗) *turmae* zu je 32 Soldaten, eine *ala milliaria* bestand aus knapp 800 Reitern in 24 *turmae.* An der Spitze stand der *praefectus alae,* ein verdienter ehemaliger Kohortenpraefekt oder ein gewesener Legionstribun. Jede *turma* kommandierte ein Decurio, der im Rang einem (↗) Zenturio gleichkam.

Im Heer der Kaiserzeit gab es insgesamt etwa achtzig *alae quingenariae* und nicht mehr als zehn *alae milliaria*. Die einzige *ala milliaria* am Obergermanisch-raetischen Limes, die *ala II Flavia*, stand ab etwa 90 n. Chr. in (↗) Heidenheim und später in (↗) Aalen. *Alae quingenariae* sind aus Kösching, Pförring, (↗) Weißenburg und (↗) Welzheim belegt. Hinweise auf ihre Stationierung gibt es außerdem aus (↗) Echzell und Butzbach.

Ausrüstung und Training machte aus den Alenreitern die Elitekavalleristen des Heeres. Weniger angesehen und auch von ihrer Schlagkraft wohl nur zweitrangig waren die Reitertruppen innerhalb der *cohortes equitatae*.

Alamannen

Germanischer Volksstamm, der sich im 3. Jh. n. Chr. im ehemaligen römischen Südwestdeutschland aus verschiedenen eingewanderten Gruppen (von Gebieten jenseits des Limes) bildete. Wann die A. erstmalig historisch bezeugt sind, ist umstritten. Der früheste Beleg findet sich bei Cassius Dio im Zusammenhang mit dem Feldzug Caracallas im Jahr 213 n. Chr., doch gilt diese Nennung der A. als spätere Einfügung (anstatt der dort ursprünglich genannten *Germani*). Dies wird jedoch von einzelnen Forschern neuerdings wieder bezweifelt, die sich für eine Authentizität der Textstelle aussprechen. Sicher erwähnt werden die A. in einer Lobrede des Jahres 289 n. Chr., die in Trier auf den römischen Kaiser Maximian gehalten wurde. Der byzantinische Historiker Agathias (ca. 530–582 n. Chr.) überliefert, dass der Name der A. eine «zusammengespülte und vermischte Menschenmenge» bedeute. Nach dem Ende des Limes siedelten sich in der 2. Hälfte des 3. Jhs. – vor allem im Neckargebiet und an der oberen Donau – erste kleinere Germanengruppen im Umfeld verlassener römischer Gutshöfe an; diese Plätze gelten als die frühesten archäologischen Nachweise der A. Wie Ammianus Marcellinus berichtet, wurden die A. von zahlreichen Kleinkönigen angeführt, die in der Spätantike zu Rom sehr unterschiedliche und wechselnde Beziehungen (Verbündete, Gegner) unterhielten. Eine der größten militärischen Auseinandersetzungen zwischen den A. und Rom fand im Jahr 357 n. Chr. in der Schlacht bei (↗) Straßburg statt, die mit einer schweren Niederlage der A. endete. Im 6. Jh. verloren die A. zunehmend an Macht und Einfluss, nachdem sie 497 n. Chr. von den Franken in der Schlacht bei *Tolbiacum*/Zülpich besiegt worden waren.

Lit.: Die Alamannen. Begleitband zur Großen Landesausstellung «Die Alamannen» vom 14. Juni–14. Sept. 1997 in Stuttgart (Stuttgart 1997).

Alblimes

Gleichzeitig mit der Okkupation des oberen Neckarraumes und dem Ausbau des militärischen Schwerpunktes in Rottweil (*Arae Flaviae*) wurden auf dem Kamm der Schwäbischen Alb die ersten Kastelle errichtet. Wohl unter Kaiser Domitian wurde der Alblimes nach Osten verlängert. Damit bildete diese Grenzziehung den Vorläufer des späteren raetischen Limes. Die Kastelllinie bestand aus einer durchgehenden Straße und entsprechenden Kastellen. Eine lineare Grenzbefestigung war jedoch offenbar nicht notwendig. Die Kastelle der (↗) Hilfstruppen waren damit Stützpunkte der neu eroberten Grenzzone. Zum Alblimes gehören Militäranlagen in Ebingen-Lautlingen und vor allen Dingen das 2 ha große Kastell Burladingen-Hausen, das zunächst in Holz, später in massiver Bauweise ausgebaut wurde. Nach Osten schließt sich das Kastell Gomadingen an, ebenso ist ein kleineres Lager in Donnstetten durch Luftbilder bekannt. Das Kastell Urspring bestand ebenfalls zunächst aus Holz und wurde später mit einer Innenfläche von 1,8 ha in Stein ausgebaut. Nach Osten folgte schließlich das 5,2 ha große Kastell (↗) Heidenheim, das von der *ala II Flavia pia fidelis milliaria* erbaut wurde, die später in (↗) Aalen stand. Das Kastell Oberdorf am Ipf mit 1,7 ha Fläche wurde wohl spätestens um 90 n. Chr. errichtet, jedoch nicht in Stein ausgebaut. Weiter östlich folgte das Kastell Munningen mit 2,7 ha Fläche im Nördlinger Ries. Durch Luftaufnahmen und neuere Entdeckungen sind kleinere Kastelle in den «Weiherwiesen» südlich von Essingen und in Lauchheim im Ostalbkreis bekannt geworden. Diese Kleinkastelle entsprechen dem durch Luftbilder nachgewiesenen Kleinkastell auf dem Hasenhäuslesberg in Donnstetten und zeigen, dass die Schwäbische Alb damals durch verschiedenartige Kastelle gesichert wurde. Mit der Vorverlegung der Truppen an den Äußeren Limes verlor der Alblimes seine Bedeutung und wurde spätestens um die Mitte des 2. Jhs. aufgegeben. Zahlreiche römische (↗) Lagerdörfer bestanden jedoch weiter, so unter anderem die Zivilsiedlung beim Kastell Heidenheim.

Lit.: J. Heiligmann, Der «Alblimes», Forschungen und Berichte zur Vor- und Frühgeschichte in Baden-Württemberg 35 (1990).

Amphitheater

Arena mit ovalem Grundriss, in der Gladiatorenkämpfe und Tierhetzen – aber auch Hinrichtungen – stattfanden. Der Begriff stammt aus dem Griechischen und bedeutet wörtlich: Doppeltheater. Entsprechende Bauten existierten in fast allen größeren Städten des Römischen Reiches, da der Besuch der Spiele in den A. Bestandteil des öffentlichen Lebens war. Neben den größeren zivilen Zentren verfügten auch die meisten Legionslager über ein eigenes A., das sich stets außerhalb der Lagerumwehrung befand. Der Fund eines Gladiatorenhelmes in Xanten mit Nennung der *legio XV* zeigt, dass das römische Militär wahrscheinlich auch eigene Kämpfer in seinen Arenen auftreten ließ. Ein in (↗) Colchester/Britannien gefundener Tonbecher überliefert ferner einen Gladiator der *legio XXX* namens Valentinus; die Darstellung zeigt ihn als im Kampf unterlegenen Netzkämpfer *(retiarius)*, der um Gnade bittet; vgl. CIL VII 1335,3. Darüber hinaus erwähnen Inschriften aus verschiedenen Teilen des Römischen Reiches den Einsatz von Soldaten beim Fangen von wilden Tieren (Braunbären und Auerochsen), die für die Tierhetzen in den A. benötigt wurden.

Gelegentlich gab es auch bei den Alen- und Kohortenkastellen (↗ *ala*, ↗ Kohorte) am Limes kleinere hölzerne A., wie die erst jüngst gemachte Entdeckung einer entsprechenden Anlage vor den Toren des Hilfstruppenkastells in (↗) Künzing zeigt. Der Bau war nach den Grabungsergebnissen in der ersten Hälfte des 2. Jhs. errichtet worden, wurde jedoch schon bald darauf wieder aufgegeben; der Platz wurde anschließend als Müllhalde genutzt. Auch am Kastell Zugmantel im Taunus wird eine (noch heute sichtbare) kleine ovale Erdschanze als A. interpretiert. Schauspielaufführungen fanden in den A. nicht statt.

Angriffswaffen (Dolch, Schwert, Lanze, Speer)

Zu den Angriffswaffen zählen alle Einzelwaffen, die der Soldat aktiv im Kampf gegen einen Gegner einsetzen konnte. Dabei können Waffen für den Nahkampf von den sog. Fernwaffen unterschieden werden. Zu den Quellen und zur grundsätzlichen Entwicklung der römischen Bewaffnung siehe unter (↗) Waffen.

Als Hauptwaffe für den Nahkampf diente dem römischen Soldaten sein (↗) Schwert, das von allen Soldaten getragen wurde und letztlich zusammen mit dem (↗) Wehrgurt als eine Art Statussymbol für den Soldatenstand schlechthin galt. Wohl nur im Notfall kam der ansonsten vielseitig verwendbare (↗) Dolch zum Einsatz.

Zu den Fernwaffen gehören alle (↗) Lanzen- und (↗) Speerformen, wobei die langen Stoßlanzen als Hauptwaffe neben dem Schwert insbesondere bei den Fußtruppen und Reitern der (↗) Hilfstruppen zum Einsatz kamen.

Ebenfalls zu den Fernwaffen zählen die verschiedenen Geschützformen. Schwere Torsionsgeschütze wurden allerdings nur von den (↗) Legionen geführt und waren bei den Hilfstruppen am Limes wohl nicht im Einsatz. Allerdings könnten die in größeren Stückzahlen gefundenen drei- und vierkantigen Bolzenspitzen darauf hinweisen, dass am Limes sehr wohl leichtere bewegliche Geschütze im Einsatz waren, wie sie z. B. auf der (↗) Trajanssäule zu sehen sind. Die eindeutige Interpretation der Bolzenspitzen als Lanzen-, Speer- oder Geschossspitzen ist jedoch schwierig.

Annäherungshindernisse (Spitzgraben, *pilum murale*)

Das wichtigste A. eines römischen (↗) Kastells waren seine Gräben *(fossae)* im unmittelbaren Vorfeld der Befestigung. Diese künstlich angelegten Gräben umschlossen das Lager in der Regel vollständig. Sie konnten an den Tordurchfahrten unterbrochen oder durch eine Brückenanlage überspannt sein. Sie dienten sowohl der Lockerung angreifender geschlossener Verbände wie auch dem Verlangsamen des Vorrückens an die Position, wo Fernwaffen ihre optimale Wirkung entfalten konnten. Sie verhinderten außerdem das Heranführen von Belagerungsmaschinen und erschwerten das Anstellen von Leitern zur Erstürmung der Wehrmauern. Die typische Grabenform war die *fossa fastigata* mit V-förmigem Profil. Dieser sog. Spitzgraben konnte an seiner Sohle noch ein kleines Reinigungsgräbchen besitzen. Eine seltener zu beobachtende Form war die *fossa punica*, an der zur Feindseite eine sehr steile Grabenböschung zu finden war, während die zur Lagerseite gewandte Wand sehr flach ausgeführt war. Große Variationen findet man in der Anzahl, Breite und Tiefe sowie dem Abstand der Gräben. Abhängig von den Bodenverhältnissen waren sie zwischen 2,5 und 6 m breit und zwischen 1,2 und 3 m tief.

Zum Schutz der Toranlage konnten besondere Grabenstücke angelegt werden, die jedoch nicht regelhaft zum Einsatz kamen. Mit *clavicula* bezeichnet man eine Verlängerung von Graben und Wall an einer Torseite in Bogenform, so dass sich ein längerer Zugang zum Tor bildete, der intensiver verteidigt werden konnte. Eine *clavicula* konnte in das Kastellinnere oder nach außen geführt werden. Ein *titulum* ist ein direkt der Toreinfahrt vorgelagertes Grabenstück mit Wall, das durch seine Lage den direkten Zugang zum Tor abbremste und erschwerte.

Als *liliae* wurden glatte, zugespitzte Pfähle in mehreren Reihen von Fallgruben gesetzt und abgedeckt, um sowohl Fußtruppen als auch berittene Einheiten bereits vor den Gräben zu bremsen und so den eigenen Fernwaffen gut erreichbare Ziele zu bieten. Ergänzend konnten vor, in und zwischen den Gräben weitere Hindernisse angelegt werden. Dies waren u.a. Dornenhecken, zugespitzte Hölzer oder Astverhaue. Diese Vorfeldsicherung der Kastelle ist meist nur unzureichend archäologisch untersucht.

Der übliche Schanzpfahl der römischen (↗) Legion war das *pilum murale (pila muralia)*. Es wurde aus einem 150 bis 180 cm langen Eichenpfosten hergestellt, der an beiden Enden zugespitzt und in der Mitte mit einer Einkerbung versehen war. Die Pfähle wurden in den Wall eines Marschlagers eingesetzt und die einzelnen Pfosten mit Seilen verbunden, so dass sie eine zusammenhängende Palisade bildeten, die dem Gegner das Eindringen in das Lager erschwerte.

Annex

An den üblicherweise rechteckigen (↗) Kastellen am Limes wurden vereinzelt Erweiterungen der Kastellflächen vorgenommen, die als A. bezeichnet werden. Diese konnten regelmäßig oder trapezoid angelegt werden und dienten zur Unterbringung weiterer Truppenteile wie z.B. eines (↗) *numerus* oder der *exploratores*. Das bekanntestes Beispiel bildet das Annexkastell von (↗) Osterburken.

annona militaris

Steuer, bestehend aus verschiedenen Naturalabgaben, die für den Unterhalt der römischen Armee bestimmt waren. Die von der Provinzbevölkerung zu leistenden Abgaben im Rahmen der *a.m.* beinhalteten vor allem Getreidelieferungen an das Militär. In den spätantiken Rechtsquellen sowie in Papyri aus Ägypten werden darüber hinaus auch noch andere Waren wie z.B. Wein, Öl, Rauchfleisch, aber auch Holz und Viehfutter als Bestandteile der *a.m.* genannt. Die Einziehung der Steuer spielte vor allem ab dem 3. Jh. n. Chr., also in der Limesspätzeit, eine zunehmend größere Rolle; jedoch ist der Umfang und die Bedeutung der *a.m.* in vielen Einzelheiten noch unklar und dementsprechend umstritten.

Antoninuswall

Rund 60 km lange Befestigungsanlage, die Kaiser Antoninus Pius an der schmalsten Stelle Schottlands entlang der Landenge zwischen den Mündungen des Clyde im Westen und des Forth im Osten errichten ließ.

Der Baubeginn datiert in die Anfangsjahre der Regierungszeit des Antoninus Pius um 142/143 n. Chr., nachdem der vom Kaiser eingesetzte (↗) Statthalter Quintus Lollius Urbicus einen Feldzug gegen einheimische Stämme geführt und das Gebiet nördlich der (↗) Hadriansmauer unterworfen hatte. Der A. sollte diese 160 km weiter südlich verlaufende Linie als neue Nordgrenze der römischen Provinz *Britannia* ersetzen. Doch auch während der Besetzung Südschottlands – vermutlich bis Mitte der 160er Jahre – wurde die Hadriansmauer offenbar niemals ganz aufgegeben.

Der Verlauf des A. folgt im Wesentlichen dem Südrand des zentralen Tales durch die schottischen Lowlands, das durch die beiden Flüsschen Kelvin im Westen und Carron im Osten gebildet wird. Im Vergleich zur Hadriansmauer waren seine Befestigungsanlagen einfacher ausgeführt. Schon die Historia Augusta bemerkt, dass als Baumaterial Rasensoden *(muro caespititio)* dienten. Der archäologische Befund lässt darauf schließen, dass der eigentliche Wall an der Basis eine Breite von 4,5 m und eine Höhe von 3 m erreichte. Lediglich sein Fundament bestand aus Bruchstein. Eine Brustwehr aus Holz oder eher Flechtwerk ist bislang nicht nachzuweisen. Südlich des Walles verlief eine Militärstraße, die auch überregional als West-Ost-Verbindung Bedeutung hatte. Auf der Feindseite war dem Wall ein mächtiger Graben vorgelagert, der heute noch bis zu 4 m tief und über 12 m breit erhalten ist. Der Aushub dieses Grabens wurde auch auf seiner Nordseite zu einem breiten Wall aufgehäuft. Unmittelbar entlang des A. waren zunächst sechs, später sechzehn Kastelle angelegt worden, deren Umwehrung ebenfalls aus Rasensodenmauern bestand. Türme entlang des Walles konnten nicht festgestellt werden, allerdings bestanden wohl spezielle Plattformen, von denen aus Signale entlang der Linie weitergegeben werden konnten.

Der genaue Zeitpunkt für die Aufgabe des A. ist unsicher. Eine Inschrift aus Kastell Castlecary, etwa im Zentrum des Walles gelegen, gehört offenbar noch in das letzte Viertel des 2. Jhs. Möglicherweise spielte der A. auch während des Feldzuges des Kaisers Septimius Severus (208–211 n. Chr.) noch einmal für kurze Zeit eine militärische Rolle.

Seit 2008 steht der A. als Teil der «Grenzen des Römischen Reiches» auf der Welterbeliste der UNESCO.

B

Badewesen

Am Obergermanisch-Raetischen Limes wurden bei jedem kleineren und größeren (↗) Kastell separate Badegebäude errichtet. Charakteristisch ist die Lage der Kastellbäder außerhalb der Kastelle, an einer der Ausfallstraßen. Eine Regelmäßigkeit scheint allerdings nicht vorhanden zu sein, da wohl auch die topografische Situation und die Zugänglichkeit zum Wasser von erheblicher Bedeutung waren.

Alle bekannten Badanlagen entlang des Obergermanisch-Raetischen Limes gehören dem sog. Reihentypus an, d. h. die Hauptbaderäume wie Umkleideraum *(apodyterium)*, Kaltbad *(frigidarium)*, Laubad *(tepidarium)* und Warmbad *(caldarium)* waren hintereinander, meist in Nord-Süd-Richtung, angelegt. Angefügt sind auf der Längsseite Nischen mit eingebauten Sitzwannen, aber auch Schwitzbäder *(sudatorium)* und andere Spezialräume.

Das Warm- und Laubad hatte die charakteristische Fußbodenheizung *(↗* Hypocaustum*)*, das Warmbad zusätzlich noch die Wandbeheizung durch Hohlziegel *(tubuli)*. Heizräume außerhalb der großen Räume sorgten für deren Versorgung. Über dem Heizkanal *(praefurnium)* wurde das warme Wasser in Metallkesseln aufbereitet.

Über den antiken Badevorgang sind wir durch Badevorschriften unterrichtet: Nach Ablage der Kleider erfolgte eine erste Reinigung im Kaltbad. Nach dem Einölen wurde der Körper mit Hilfe eines Schabers *(strigilis)* vom Schmutz befreit. Vom Kaltbad begab man sich über das Laubad *(tepidarium)* in das Warmbad, in dem eine relativ hohe Temperatur herrschte. Der Badevorgang ging anschließend wieder zurück über das Laubad, um den Übergang vom Warmbad zum Kaltbad erträglich zu gestalten. Bei den Badeanlagen, in denen separate Schwitzbäder angefügt worden sind, konnte der Besuch des Schwitzbades in den Ablauf eingeschoben werden.

Zahlreiche Weihesteine geben uns detaillierte Berichte über Ausstattung und architetonische Veränderungen der Bäder. Sie liefern Einblicke in die baugeschichtliche Entwicklung des jeweiligen Bauwerkes, spiegeln aber gleichzeitig auch die Geschichte der jeweiligen Garnison wider. Besonders wichtig ist die mehrfach am gesamten Obergermanisch-Raetischen Limes nachgewiesene Entwicklung von einfachen kleinen Badegebäuden mit den wichtigsten Räumen, über weit ausgedehnte, mehrteilige Gebäudekomplexe, die anschließend – oft nach einer Zerstörung oder Baufälligkeit – wieder auf das Kerngebäude mit den Hauptbaderäumen beschränkt wurden. Dies kann mit den Zerstörungen in der 1. Hälfte des 3. Jhs. durch die Germanen und den dadurch entstandenen wirtschaftlichen Rückgang erklärt werden.

Lit.: M. Weber, Antike Badekultur (1996).

W. Heinz, Römische Thermen, Badewesen und Badeluxus im Römischen Reich (1983).

Abb. 2: Konservierte Grundmauern des Kastellbades vom Schirenhof bei Schwäbisch-Gmünd.

basilica (pl. *basilicae*)

Bezeichnet in der römischen Militärarchitektur eine Halle, meist die große Querhalle im vorderen Bereich eines Stabsgebäudes. Entsprechende Bauten – meist in Fachwerk, seltener in Steinbauweise ausgeführt – sind in fast allen Kastellen des Obergermanisch-Raetischen Limes archäologisch nachgewiesen. Das (von seinen räumlichen Dimensionen her) beeindruckendste Beispiel einer *b.* befindet sich im Stabsgebäude des Kastells Aalen, wo eine hölzerne Querhalle mit einer Breite von rund 67 m und einer Tiefe von knapp 22 m entdeckt wurde. Welchem Zweck die *b.* dienten, ist unklar. Aufgrund der räumlichen Größe und ihrer zentralen Lage im Kastell dürfte jedoch eine Nutzung als Versammlungshalle für die gesamte Garnison wahrscheinlich sein. Eine Inschrift aus Britannien nennt ferner eine *b. equestrem exercitatorem,* also eine Reithalle, doch ist in diesem Fall nicht sicher, ob die erwähnte *b.* mit der Querhalle des Stabsgebäudes identisch war. In den Legionslagern wurde ein eigener *custos b.* für die Aufsicht über das Gebäude abgestellt.

Bauinschrift

Textdenkmal, dessen Inhalt sich entweder auf den Neubau oder auf die Renovierung eines Bauwerkes bezieht. Bei den militärischen B. wird am Textanfang stets der regierende Kaiser mit (mehr oder weniger ausführlicher) Titulatur genannt, der dort entweder als oberster Bauherr auftritt oder dem der entsprechende Bau gewidmet wird. Die durchgeführte Baumaßnahme wird in den Denkmälern nicht immer explizit genannt, da die Inschriftplatte an dem betreffenden Bauwerk angebracht war und dem Leser auf diese Weise bereits die erforderliche Information vermittelte. Häufig werden die errichteten Neubauten bzw. durchgeführten Baumaßnahmen auch namentlich erwähnt, wobei die Angaben von der einfachen Nennung des Gebäudes bis hin zur ausführlichen Beschreibung der einzelnen Baumaßnahmen reichen können.

Ein besonders schönes Beispiel einer detaillierten B. liegt aus dem Kastellbad von Elztal-Neckarburken am Odenwaldlimes vor, die von Erneuerungsarbeiten im Jahr 158 n. Chr. berichtet – erwähnt werden darin der Bau einer Rundnische, die Renovierung einer Decke in Ziegelbauweise und der Einbau neuer Heizkessel. In der Regel wird in den B. auch die ausführende Truppe genannt, die jedoch nicht immer mit der vor Ort liegenden Garnisonseinheit identisch sein muss. Zusätzlich kann im Text auch der amtierende Statthalter und/oder der für die Baumaßnahme verantwortliche Offizier erwähnt werden, deren Zuständigkeit meist mit der Formel *sub cura,* d. h. «unter Aufsicht von …», umschrieben wird. Aufgrund der in den B. enthaltenen Kaisertitulaturen sowie der häufig anzutreffenden Konsuldatierungen am Ende der Inschriften können die Baumaßnahmen meist recht genau datiert werden. Die B. stellen somit eine wichtige Denkmälergruppe für die Geschichte des Limes dar.

Lit.: M. Horster, Bauinschriften römischer Kaiser. Untersuchungen zu Inschriftenpraxis und Bautätigkeit in Städten des westlichen Imperium Romanum in der Zeit des Prinzipats (Stuttgart 2001).

Abb. 3: Bauinschrift anlässlich der abgeschlossenen Renovierung des Badegebäudes der cohors I Germanorum in Jagsthausen (um 200 n. Chr.).

Beneficiarier

B. sind durch ein (↗) *beneficium* freigestellte Adjutanten höhergestellter Offiziere oder Sonderbeauftragte in zivilem Dienst. Außerhalb der stadtrömischen Militärverbände durch Inschriften am häufigsten belegt sind die von Legionssoldaten gestellten *beneficarii consularis,* die für den jeweiligen (↗) Statthalter tätig waren. Über den Aufgabenbereich dieser Statthalterbeneficiarier wissen wir allerdings nur wenig. Meist geht man davon aus, dass sie als eine Art «Straßenpolizei» zur Aufrechterhaltung von Recht und Ordnung eingesetzt wurden. Allerdings scheinen B. auch mit der Leitung staatlicher Güter betraut worden zu sein, die durch den Provinzstatthalter verwaltet wurden. Aus einer Vielzahl obergermanischer Kastellplätze sind Weihesteine hier stationierter B. bekannt. Aus Raetien fehlt Vergleichbares. Da *stationes* (↗ *statio*) der B. insbesondere in den Kastellplätzen am Limes nachzuweisen sind, schließt man zudem auf eine Tätigkeit im Zusammenhang mit der Grenzkontrolle von Personen oder Waren. Als unmittelbar Beauftragte des Statthalters waren B. wohl nur diesem gegenüber verantwortlich und so vor Ort vergleichsweise unabhängig. Dies würde besonders an den Limesorten auch eine Art Gegengewicht zu den Kommandeuren der lokalen Garnisonen bedeuten. Vermutlich um Korruption vorzubeugen, dauerte die Dienstzeit eines B. an einem Einsatzort jeweils nur ein halbes Jahr, bevor er an einen anderen Dienstort oder zurück in seine Stammeinheit versetzt wurde. Verbunden mit einer offensichtlich nicht ungefährlichen Tätigkeit, führte dies dazu, dass viele B. zum Dank dafür, dass sie ihren Dienst unbeschadet überstanden hatten, Weihesteine an ihren Stationen stifteten. Bekannteste Beispiele sind die zahlreichen Altäre aus (↗) Obernburg am Main und (↗) Osterburken, die den offiziellen Staatsgöttern geweiht sind, aber auch der Schicksalsgöttin (↗) Fortuna und dem *Genius loci,* gewissermaßen dem (guten) Geist eines Ortes.

Lit.: J. Ott, Die Beneficiarier. Untersuchungen zu ihrer Stellung innerhalb der Rangordnung des römischen Heeres und zu ihrer Funktion (Stuttgart 1995).

Abb. 4: Ausgrabung des Heiligtums mit den in Reihen aufgestellten Altarsteinen neben der Beneficiarierstation von Osterburken 1982–1986.

beneficium (Freistellung)

Besonders fähige Soldaten konnten von ihren täglichen Pflichten entbunden und zu Sonderaufgaben herangezogen werden. Diese zeitlich befristete Freistellung wird als *b.* (lat. «Wohltat») bezeichnet, die Ausgewählten selbst als *beneficiarii*. Auf diese Weise war es möglich, die zahlreichen Aufgaben zu erfüllen, die beispielsweise bei den stadtrömischen Truppen neben dem eigentlichen Soldatenhandwerk anfielen. Aber auch Personal in der Zivilverwaltung, etwa im Stab der (↗) Statthalter oder (↗) Procuratoren in den Provinzen, wurde mit Hilfe von *b.* aus Angehörigen des Mittelbaus der militärischen Hierarchie zwischen die einfachen Soldaten und die (↗) Zenturionen gestellt. Offenbar behielten jedoch (↗) Beneficiarier auch während ihrer «Dienstbefreiung» ihren Soldatenstatus und setzten anschließend ihre militärische Laufbahn fort.

Berme

Schmaler, waagrechter Streifen vor der Außenfront der Wehrmauer und dem inneren Rand des ersten Grabens. Die B. verhinderte zum einen ein Abrutschen der Wehrmauer in den Graben durch das Abmindern der Baulast und erleichterte zum anderen den Zugang an der Außenseite für nötige Reparaturen.

Bestattungswesen

B. im engeren Sinne meint die Behandlung des Leichnams, Art und Weise seiner Verbringung in ein Grab, dessen oberirdische Kennzeichnung sowie die jeweiligen Jenseitsvorstellungen und Rituale.

Für die Limesregion muss hierbei die Vermischung keltischer und römischer Vorstellungen beachtet werden. Als Quellen stehen neben den primär für Rom und Italien relevanten schriftlichen Überlieferungen vor allem die ausgegrabenen Gräberfelder sowie die erhaltenen oberirdischen Grabmonumente zur Verfügung.

Die Versorgung der Toten war Privatsache. Als allgemein übliche Handlungen nach dem Tod eines Angehörigen galten die Aufbahrung des Toten, der Leichenzug, die Verbrennung und/oder Bestattung, das Totenmahl, Reinigungsriten sowie schließlich die Einhaltung der Totengedenktage.

In Rom, wie im gesamten Westen des Reiches, war im 1.–3. Jh. n. Chr. die Verbrennung der Toten zunächst allgemein üblich. Körperbestattungen blieben eher die Ausnahme, z. B. für Säuglinge oder besondere Tote, die aufgrund meist unklar bleibender gesellschaftlicher Sanktionen kein normales Begräbnis bekamen. Ab der Mitte des 2. Jhs. n. Chr.

wurde, wie bereits im Osten des Reiches, die Körperbestattung immer beliebter, was aber für die Limesregion bis zur Mitte des 3. Jhs. n. Chr. keine Bedeutung hatte.

Die Gräberfelder lagen immer außerhalb der Siedlungen, meist entlang der Hauptausfallstraßen, so dass die Gräber von den Vorbeifahrenden beachtet werden konnten. Da Begräbnisplätze teuer waren, gab es Grabbezirke von Familien oder sog. Begräbnisvereinen, in denen man zu Lebzeiten Mitglied werden konnte. Die Vorsorge für das eigene Begräbnis wurde auch in den Grabinschriften durch Formulierungen wie *H(eres) F(aciendum) C(uravit)* ausgedrückt.

Die Verbrennung der Toten auf einem Scheiterhaufen (*ustrina*) erfolgte meist mit Trank- und Speisebeigaben auf einem separaten Verbrennungsplatz, seltener direkt über der Grabgrube (*bustum*). Der Leichenbrand wurde dann aus der Glut herausgesammelt und in einer Urne oder in einem anderen Behältnis, z. T. zusammen mit den verbrannten und weiteren unverbrannten Beigaben beigesetzt.

Details der Bestattungs- und Beigabensitten lassen sich bei den Gräberfeldern der Rheinprovinzen und der Limesregion mit keltischen und römischen Traditionen in Verbindung bringen, wobei gerade im 2.–3. Jh. n. Chr. die vielfältige individuelle Vermischung der Traditionslinien eindeutige Zuweisungen erschwert. In römischer Tradition steht die Verbrennung direkt über der Grabgrube, die Aufstellung von Grabsteinen oder Grabmonumenten, die Beigabe von Öllämpchen und Münzen sowie von Glasbalsamarien, aus denen wohlriechende Öle bei der Verbrennung vergossen wurden. Auf keltische Traditionen geht dagegen die Mitgabe privater Besitztümer zurück, wie Gewänder, Schmuck, ganzer Geschirrsätze und vor allem Waffen. Art und Umfang der Beigaben können dabei das Geschlecht, persönliche Jenseitsvorstellungen sowie auch die gesellschaftliche Stellung des Verstorbenen widerspiegeln.

Am Limes konnten Gräberfelder beim Kastell (↗) Zugmantel, bei der (↗) Saalburg, in Heldenbergen, (↗) Osterburken, Jagsthausen, (↗) Welzheim und Schwäbisch-Gmünd untersucht werden. Aus dem Hinterland sind vor allem die großen Gräberfelder von Frankfurt-Heddernheim, Heidelberg, Rottweil, Faimingen und Günzburg mit bis zu 1500 Bestattungen zu erwähnen.

Auf diesen Friedhöfen finden sich aus dem 2. und 3. Jh. n. Chr. in der Regel recht einfache Brandgräber, mit wenigen verbrannten wie unverbrannten Speise- und Geschirrbeigaben. Öllämpchen und Balsamarien kommen in unterschiedlichen Stückzahlen vor, eher Ausnahmen sind eindeutige persönliche Beigaben, wie Schmuck, Kästchen, Schreibstili, Arztbestecke oder Werkzeuge. Waffenbeigaben gibt es nicht, so dass die große Gruppe der Soldaten anhand der Beigaben nicht identifiziert werden kann.

Die oberirdische Kennzeichnung mit Grabarealen, Grabsteinen und Pfeilergrabmälern lässt sich ebenfalls nachweisen, auch wenn die Anzahl deutlich geringer ist als in den großen stadtartigen Siedlungen am Rhein oder in Gallien.

Beispielhaft genannt seien hier die Pfeilergrabmäler von Osterburken, Jagsthausen und Mainhardt und von dem ländlichen Gräberfeld in Sontheim a. d. Brenz.

Grabsteine mit Darstellung des Totenmahls wurden in (↗) Echzell und Schwäbisch Gmünd gefunden. Als besonderes Monument gilt der Soldatengrabstein der beiden persischen Panzerreiter (↗ Reiterei) aus Stuttgart-Bad Cannstatt.

Abb. 5: Urnengrab mit Leichenbrand und Gefäßbeigaben aus dem Gräberfeld südlich des Kastells Schirenhof bei Schwäbisch-Gmünd.

Blockhaus

Als B. werden in älteren Publikationen Holzbauten bezeichnet, deren massives Fundament aus überkreuzten Balken gebildet ist und sich dadurch von den üblichen Holztürmen mit vier massiven Eckpfosten oder holzdurchschossenen Steinsockeln unterscheidet. Funde von Fachwerklehm mit Rutengeflecht weisen auf eine Fachwerktechnik der aufgehenden Mauer hin.

Bogen *(arcus)*

Der Bogen *(arcus)* war eine sehr effektive Fernwaffe, die die Römer durch den Kontakt mit den Steppenvölkern des Ostens sowie in Thrakien, Syrien, bei den Parthern und in Nordafrika kennen gelernt hatten. Aus diesen Gegenden wurden z.T. berittene Einheiten von Bogenschützen als (↗) Hilfstruppen, *cohortes sagittarii,* in die römische Armee integriert. Eine dieser Spezialeinheiten lag z.B. im Kastell *Sorviodurum*/Straubing an der Donau. Anhand der archäologischen Funde zeigt sich aber, dass Pfeil und Bogen auch bei den anderen Truppenteilen am Limes im Einsatz waren. Dies entspricht einer Beschreibung des Vegetius, der erwähnt, dass 40% der Rekruten am Bogen ausgebildet werden sollten.

Als typische Bögen der mittleren Kaiserzeit galten die orientalischen Reflexbögen. Diese waren im gespannten Zustand zweifach konvex geschwungen und hatten dann noch eine Länge von etwa 100 cm bei einem Gewicht von etwa 800–900 g. Der Bogen wurde aus mehreren Materialen wie Holz, Horn, Tiersehnen und Bein zusammengeleimt, wobei die Herstellung aufgrund der langen Trocknungsphasen mehrere Jahre dauerte. Das Griffstück in der Mitte und die beiden Enden waren mit Beinplatten verstärkt, die sich immer wieder im Fundmaterial der Kastelle finden. Von den etwa 80–90 cm langen und 50 g schweren Pfeilen mit gefiederten Enden haben sich im Fundmaterial einiger Limeskastelle die bis zu 4 cm langen dreiflügeligen Pfeilspitzen erhalten, die mit einem Dorn im Holz befestigt wurden. Pfeile wie auch die feuchtigkeitsempfindlichen Bögen wurden in einem Lederköcher aufbewahrt.

Mit einer auf 40–50 m Entfernung sehr hohen Zielgenauigkeit war der Bogen als wirkliche Fernwaffe äußerst effektiv, wobei die Wucht eines Volltreffers auch einen Kettenpanzer (↗ Panzer) durchschlagen konnte. Wurden solche Bögen vom galoppierenden Pferd aus eingesetzt, wie es die spezialisierten Einheiten beherrschten, erhöhte sich die Energie der Treffer durch die Geschwindigkeit des Pferdes erheblich.

Abb. 6: Grabstein des römischen Bogenschützen Monimus aus Mainz aus dem 1. Jh. n. Chr.

Brittones

Unter den *B.* wird am Obergermanisch-Raetischen Limes eine Gruppe von insgesamt etwa 1600 britannischen Hilfstruppensoldaten verstanden, die ab 100 n. Chr. am Odenwaldlimes in einer Anzahl kleinerer Stützpunkte stationiert waren. Entlang der 60 km langen Limesstrecke von Wörth a. M. bis nach Bad Wimpfen, die durch stark bewaldetes und nur dünn besiedeltes Gebiet führte, befanden sich rund 10 solcher *B.*-Kastelle. Ausgrabungen im Kastell Hesselbach legen nahe, dass die Besatzungen dieser Lager jeweils zwei Zenturien und somit eine Mannschaftsstärke von 160 Fußsoldaten aufwiesen; Reiterei ist bei den *B.* bislang nicht belegt. Ein Teil der einzelnen *B.*-Kontingente, die gelegentlich auch als *numeri Brittonum* belegt sind, wird in verschiedenen Bauinschriften aus den Jahren 145/46 n. Chr. erwähnt, als am Odenwaldlimes zahlreiche Militäranlagen in Stein ausgebaut wurden. Zur Unterscheidung der Einheiten trugen diese in ihrer offiziellen Bezeichnung zusätzlich den Namen ihres Garnisonsortes, also z. B. *numerus Brittonum Gurvedensium* oder *Brittones Elantienses*. Die Truppen wurden von abkommandierten Zenturionen (↗ *praepositi*) der beiden obergermanischen Legionen befehligt und rangierten unter den regulären Hilfstruppeneinheiten am Limes. Das archäologische Fundmaterial der *B.*-Kastelle lässt jedoch keine Unterschiede in Bewaffnung und Lebensstandard zu den Garnisonen der regulären Alen (↗ *ala*) und (↗) Kohorten erkennen.

Im Jahr 161 n. Chr. zogen die *B.* gemeinsam mit den übrigen (↗) Hilfstruppen des obergermanischen Provinzheeres an den sog. Vorderen Limes um, wo sie meist in unmittelbarer Nähe der Alen- und Kohortenlager ihr Quartier aufschlugen. In der Folgezeit verloren die *B.* jedoch offenbar an Bedeutung, da einzelne Garnisonen (z.B. Welzheim) aufgegeben wurden; aus dem 3. Jh. liegen nur noch sehr wenige inschriftliche Zeugnisse von *B.* am Limes vor.

Lit.: D. Baatz, Das Kastell Hesselbach und andere Forschungen am Odenwaldlimes, Limesforschungen 12 (Berlin 1973).
M. Reuter, Studien zu den numeri des römischen Heeres in der Mittleren Kaiserzeit, Ber. RGK 80, 1999, 357–369; bes. 385–389 (zu den *Brittones* allgemein).

bucinator (pl. *bucinatores*)

Römischer Militärmusiker, der die *bucina* bläst. Mit dem Instrument wurden die Wachwechsel innerhalb des Lagers angekündigt; taktische Kommandos im Kriegsfall erfolgten dagegen mit der *tuba* oder dem *cornu*, die jeweils von eigenen Soldaten geblasen wurden (↗ Signalinstrumente). Antiken Beschreibungen zufolge besaß die *bucina* ein gekrümmtes, posaunenartiges Aussehen (vgl. Plinius, nat. hist. IX, 103), doch zeigt die bildliche Darstellung auf dem Grabstein eines *b.* der *legio I Adiutrix* ein langes schmales Blasinstrument, ähnlich einer modernen Fanfare. Originalfunde von *bucinae* wurden bei den Ausgrabungen am Limes bislang nicht entdeckt; das im Limeswachtturm WP 4/18 (zwischen den Kastellen ↗ Kapersburg und Langenhain) gefundene bronzene Mundstück eines Blasinstrumentes könnte auch zu einem *cornu* oder einer *tuba* gehört haben. Die Gesamtheit der militärischen Blechbläsergruppen (*b.*, *cornicines* und *tubicines*) wurde unter dem Oberbegriff der *aeneatores* zusammengefasst, die u.a. in einer Inschrift aus dem Kastell Mudau am sog. Hinteren Limes erwähnt werden.

Bürgerrecht

Die Bevölkerung des Römischen Reiches konnte bis zum Jahr 212 n. Chr. in römische Bürger *(cives Romani)* und Nichtbürger *(peregrini)* unterteilt werden.

Seit der Zeit Caesars, Mitte des 1. Jh. v. Chr., besaß die gesamte Bevölkerung Italiens das B. Die Bewohner der unterworfenen Provinzen mit Ausnahme der römischen Bürgerkolonien waren dagegen rechtlich gesehen Fremde und blieben Bürger ihrer Stämme und Gemeinden.

Der römische Bürger bezahlte keine Kopf- und Bodensteuer, konnte vor Gericht nicht ohne rechtskräftiges Urteil geschlagen, gefoltert oder hingerichtet werden und genoss das Privileg, direkt beim Kaiser Berufung einzulegen. Weiterhin hatten Verträge zwischen römischen Bürgern rechtliche Vorteile, und nur sie kamen in den Genuss kaiserlicher Hilfsleistungen. Schließlich durften in den Legionen nur römische Bürger dienen. Politische Rechte, wie die Wahl der Magistrate in Rom, spielten in der Kaiserzeit dagegen kaum noch eine Rolle.

Die Verleihung des B. war ein bewährtes Mittel der Integration fremder Bevölkerungsteile in die römische Gesellschaft. Dies galt sowohl für einzelne Mitglieder der Oberschicht aus den unterworfenen Stämmen als Belohnung für erwiesene Treue als auch für städtische Magistrate in den Provinzen nach der Übernahme eines Verwaltungsamtes sowie auch für die Bürgerschaft ganzer Städte, die im Zuge einer Stadtrechtsverleihung (*colonia* oder *municipium*) als Kollektiv das römische Bürgerrecht erhalten konnten.

Die wichtigste Möglichkeit, römischer Bürger zu werden, war jedoch der Dienst in den (↗) Hilfstruppen der Armee. Nach der ehrenvollen Entlassung *(missio honesta)* erhielten der Soldat und seine Kinder das B. (↗ Militärdiplom).

Auf diese Weise nahm die Zahl der römischen Bürger auch in den Provinzen im Verlauf des 2. Jhs. n. Chr. kontinuierlich zu, wobei ein Großteil der Reichsbewohner sich wohl auch als Römer fühlte und in Kaiser, Armee und Staat die Garanten seines persönlichen Wohlstandes sah. Mit der sog. *constitutio Antoniniana* verlieh Kaiser Caracalla schließlich im Jahr 212 n. Chr. allen Bewohnern des Reiches das römische B. Damit setzte er einerseits sicher den Schlusspunkt unter eine ohnehin weit fortgeschrittene Entwicklung, andererseits scheint er durch die gleichzeitige Erhöhung der für römische Bürger relevanten Erbschaftssteuer auch große Summen für seine Staatskasse erhalten zu haben.

Burgus in der Harlach

Limeszeitliches Kleinkastell auf der Gemarkung Burgsalach, Landkreis Weißenburg-Gunzenhausen. Das Kleinkastell liegt am raetischen Limes 1,3 km vom Grenzverlauf entfernt und ist heute als Ruine nahe der Römerstraße von (↗) Weißenburg i. B. an der Donau sichtbar. Es besitzt 1050 m² Innenfläche und gehört zu den ungewöhnlichsten Militäranlagen am Obergermanisch-Raetischen Limes. Die Grabungen zu Beginn des Ersten Weltkrieges erbrachten zum Teil über 3 m hoch erhaltene Mauern, die in Folge des Krieges und der Nachkriegszeit erheblich in Mitleidenschaft gezogen worden sind. Der wohl ursprünglich zweistöckige Bau besitzt einen Innenhof mit halbkreisförmigem, zurückspringendem Eingang; ein Baukörper, der in dieser Art einmalig am Limes ist. Vermutlich bot er Raum für 100 Mann Besatzung. Die Innenräume waren an die Außenmauer angelehnt. Es gab zehn gleich große Unterkunftsräume, die darauf hinweisen, dass wir mit einer Zenturienstärke rechnen können. Die Seitenwände der Unterkünfte waren in Fachwerkbauweise errichtet. Sie sind heute nicht mehr erhalten. In der Südostecke der Befestigung befand sich eine mehrteilige Wohneinheit, die als Wohnbereich des (↗) Zenturio gedeutet werden kann. Ein großer Raum in der Südostecke ist wohl das Treppenhaus.

Der Bautypus dieses Kleinkastells steht am Anfang der Militärbauten der Spätantike. W. Schleiermacher sieht in diesem Kastell den Vorläufer der späteren *centenaria,* die seit dem 3. Jh. nachzuweisen sind.

Lit.: W. Schleiermacher, Centenaria am rätischen Limes, Schriftenreihe zur Bayer. Landesgeschichte 62 (München 1962) 195–204.

burgus (pl. *burgi*)

Mit *b.* wird in der archäologischen Forschung meist eine spätantike Kleinfestung bezeichnet, die ein turmartiges

Kernwerk sowie ein Außenwerk aus Wall, Mauer oder Palisade mit teilweise mehreren Gräben besitzt. Die Bauform des *b.* kann als Weiterentwicklung der mittelkaiserzeitlichen Wachttürme (↗ Wachtposten) und (↗) Kleinkastelle gelten. Die spätantiken Bauten zeichnen sich jedoch durch eine deutliche Vergrößerung des Kernwerks gegenüber den mittelkaiserzeitlichen Wachttürmen aus sowie durch die zusätzliche Einrichtung eines echten Wehrgrabens und einer Außenbefestigung. Eine besondere Bauform sind die Ländeburgi, die neben dem Kernwerk eckturmbestandene und zangenartig bis in den Fluss ragende Mauern aufweisen. Sie schützen so den Ländeabschnitt, auf den die Patrouillenboote (↗ Flussgrenze) gezogen werden konnten; *b.* lagen häufig an Fernstraßenverbindungen und dienten zur Sicherung der Informationsrouten für schnelle Truppenbewegungen sowie zur Grenzsicherung.

C

capitolium
Auf dem Hügel zwischen Villaprom und Campus Martium in Rom gelegen befand sich der Tempel für die römische Götter-Trias. Der Name dieses stadtrömischen Kultplatzes wurde später auch auf andere Heiligtümer im Westen des Imperiums übertragen.

Für den raetischen Limes ist eine Bauinschrift aus dem Jahre 208 n. Chr. von besonderer Wichtigkeit, die in der (↗) Kommandantur des Kastells (↗) Aalen gefunden wurde. Nach der Lesung und Interpretation von Géza Alföldy wird hierin das Lagerheiligtum als *c.* bezeichnet. Dies ist ungewöhnlich, da hier kein eigentlicher Tempel der Kapitolinischen Trias bestanden hat. Doch die Tatsache, dass innerhalb der (↗) Heeresreligion mit Iuppiter, Iuno und Minerva die drei Gottheiten der Kapitolinischen Trias verehrt wurden, erklärt die Übertragung dieser Bezeichnung auch auf das zentrale Heiligtum des Kastells. Innerhalb des monumentales Bauwerks, den die Aalener Kommandantur darstellt, sind auch die Dimensionen des *c.* mit 14 m Länge und 10 m Breite und einer fast 5 m tiefen Apsis bemerkenswert und unterstreichen die Bedeutung dieses Bauwerks. Der Fund vergoldeter Bronzebleche mit der Darstellung des (↗) Iuppiter Dolichenus ist gleichzeitig ein Beleg für die herausragende Stellung des Kastells Aalen am raetischen Limes.

Lit.: Géza Alföldy, Die Inschriften aus der Principia des Alenkastells Aalen, Fundber. Baden-Württemberg 14, 1989, 293 ff.

cardo maximus
Im rechtwinklig angelegten System der römischen Landvermessung (↗ Vermessung) wurde ursprünglich mit dem *c.m.* die Nord-Süd-Achse festgelegt. In der tatsächlichen Anwendung wurde jedoch unabhängig von den Himmelrichtungen die topografische Situation berücksichtigt. In dem durch die *groma* festgelegten Koordinatensystem wurde mit *c.m.* die waagrecht orientierte Achse bezeichnet, entsprechend der x-Achse *(↗ decumanus maximus)*.

Chatten/Chattenkriege
Die Ch. waren ein in Mittel- und Nordhessen ansässiger germanischer Volksstamm, gegen den Rom im 1. Jh. n. Chr. mehrfach Krieg führte. Im Jahr 39 n. Chr. eröffnete Kaiser Caligula von Mainz aus mit einer zusammengezogenen Truppenmacht eine größere Offensive gegen die Ch.; dem Feldzug werden jedoch weniger militärische als vielmehr propagandistische Absichten zugeschrieben. Dass es damals aber dennoch zu blutigen Kämpfen gegen die Ch. kam, belegen mehrere in (↗) Mainz gefundene Grabsteine von Soldaten der neu aufgestellten *legio XV Primigenia,* die alle in ihrem ersten Dienstjahr fielen. Für die Geschichte des Limes ist vor allem der Chattenkrieg Domitians im Jahr 83 n. Chr. von Be-

deutung, der zu einer Ausdehnung der römischen Präsenz in der Wetterau und im Taunus führte. Das römische Heeresaufgebot bestand wahrscheinlich aus fünf (↗) Legionen mit insgesamt ca. 25 000 Mann, zu denen noch eine annähernd gleich hohe Zahl von (↗) Hilfstruppensoldaten kam. Die Ch. vermieden jedoch eine offene Feldschlacht und attackierten die römischen Truppen mit kleineren Überfällen, um sich danach wieder rasch in die dichten Waldgebiete zurückzuziehen. Nach den Schilderungen des Frontinus (strat. I 3,10) legte das römische Militär deshalb einen 120 Meilen (d.h. rund 180 km) langen *limes* – gemeint ist hier lediglich ein Schneisen- und Patrouillenweg durch Waldgebiet – an. Nach allgemeiner Auffassung entwickelte sich in der Folgezeit aus dieser Trasse ein Teilabschnitt des späteren Limes, doch wurden an dieser Vorstellung auch Zweifel geäußert. Schon bald nach dem Abschluss des Krieges erfolgte im Jahr 85 n.Chr. mit der formellen Gründung der Provinzen Obergermanien *(Germania superior)* und Niedergermanien *(Germania inferior)* auch eine politische Neuordnung der römischen Territorien am Rhein (↗ Germania).

Lit.: A. Becker, Rom und die Chatten, Quellen und Forschungen zur Hessischen Geschichte 88 (Darmstadt/Marburg 1992).
K. Strobel, Der Chattenkrieg Domitians. Historische und politische Aspekte, Germania 65, 1987, 423–452.

Chesterholm

Kastell an der (↗) Hadriansmauer, das in römischer Zeit den Namen *Vindolanda* trug. Ch. war Garnison verschiedener, zeitlich aufeinander folgender (↗) Hilfstruppen, u.a. der *cohors II Nerviorum* (unter Marc Aurel) und der *cohors IV Gallorum equitata* (3. Jh. n. Chr.). Der Ort erlangte vor allem wegen der Entdeckung von zahlreichen hölzernen Schreibtäfelchen überregionale Bedeutung, die dort ab 1973 bei Ausgrabungen zutage kamen und die größtenteils noch Reste der antiken Tintenbeschriftung aufwiesen. Inzwischen liegen weit über 700 Texte bzw. -fragmente vor, die wichtige Einblicke in das Alltagsleben eines römischen Grenzkastells und seiner Besatzung liefern. Neben privaten Briefen, Abrechnungen und Materiallisten sind vor allem mehrere Schriftstücke aus dem Besitz des Kohortenpraefekten Cerialis (darunter u.a. eine Geburtstagseinladung seiner Gattin) von kulturgeschichtlicher Bedeutung. Ein weiteres Dokument listet die tatsächliche Mannschaftsstärke der damals in Ch. stationierten *cohors I Tungrorum* auf, wobei der Schreiber auch sämtliche Abkommandierungen von Soldaten außerhalb des Kastells detailliert berücksichtigte. Alle Täfelchen stammen aus einer Abfallschicht des frühen 2. Jhs. n. Chr.; ihr guter Erhaltungszustand ist auf die Lagerung im Grundwasserbereich zurückzuführen.

Lit.: A. K. Bowman, Life and Letters of the Roman Frontier. Vindolanda and its People (1994).

civitas (pl. *civitates*)

In Gallien und den beiden germanischen Provinzen, aber offenbar nicht in Raetien, findet sich zwischen der Provinzregierung und den Ortschaften eine mittlere Verwaltungsebene, die *c.* Der lateinische Ausdruck bedeutet zunächst «Bürgerrecht», lässt sich in unserem Zusammenhang aber am besten mit «Bürgerschaft» übersetzen. Innerhalb einer c. waren die Siedlungsgebiete eines Stammes (z. B. *c. Mattiacorum*, also die Bürgerschaft der Mattiaker) oder eine geografisch abgrenzbare Raumeinheit zusammengefasst (z. B. c. *Taunensium*, die Bürgerschaft der Taunusbewohner), in der Menschen verschiedener Herkunft leben konnten. Mit Ausnahme der Gebiete, die als Militärterritorien oder kaiserliche Domänen verwaltet wurden, war vermutlich die gesamte Fläche einer Provinz in *c.* eingeteilt. Häufig, aber nicht ausschließlich wurde dabei seitens der römischen Verwaltung auf gewachsene Beziehungen zwischen den Einheimischen Rücksicht genommen.

Jede *c.* besaß eine städtische Ansiedlung als Vorort. So war etwa Wiesbaden *(Aquae Mattiacorum)* Hauptort der *c. Mattiacorum* und Frankfurt-Heddernheim *(Nida)* der Hauptort der *c. Taunensium.* In den germanischen Provinzen lässt sich feststellen, dass *c.*-Hauptorte in der Regel auf militärische Vorläufer (meist ↗ Kastelle) zurückgehen. In Niedergermanien lassen sich insgesamt sechs und in Obergermanien (↗ Germania) gut ein Dutzend verschiedener *c.* ausmachen. Aus Gallien ist die Zahl von insgesamt 60 *c.* überliefert.

Die Bewohner einer *c.* hatten ein beschränktes Recht auf Selbstbestimmung. Eigene Amtsträger vertraten die Einwohner gegenüber dem (↗) Statthalter der Provinz; in besonderen Fällen war eine Eingabe nach Rom möglich. Die unter allen freien Bürgern auf Lebenszeit gewählte hundertköpfige Ratsversammlung beriet und entschied normalerweise jedoch ausschließlich lokale Fragen.

Cohausen, August von

Carl August von Cohausen wurde am 17.4.1812 in Rom als Sohn eines in napoleonischen Diensten stehenden Postmeisters geboren. Er trat 1831 in den preußischen Militärdienst ein. 1840 nahm er seinen Abschied vom Militär, um die Leitung der Mettlacher Steingut-Fabrik zu übernehmen. Als er 1848 wieder dem Ingenieurcorps beitrat, hatte er bereits archäologische Ausgrabungen (Verschanzungen auf dem Hunsrück) durchgeführt. Von 1858 bis 1866 war er der Bundesmilitärcommission in Frankfurt a. M. zugeteilt, 1866 wechselte er an die preußische Gesandtschaft in Paris. 1870 wurde er Platzmajor von Minden, 1871 von Koblenz. Im Jahr 1871 übernahm er auch das Amt des Königlichen Conservators der Nassauischen Altertümer in Wiesbaden und verlegte seinen ständigen Wohnsitz nach Koblenz.

Seit 1862 führte C. im Auftrag Napoleons III. archäologische Untersuchungen im Rheinlande «mit besonderer Rücksicht auf die Kriegsfahrten Cäsars» durch, die später die Grundlage für dessen Arbeit über das «Leben Julius Cäsars» bildeten. C. selbst publizierte im Zuge dieser Forschungen einige Arbeiten, wie «Galliens Grenze und die Verteidigung durch Julius Cäsar» (1862), «Cäsars Rheinbrücke» (1867), «Cäsar am Rhein» (1867).

In der Folge widmete sich C. ganz der heimischen Altertumsforschung und ab 1870 insbesondere den Erhaltungs- und Ausgrabungsarbeiten auf der (↗) Saalburg. Zusammen mit (↗) Louis Jacobi veröffentlichte er 1884 das erste grundlegende Werk zum Saalburgkastell mit dem Titel «Das römische Castell Saalburg». 1885 erschien C. wohl bedeutendstes Werk «Der römische Grenzwall in Deutschland, militärische und technische Beschreibung, mit Atlas». Das ebenfalls zusammen mit L. Jacobi eingerichtete Saalburgmuseum im Kurhaus zu Bad Homburg besaß Vorbildcharakter für die Präsentation archäologischer Sammlungen. Im April 1892 nahm C. an der Limeskonferenz in Berlin als einer der Vertreter des Königreiches Preußen teil. Die Protokolle über die konstituierende Sitzung der (↗) Reichs-Limeskommission im Juni 1892 in Heidelberg führen ihn als Vertreter Preußens in der Gesamtkommission. Am 3.12.1894 verstarb v. Cohausen 82-jährig in Wiesbaden.

collegium **(pl. *collegia*)**

Vereinsartiger Zusammenschluss von zivilen oder militärischen Personengruppen. In der römischen Armee sind *c.* erst ab der Mitte des 2. Jhs. n. Chr. nachgewiesen; ihre größte Verbreitung erreichten sie ab dem frühen 3. Jh. n. Chr. Vor allem Unteroffiziersränge und Veteranen schlossen sich in *c.* zusammen (z. B. *c. signiferorum*, *c. imaginiferorum*, *c. veteranorum*). Die *c.* besaßen jeweils eigene Versammlungsräume *(scholae)*, die oft mit privaten Spenden aufwendig ausgestaltet waren. Ziel der *c.* war u. a. soziale Fürsorgetätigkeit für die eigenen Mitglieder; die Leistungen konnten sich – bei den Veteranen – bis zur Ausrichtung der Bestattung erstrecken. Bei den *c.* von aktiven Militärangehörigen endete die Mitgliedschaft entweder mit dem Ausscheiden aus dem Dienst oder mit dem Wechsel in einen höheren Dienstrang. Generell war beim Eintritt in das *c.* ein Antrittsgeld zu entrichten; ferner wurden von den Mitgliedern regelmäßig Beiträge erhoben. Jedes *c.* besaß daher eine eigene Satzung. Ein solches Reglement ist aus dem nordafrikanischen Legionslager in Lambaesis für eine Gruppe von Militärmusikern überliefert.

Lit.: H. Schulz-Falkenthal, Die Unterstützungstätigkeit in einem Militärkollegium der Legio III Augusta in Lambaesis und das Problem der Sozialleistungen im römischen Vereinswesen. In: H.-J. Diesner et al. (Hrsg.), Afrika und Rom in der Antike (Halle 1968) 155–172.

cursus publicus

Bezeichnung für das von Kaiser Augustus geschaffene staatliche Kurier- und Transportwesen, dessen Benutzung ausschließlich offiziellen Kurieren der Verwaltung und des Militärs sowie wichtigen Amtsträgern vorbehalten war. Die Nutzung dieser Einrichtung war nur nach Vorlage eines entsprechenden Erlaubnisscheines *(diploma)* erlaubt; es kam daher häufiger zu Fälschungen dieser Berechtigungsschreiben. Wesentliche Grundlage des *c. p.* war das gut ausgebaute Straßennetz sowie eine dichte Kette von staatlichen Unterkunfts- und Pferdewechselstationen *(mansiones)*, wobei die direkten Verkehrsverbindungen in die Hauptstadt Rom für die Verwaltung besonders wichtig waren. Die Raststationen befanden sich jeweils im Abstand von einer Tagesreise zueinander; ihr Unterhalt oblag den jeweiligen Anliegergemeinden. Wegen der z. T. hohen Belastungen war der *c. p.* in weiten Teilen der Bevölkerung äußerst unbeliebt. Ein staatlich organisiertes Transportwesen zur privaten Brief- und Personenbeförderung kannte die Antike nicht.

Lit.: H. Bender, Römischer Reiseverkehr. Cursus publicus und Privatreisen, Kleine Schr. zur Kenntnis der röm. Besetzungsgeschichte Südwestdeutschlands Nr. 20 (Stuttgart 1978).

D

damnatio memoriae

Der Begriff bedeutet wörtlich übersetzt «Auslöschen der Erinnerung» und bezeichnet in der Antike die Tilgung aller schriftlichen und bildlichen Zeugnisse einer Person des öffentlichen Lebens, verbunden mit der Einziehung des jeweiligen Privatvermögens. Die Verhängung der *d.m.* war ein formaler Rechtsakt, der auf Beschluss des römischen Senats erfolgte. Entsprechende Vorgänge fanden häufig nach dem Tod von verhassten Kaisern statt, die eine verbrecherische Herrschaft ausgeübt hatten. Die Umsetzung der *d.m.* konnte, je nach Ort, sehr unterschiedlich ausfallen: Bei den Inschriften reichte sie vom gezielten Ausmeißeln des Kaisernamens über die Entfernung des Steines bis hin zum gewaltsamen Zerschlagen des kompletten Denkmals. Münzen mit den Portraits der betreffenden Herrscher waren dagegen in der Regel von der *d.m.* nicht betroffen; die Prägungen kursierten auch weiterhin im röm. Geldumlauf. Während der frühen und mittleren Kaiserzeit blieb die *d.m.* zunächst auf einige wenige Herrscher beschränkt – ihr fielen u.a. Nero (68 n.Chr.), Domitian (96 n.Chr.) und Commodus (192 n.Chr.) anheim. Im 3.Jh. n.Chr. nahm unter den Soldatenkaisern die Verhängung der *d.m.* jedoch stark zu; Inschriften mit eradierten Kaisernamen dieser Zeit sind aus zahlreichen Limeskastellen bekannt geworden.

Das Gegenteil der *d.m.* stellt die Divinisierung dar, bei der ein Kaiser nach seinem Tod in den Status eines Gottes erhoben und entsprechend verehrt wurde.

Abb. 7: Beispiel einer damnatio memoriae: Nach dem gewaltsamen Tod des Kaisers Philippus Arabs und seines Sohnes im Jahr 249 n.Chr. wurden deren Namen auf den meisten offiziellen Inschriften ausgemeißelt, so z.B. auch in einer Bauinschrift in Jagsthausen.

decumanus maximus

Im rechtwinklig angelegten System der römischen Landvermessung (↗ Vermessung) wurde ursprünglich mit dem *d.m.* die Ost-West-Achse festgelegt. In der tatsächlichen Anwendung jedoch wurde unabhängig von den Himmelrichtungen die topografische Situation berücksichtigt. In dem durch die *groma* festgelegten Koordinatensystem wurde mit *d.m.* die senkrecht orientierte Achse bezeichnet, entsprechend der y-Achse *(↗ cardo maximus).*

dediticii

Mit dem Begriff wurden Personen bezeichnet, die sich Rom – in der Regel nach einer militärischen Niederlage – bedingungslos unterworfen hatten. Die *d.* wurden gelegentlich auch zum Dienst in der römischen Armee herangezogen; sie rangierten dort jedoch auf der rechtlich und sozial niedrigsten Stufe. Vom Obergermanisch-Raetischen Limes liegt bislang nur ein einziger sicherer Nachweis für die Existenz von *d.* vor: in einer 232 n. Chr. gesetzten Weiheinschrift aus dem Kastellbad von Walldürn werden *d. Alexandriani* (nach dem regierenden Kaiser Severus Alexander) genannt. Aufgrund der relativ geringen Größe des Kastells (0,6 ha) sowie weiterer, im Lager stationierter Unterabteilungen dürften die *d.* in Walldürn keine allzu große Kopfzahl besessen haben. Über die genauen militärischen Aufgaben und die äußeren Bedingungen ihres Dienstes liegen keine näheren Informationen vor.

depositum

Begriff aus dem Rechtswesen, der allgemein die Hinterlegung beweglicher Sachen zu Aufbewahrungszwecken bezeichnet, mit der gleichzeitig eine Verwahrpflicht des Empfängers verbunden war. In militärischem Kontext bezeichnet *d.* den nicht dem Soldaten ausbezahlten Teil des (↗) Soldes oder eines kaiserlichen Geldgeschenkes *(donativum)*, der als Sparguthaben in der Truppenkasse des Lagers hinterlegt blieb. Die Buchführung über die im Einzelnen angesparte Summe oblag dem (↗) *signifer* der jeweiligen Einheit oder einem speziellen Schreiber, dem *librarius depositorum*. Aus Ägypten liegen Papyri mit entsprechenden Auflistungen vor.

Lit.: R. O. Fink, Roman Military Records on Papyrus (London 1971).

Deutsche Limeskommission (DLK)

Die DLK wurde am 18. Juni 2003 von den Ländern Baden-Württemberg, Bayern, Hessen und Rheinland-Pfalz gegründet, um den auf ihrem Gebiet verlaufenden (↗) Obergermanisch-Raetischen Limes als herausragendes Kulturdenkmal und als Bestandteil der durch ganz Europa verlaufenden Grenze des römischen Weltreiches zu schützen, zu sichern und für die Nachwelt zu erhalten. Im Jahre 2007 wurde auch Nordrhein-Westfalen Mitglied. Die DLK ist Ansprechpartner für alle Maßnahmen zum Schutz, zur Erforschung und zur touristischen Erschließung des Obergermanisch-Raetischen Limes, der im Jahre 2005 als Teil der «Grenzen des römischen Reiches» in die Liste des Welterbes eingetragen wurde. Internationale Standards in Pflege und Management von Deutschlands größtem und bekanntestem archäologischen Denkmal werden durch die DLK gewährleistet. Der DLK gehören an:

14 Vertreter aus Universitäten, Forschungseinrichtungen und Museen am Limes, des Vereins Deutsche Limesstraße, der Römisch-Germanischen Kommission des DAI, der Landesämter für Denkmalpflege sowie der für den Denkmalschutz zuständigen Ministerien. Die Geschäftsstelle befindet sich auf der Saalburg bei Bad Homburg vor der Höhe.

Mit der Einrichtung der Limeskommission nehmen die Anrainerstaaten des Welterbes die Tradition der im Jahre 1892 gegründeten (↗) Reichs-Limeskommission auf. Zu den Hauptaufgaben gehören Erfassung und Dokumentation des Gesamtkulturdenkmals Limes, die Erarbeitung, Fortschreibung, Koordinierung von Empfehlungen und Strategien für den Limes-Managementplan, eine beratende Tätigkeit bei den zu entwickelnden Schutzkonzepten, die Entwicklung, Fortschreibung und strategische Planung der Forschung entlang des Obergermanisch-Raetischen Limes sowie Planung und Beratung bei touristischen Maßnahmen, außerdem eine überregionale Öffentlichkeitsarbeit und die Fortführung und Pflege der Limesdatenbank. Eine wesentliche Aufgabe ist schließlich die Förderung der internationalen Zusammenarbeit.

Deutsche Limesstraße

Im Jahre 1995 wurde durch die Städte (↗) Aalen und (↗) Weißenburg i. Bay. die D. L. mit Sitz in Aalen begründet. Hintergrund war das anwachsende Interesse der Öffentlichkeit an der Geschichte der Römer in Südwestdeutschland und hier vor allem der über 550 km lange Obergermanisch-Raetische Limes als künstliche Grenzbefestigung. Heute gehören 83 Kreise, Städte und Gemeinden dem Verein «Deutsche Limesstraße» an. Nach mehreren Ausbaustufen besteht seit 1999 eine durchgehende ausgeschilderte Touristikstraße entlang des (↗) Obergermanisch-Raetischen Limes vom Rhein bis zur Donau mit einer Länge von über 700 km. Die römische Reichsgrenze mit den zugehörenden Kastellen und Zivilsiedlungen wird von der D. L. nahezu lückenlos begleitet und für Besucher erschlossen. Der Verein bemüht sich, das Bewusstsein in der Bevölkerung für die römische Geschichte zu wecken, gleichzeitig aber auch dafür Sorge zu tragen, dass das Kulturgut erhalten bleibt. Dabei sollen Belange der Denkmalpflege und des Denkmalschutzes mit einem sanften Tourismus zusammengeführt werden.

Die D. L. hat zudem einen 800 km langen Fahrradweg ausgeschildert, der die interessantesten Teile des Obergermanisch-Raetischen Limes als Radwanderweg erschließt. Zusammen mit überregional tätigen Wandervereinigungen ist auch ein Limeswanderweg ausgeschildert worden. Die D. L. ist Mitglied in der (↗) Deutschen Limeskommission, um die Belange des Tourismus und der D. L. in dieser länderübergreifenden Arbeitsgruppe zu koordinieren.

Diener (*calo*, pl. *calones*)

In der römischen Armee waren in verschiedenen logistischen Bereichen D. – *calones* – eingesetzt. Sie finden in den schriftlichen Quellen von Livius, Polybios über Caesar, Tacitus, Flavius Josephus bis Vegetius Erwähnung und werden auch in der bildlichen Überlieferung, vor allem auf den Reitergrabsteinen, dargestellt. Die breite zeitliche und inhaltliche Streuung der Quellen verhindert allerdings eine eindeutige Festlegung ihrer Anzahl, Stellung und Funktion innerhalb der Armee, insbesondere bei den Einheiten am Limes. Bei vielen dieser *calones* dürfte es sich um Sklaven gehandelt haben, die entweder der Armee oder auch den einzelnen Soldaten gehörten.

Auf der einen Seite gab es die persönlichen D. der Offiziere, die sich um deren Haushalt sowie bei Bedarf um das Gepäck und vor allem um deren Pferde kümmerten.

Daneben hatte jede (↗) Legion, aber wohl auch jede (↗) Hilfstruppe, ebenfalls als *calones* bezeichnete Trossknechte, die sich um die sog. *impedimenta* kümmern mussten. Dazu gehörten nicht nur Ausrüstung und Verpflegung, sondern auch die Wagen, Karren und Lasttiere und wohl z.T. auch verletzte Soldaten sowie evtl. mitziehende Frauen und Kinder. Zu den Aufgaben gehörte dabei auch die Beschaffung von Versorgungsgütern. Die Anzahl solcher Trossknechte dürfte pro Legion bei etwa 1000 Mann und pro (↗) Kohorte der Hilfstruppen bei etwa 100 Mann gelegen haben. In der Regel waren diese *calones* unbewaffnet, nahmen aber im Ernstfall wohl auch an Kampfhandlungen teil. In den Standlagern wurde wahrscheinlich jedem (↗) *contubernium* mindestens ein solcher D. zugeteilt.

Als spezifische Gruppe der *calones* können schließlich die Pferdeknechte hervorgehoben werden, die auf zahlreichen Reitergrabsteinen mit den Pferden am Zügel oder mit Speeren oder Lanzen hinter dem Reitersoldaten dargestellt wurden.

Diese kümmerten sich um die Reit- und Packpferde sowie um die Reserve- und Jungpferde der Einheiten. Unklar ist dabei, ob jedem Reitersoldaten ein solcher *calo* zugeteilt war und ob diese bewaffnet und zwangsläufig mit eigenem Reitpferd an militärischen Einsätzen teilnahmen. Ein solcher persönlicher *calo* würde sicher das Selbstverständnis der Reitersoldaten maßgeblich beeinflusst haben und müsste zudem aus heutiger Sicht auch bei der Rekonstruktion der Wohn- und Versorgungssituation in den Kastellen berücksichtigt werden.

Abb. 8: Grabstein des Reitersoldaten Flavius Bassus aus Köln, Ende 1. Jh. n. Chr. Hinter dem Reiter ist ein calo mit weiteren Wurflanzen zu sehen.

Dienstgrade

In der Limeszeit bestanden keine generellen Unterschiede mehr zwischen den D. der Legion und denen der Hilfstruppen. Unter der Vielzahl überlieferter D. innerhalb der römischen Armee bleibt generell zwischen einfachen Soldaten *(gregales/ milites gregarii)* bzw. den höher gestellten *immunes* und den Offiziersrängen zu unterscheiden. Theoretisch konnte es jeder einfache Soldat bis zum (↗) Zenturio bringen. Die höheren Offiziere rekrutierten sich aus dem Ritter- oder Senatorenstand und gehörten streng genommen nicht zu den Berufssoldaten.

Immunes, zu denen beispielsweise *aenatores*, Hornbläser *(↗ bucinatores)*, aber auch Steinmetze *(lapidarii)* oder Bogenschützen *(sagittarii)* gehörten, waren von vielen regulären Dienstaufgaben *(munera)*, insbesondere dem (↗) Wachtdienst oder Schanzarbeiten, befreit, hatten aber keine Befehlsgewalt. Diese war erst mit dem Aufstieg in den niederen Offiziersrang *(principalis)* verbunden, der gleichzeitig mit einer Erhöhung des Soldes auf das Eineinhalbfache oder Doppelte *(sesquiplicarius, duplicarius)* verbunden war.

Mit dem Begriff *principales* werden alle rangniederen Offiziere unterhalb des Zenturio bezeichnet. Die verschiedenen D. der *principales* gaben aber in der Regel eher den Aufgabenbereich wieder und drückten keine Rangabstufungen aus. Die Stellung innerhalb der Offizierscorps richtete sich zunächst nach dem persönlichen Ansehen. Als Stellvertreter eines Zenturio fungierte bei militärischen Einsätzen der *optio centuriae,* während der *signifer,* der Träger des (↗) Feldzeichens, in allen administrativen Dingen zweithöchster Offizier einer Zenturie war.

Lit.: A. von Domaszweski, Die Rangordnung des römischen Heeres (Bonn 1981).

Dienstzeit

Im 1. Jh. n. Chr. galten in der römischen Armee für die Angehörigen der (↗) Legionen und der (↗) Hilfstruppen unterschiedliche D.: Legionäre hatten damals bis zu ihrer Entlassung mindestens 20 Dienstjahre bei der aktiven Truppe abzuleisten; danach schloss sich noch eine 5-jährige Verweildauer in einer sog. Veteraneneinheit *(vexillum veteranorum)* an. Bei den Hilfstruppen war dagegen schon während der frühen Kaiserzeit eine mindestens 25-jährige D. bei der aktiven Truppe Pflicht. Zwischen 74–91 n. Chr. wurde dann auch bei den Legionen eine mindestens 25-jährige D. eingeführt, dafür entfiel die anschließende Anwesenheitspflicht der Legionäre in den Veteranenverbänden. Diese D.-Regelungen galten lediglich für die Mannschafts- und Unteroffiziersgrade des römischen Heeres. Die Berufsoffiziere, v. a. die (↗) Zenturionen, dienten erheblich länger in der Armee, oft sogar bis ins hohe Alter hinein. Die senatorischen und ritterlichen Offiziere *(↗ legati, ↗ tribuni, ↗ praefecti)* waren dagegen keine Berufsoffiziere und bekleideten ihre militärischen Posten jeweils nur für wenige Jahre. In den Grabinschriften der römischen Soldaten werden die abgeleisteten Dienstjahre der Mannschaften und Unteroffiziere als *stipendia* bezeichnet; der Begriff wurde in der römischen Armee auch als Bezeichnung für den (↗) Sold eines einfachen Soldaten verwendet.

Dolch (*pugio,* pl. *pugiones*)

Der Dolch *(pugio)* gehörte zur Standardausrüstung von Legionären und Soldaten der Hilfstruppen vom 1.–3. Jh. n. Chr. Nach den Bildquellen zu schließen (↗ Waffen), wurde er von den Reitern nicht benutzt. Allerdings ist kaum vorstellbar, dass die Reitersoldaten auf seine vielseitige Verwendbarkeit verzichtet haben. Als Waffe für den Nahkampf wurde er sicher nur im Notfall eingesetzt. Die prunkvollen Beispiele aus dem 1. Jh. n. Chr. zeigen vielmehr, dass er zusammen mit dem (↗) Wehrgurt ein wichtiges Prestigeobjekt der Soldaten war.

Seine s-förmig geschwungene Form scheint, ähnlich wie beim *gladius* (↗ Schwert) keltiberischen Ursprungs zu sein. Klingen und Scheiden wurden vom 1.–3. Jh. n. Chr. zunehmend breiter, länger und plumper. Im Allgemeinen waren die Dolche etwa 20–30 cm lang und 5–

7 cm breit. Der etwa 10–12 cm lange Griff besaß einen Mittelknoten und einen halbmondförmigen Knauf. Das Gesamtgewicht einschließlich der Scheide lag bei etwa 1200 g. Die Scheiden waren im 1. Jh. n. Chr. grundsätzlich aus Eisen und zeigen meist sehr reiche Niellоverzierungen oder Tauschierungen. Die Beispiele aus dem 2. und 3. Jh. n. Chr. bestanden dagegen aus Holzbrettchen mit einfachen Metallrahmen aus Bronze oder Eisen. Aus dem 3. Jh. n. Chr. hat sich im Donaukastell (↗) Künzing ein Metalldepot mit zahlreichen Eisendolchen erhalten.

Donau-Iller-Rhein-Limes

Ausgelöst durch den Verlust der Gebiete nördlich der Donau und östlich des Rheins nach dem sog. (↗) Limesfall führte Kaiser Diokletian grundlegende Veränderungen in der Provinz- und Heeresverwaltung ein. Dazu gehört auch die Wiederherstellung des Grenzverteidigungssystems zwischen Rhein und Donau. Anstelle der künstlichen Landgrenze bilden nahezu überall die mit Hilfe von (↗) Kastellen, burgi und Ländeburgi *(↗ burgus)* überwachten Flussläufe die militärischen Außengrenzen. Die Überwachung der «nassen» Grenze stützte sich nun insbesondere auf patrouillierende Schiffe sowie den zugehörigen Ländeburgi. Dabei folgte die neue Grenzlinie von Westen kommend zunächst dem Oberrhein bzw. dem Ufer des Bodensees. Lediglich die Landstrecke zwischen Bregenz und Kempten bestand aus einer überwachten Militärstraße, bevor dann die Iller bis zu ihrer Mündung in die Donau als (↗) Flussgrenze ausgebaut wurde. Dieser spätantike Grenzverlauf wird heute als Donau-Iller-Rhein-Limes bezeichnet.

Die neue Grenze brachte den Provinzen einige Jahrzehnte Frieden, bis ab etwa 340 n. Chr. wieder vermehrt Überfälle auf römisches Reichgebiet überliefert werden. Unter Valentinian I. kam es daher zu einer weiteren Verstärkung der Grenzverteidigung, wobei zwischen den Kastellen der Grenztruppen *(limitanei)* in einem aufwendigen Bauprogramm kleinere *burgi* in Form stark befestigter Wachttürme errichtet wurden.

Die Stationierung der Truppen sowie die zugehörigen antiken Ortsnamen können für diese Zeit der sog. *notitia Dignitatum* entnommen werden, einem spätrömischen Staatshandbuch mit einem Verzeichnis der militärischen und zivilen Zuständigkeiten, das wohl um 430 n. Chr. entstand, jedoch auf ältere Quellen zurückgreift.

Lit.: J. Garbsch, Der spätrömische Donau-Iller-Rhein-Limes, Schriften des Limesmuseums Aalen 6 (Stuttgart 1970).

Donaulimes

Nach der Eroberung der Alpen und der Sicherung der Rheingrenze bildet um die Mitte des 1. Jhs. n. Chr. der D. die nördliche Grenze Raetiens. Ausgangspunkt zur Sicherung der Grenzlinie war das Legionslager *Vindonissa* (Windisch bei Brugg/Schweiz) und eine Straße über Hüfingen an die obere Donau. Weitere Kastelle entstanden zwischen ca. 35–70 n. Chr. in Tuttlingen (?), Mengen, Mengen-Ennetach, Rißtissen, Unterkirchberg, Burlafingen, Nersingen, Günzburg, Eislingen, Burghöfe und Oberstimm. Insbesondere die Grabungen in Oberstimm mit dem Nachweis von zwei aufeinander folgenden Bauphasen erbrachten einen Einblick in die Struktur der frühen Hilfstruppenkastelle. Neben den Kohortenkastellen ist der Nachweis von (↗) Kleinkastellen in Burladingen und Nersingen zu erwähnen, die als Teil der claudisch-neronischen Donaugrenze anzusehen sind. In den Kastellplätzen des D. waren in der Regel Hilfstruppeneinheiten verschiedener Stärke untergebracht. Der Flusslauf bildete die Grenzlinie. Bei Ausgrabungen in den Kastellen Hüfingen, Rißtissen, Eislingen und Burghöfe konnten Zerstörungsspuren aus der Zeit zwischen 68 und 70 n. Chr. nachgewiesen werden, doch bestanden die meisten Kastelle wohl noch bis zum Beginn des 2. Jhs.

Lit.: M. Kemkes, Vom Rhein an den Limes und wieder zurück. In: Imperium Romanum. Roms Provinzen an Neckar, Rhein und Donau (Stuttgart 2005) 44–55.

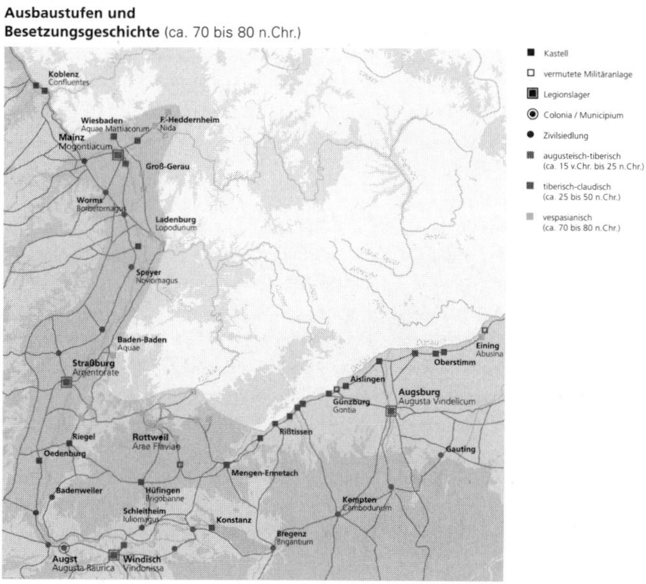

Abb. 9: Karte des Donaulimes

E

Echzell

Mit 5,2 ha Fläche gehört Echzell am Ostrand der Wetterau zu den größten Kastellen am Obergermanisch-Raetischen Limes. Aufgrund des guten Forschungsstandes zählt das Alenkastell (↗ *ala*) E. zu den wichtigsten Garnisonsplätzen am Obergermanisch-Raetischen Limes.

Großflächige Ausgrabungen erbrachten anhand vorzüglich erhaltener Holzbaubefunde die genaue Chronologie und die Innenstruktur. Das 5,2 ha große Kastell wurde unter Kaiser Domitian in Holz errichtet. In hadrianischer Zeit erhielt es eine steinerne Umwehrung. Vermutlich bildeten zwei Einheiten die Besatzung: eine *ala quingenaria* und eine *cohors quingenaria peditata*. Nach D. Baatz kommen die *ala Moesica felix torquata*, die *ala I flavia gemina* und die *ala Indiana Gallorum* in Betracht. Nach Aussage der Befunde ist damit zu rechnen, dass das Lager in der 2. Hälfte des 2. Jhs. und in der 1. Hälfte des 3. Jhs., möglicherweise im Zusammenhang mit dem 233/34 n. Chr. belegten Germaneneinfall, zerstört, nachfolgend jedoch wieder aufgebaut wurde. Nach Ausweis des Fundmaterials hatte das Kastell danach bis in die 2. Hälfte des 3. Jhs. Bestand.

Bei den Flächengrabungen wurden im Keller einer Baracke umfangreiche Reste römischer Wandmalereien geborgen, die erstmals dokumentierten, dass auch hölzerne Soldatenunterkünfte künstlerisch aufwendig ausgestaltet worden sind, insbesondere ihr Kopfteil, der die Offizierswohnung bildete. Die Malereien, unter anderem mit der Darstellung des Daedalus und Ikarus, konnten restauriert werden und sind heute im Saalburgmuseum (↗ Saalburg) zu besichtigen. Das große zum Kastell gehörende Kastellbad (↗ Badewesen) befand sich unter der heutigen evangelischen Pfarrkirche und ist im Kellerraum unter der Kirche zu besichtigen. Südlich des Kastells lag ein ausgedehntes Lagerdorf, in dem sich zahlreiche (↗) Handwerksbetriebe entlang zweier Straßenzüge erstreckten.

Lit.: M. Schleiermacher, Die römischen Wand- und Deckenmalereien aus dem Limeskastell Echzell, Saalburg Jahrbuch 46, 1991, 96 ff.

Einheiten

Im ausgehenden 2. Jh. bestand das römische Heer in den beiden Provinzen Obergermanien und Raetien insgesamt aus nicht mehr als 50 000 Soldaten. Rund ein Drittel davon waren Legionstruppen (↗ Legion), die als Eliteverbände im Hinterland in Reserve standen und am Limes selbst allenfalls für zeitlich befristete Sonderaufgaben, insbesondere Baumaßnahmen, eingesetzt wurden. Die zur Sicherung des Limes eingesetzten (↗) Hilfstruppen, die *auxilia*, gliederten sich in Reitereinheiten (↗ *ala*) und Fußtruppen (↗ Kohorte) von jeweils 500 oder 1000 Mann Stärke sowie in *numeri* als kleinste selbstständige Truppeneinheiten des römischen Heeres (↗ *nume-*

rus). Außer den schwerbewaffneten Legionen dürften auch einige der in den Limeskastellen stationierten E. für den täglichen Routinedienst an der Grenze überqualifiziert oder auch ungeeignet gewesen sein. So ist es beispielsweise nicht vorstellbar, dass die insgesamt etwa 4500 Reiter der Alen entlang des Obergermanisch-Raetischen Limes auf Wachttürmen positioniert waren. Auch von den Kohorten werden sich nicht alle am regulären Wachtdienst beteiligt haben. Insgesamt waren in Friedenszeiten damit wohl höchstens 25 000 Soldaten unmittelbar mit der Überwachung des Limes betraut.

Noch aus republikanischer Zeit stammte die Tradition, die Legionen reichsweit durch die Vergabe von Nummern zu unterscheiden. So waren in (↗) Mainz die XXII. Legion, in (↗) Straßburg die VIII. Legion und in (↗) Regensburg die III. Legion stationiert. Je nach dem Zeitpunkt der Truppenaushebungen wurden dabei viele Nummern mehrfach vergeben. Obwohl es regional sicher kaum Missverständnisse gab, wenn von «der Legion» gesprochen wurde, führten die einzelnen Legionen zur weiteren Differenzierung zusätzliche Beinamen, wie *legio III Italica, legio VIII Augusta* und *legio XXII Primigenia pia fidelis,* die als Ehrennamen offiziell verliehen wurden oder auch nur zur besseren Unterscheidung dienten. So waren innerhalb des Römischen Reichs beispielsweise allein drei Legionen gleichzeitig als «III. Legion» gelistet.

Alen und Kohorten wurden häufig nach der Volksgruppe oder der Region benannt, aus der sie sich bei ihrer Aufstellung rekrutierten. Auch hier wurden Einheiten gleichen Namens durch fortlaufende Bezifferung unterschieden. Neben allgemein gehaltenen Namen wie *ala Hispanorum* oder *cohors Germanorum* finden sich mit *ala Treverorum* oder *cohors Vindelicorum* auch spezielle Zuweisungen an einzelne Volksgruppen, wie eben die Vindeliker aus dem Voralpenland oder die Treverer aus dem östlichen Gallien.

Eining *(Abusina)*

Am Übergang der Landstrecke des raetischen Limes in die (↗) Flussgrenze entlang der Donau liegt südlich des Flusses der Kastellplatz *Abusina.* Hier, dicht an der Terrassenkante über dem Flüsschen Abens, entstand zunächst um 80 n. Chr. ein nach Norden orientiertes Holz-Erde-Kastell, das nach der Mitte des 2. Jhs. in Stein ausgebaut und nach Osten umorientiert wurde. Die Kastellfläche beträgt 1,8 ha (147 × 125 m). Bis zum Ende der Römerherrschaft in der Mitte des 5. Jhs. war E. Garnison verschiedener Militäreinheiten, u. a. der *cohors III Britannorum,* deren Fortbestand auch nach Aufgabe des Obergermanisch-Raetischen Limes belegt ist. In der Spätantike erfolgte offenbar nach einer Reduzierung der Garnisonsstärke der Einbau einer etwa 40 × 40 m messenden Kleinfestung in der südwestlichen Kastellecke.

Auf der Flur Unterfeld östlich des heutigen Ortskernes befindet sich ein weiteres, 11 ha großes Lager, das zur Donau hin ausgerichtet war. Es dürfte sich um eine Versorgungsbasis der *legio III Italica* handeln, die hier für kurze Zeit während der (↗) Markomannenkriege stationiert war. Das 380 × 340 m große, von zwei Spitzgräben und einer Rasensodenmauer umgebene Lagerareal besaß im Inneren lediglich Fachwerkbauten.

Lit.: K. Spindler/Th. Fischer, Das römische Grenzkastell Abusina-Eining (Stuttgart 1984).

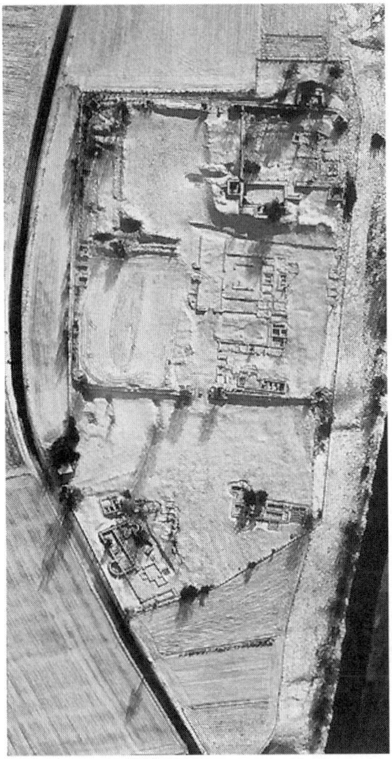

Abb. 10: Luftbild des Kohortenkastells von Eining. Deutlich ist die nachlimeszeitliche Kleinfestung in der südwestlichen Kastellecke zu erkennen.

Epona

Die keltische Schutzgöttin der Pferde und Reiter, aber auch der Fuhrleute und des Verkehrs wurde primär in Gallien, aber auch reichsweit verehrt. Sie gehörte zu den wenigen einheimischen Göttern, die in römischer Zeit ihren keltischen Namen behielten. Parallel zu anderen keltischen Muttergottheiten wurde sie thronend auf einem Pferd oder zwischen Pferden, in einem langen Gewand und teilweise mit einem Früchtekorb auf dem Schoß dargestellt.

Eindeutig militärische Weihungen aus der Limesregion, wie die Weiheinschrift aus Pförring, die sie zusammen mit den (↗) *Matres Campestres* nennt, belegen ihre Rolle im Rahmen der offiziellen (↗) Heeresreligion. Ein Bronzebecken aus dem (↗) Hortfund von (↗) Weißenburg zeigt die Göttin im Mittelbild des Innenbodens zusammen mit Bacchus/Dionysos. Daneben wurden einfache Kultbilder in den Kastellen (↗) Kapersburg, Walldürn, Mainhardt und (↗) Welzheim gefunden. Sie weisen auf eine persönliche Verehrung der Göttin durch die Soldaten hin, die sich wohl in keiner Weise von derjenigen der Zivilbevölkerung unterschieden hat. Gerade die einfachen Kultbilder der Epona finden sich in vielen Orten des Limeshinterlandes, was ihre große Beliebtheit in der gesamten Bevölkerung belegt.

Exerzierhalle

E. ist ein forschungsgeschichtlicher Begriff, der eine der (↗) Kommandantur vorgelagerte große Halle bezeichnet, die die gesamte Länge des Baues an der *via principalis* einnahm und teilweise über dessen Breite hinausragen konnte (↗ Kastell). Diese Vorhalle wurde in Holz oder Stein ausgeführt und besaß ein geziegeltes Dach. An beiden Schmalseiten lagen breite Eingänge. Die durch Strebepfeiler verstärkten Seitenwände deuten auf ein sehr hohes Gebäude hin. Die wichtigste Nutzung der E. war wohl die als Zusammenkunftsraum der Soldaten, da sie sich an zentraler Stelle im Lager befand. Auch für Waffenübungen konnte sie genutzt werden. Für geschlossene Manöver der Infanterie oder der Kavallerie war in der E. jedoch nicht ausreichend Raum vorhanden.

Exerzierplatz *(campus)*

Zu jedem (↗) Kastell gehörte ein E. *(campus)* in direkter Nähe. Er diente dem Formationsexerzieren sowohl der Infanterie wie der Kavallerie, den Waffenübungen sowie als Parade-, Inspektions- und Feierplatz. Das täglich praktizierte Exerzieren diente dazu, die Einsatzbereitschaft der Soldaten aufrechtzuerhalten. Darüber hinaus wurden zahlreiche Übungsschanzen für Bauübungen von (↗) Lagern und Befestigungen lokalisiert. Im Ablauf des militärischen Festkalenders (↗ Heeresreligion) wurden an den E. Altäre der speziellen Gottheiten des *campus*, den (↗) *Matres Campestres*, geweiht, besonders von den Reitern.

***explorator* (pl. *exploratores*)**

Bezeichnet einen militärischen Kundschafter, der sowohl einzeln als auch in speziellen Aufklärungseinheiten – sog. *explorationes* bzw. *numeri exploratorum* – eingesetzt wurde. Solche Einheiten sind am Limes erst ab der 2. Hälfte des 2. Jhs. durch Inschriften nachgewiesen; sie tragen im Truppennamen häufig die Bezeichnung ihres Garnisonsortes, also z. B. *exploratores Nemaningenses* (Wörth) oder *numerus exploratorum Seiopensium* (Miltenberg-Ost). Die häufig vertretene These, bei den *e.* der römischen Armee handle es sich um angeworbene Einheimische mit guten lokalen Ortskenntnissen, lässt sich aus den vorhandenen schriftlichen Quellen nicht stützen: Sowohl Legionen als auch reguläre Hilfstruppen sandten regelmäßig einzelne Soldaten aus ihren Reihen als *e.* aus; vgl. z. B. einen entsprechenden Kundschafter der *legio VI Victrix* in einer Inschrift aus Jülich. Nicht alle *e.* waren beritten; die im Feldbergkastell am Taunuslimes stationierte *exploratio Halicanensium* war in Zenturien gegliedert und bestand demnach aus Fußsoldaten.

Lit.: M. P. Speidel, Exploratores, Epigraphische Studien 13 (Köln/Bonn 1983) 63–78.

F

Fabricius, Ernst

Ernst Christian Andreas Martin Fabricius (* 6. September 1857 in Darmstadt, † 22. März 1942 in Freiburg) war Provinzialrömischer Archäologe, Bauforscher, Althistoriker und ein Pionier der Limesforschung in Deutschland. U. a. ihm ist es zu verdanken, dass die frühe Limesforschung nicht allein den Heimatforschern und Amateurarchäologen überlassen wurde.

1881 schloss F. seine Studien an der neu gegründeten Universität Straßburg und zeitweise an der Universität Bonn mit dem Dr. phil. über griechische Architektur ab. Als Stipendiat des Deutschen Archäologischen Instituts (DAI) bereiste er anschließend zahlreiche Mittelmeerländer. Danach wurde Fabricius Assistent an der Antikensammlung Berlin, 1886 zudem Privatdozent für Klassische Philologie, Archäologie und Alte Geschichte an der Universität Berlin. Bei mehreren längeren Aufenthalten in Griechenland und Kleinasien nahm er an Ausgrabungen in Pergamon und auf Lesbos, Samos und Kreta teil. Von 1888 bis zu seiner Emeritierung 1926 lehrte er als Professor für Alte Geschichte auf einem neu geschaffenen Lehrstuhl in Freiburg. Seit 1902 war er Leiter der (↗) Reichs-Limeskommission. Schon 1897 war Fabricius stellvertretender Streckenkommissar für den Limes-Abschnitt in Hessen-Nassau geworden, 1898 wurde er Leiter der Vermessungsarbeiten. Fabricius war Mitherausgeber des zwischen 1894 und 1937 erschienenen Werkes «Der Obergermanisch-Raetische Limes des Roemerreiches».

Feldzeichen
(aquila, vexillum, imago, signum, draco)

Die Feldzeichen *(signa)* der römischen Armee spielten eine vielfältige Rolle im Leben der Soldaten. Sie dienten im militärischen Einsatz zusammen mit den (↗) Signalinstrumenten der Übermittlung taktischer Befehle und waren gleichzeitig das zentrale Identifikationssymbol für den einzelnen Soldaten mit seiner Einheit und darüber hinaus mit dem ganzen römischen Staat. Dieser überragenden Bedeutung entsprechend war die Verehrung der Feldzeichen ein fester Bestandteil der römischen (↗) Heeresreligion. Sie wurden im (↗) Fahnenheiligtum der Kastelle verwahrt und an Festtagen, wie z. B. den *rosalia* vom 9.–11. und 31. Mai sowie dem Geburtstag der Einheit (obnatale signorum), feierlich geschmückt.

Neben literarischen Quellen finden sich Darstellungen der verschiedenen Feldzeichen und ihres Einsatzes beim Auszug des Heeres, im Kampf oder bei Opferhandlungen auf der (↗) Trajanssäule. Im archäologischen Fundgut sind sie dagegen äußerst selten. Rein formal können folgende Feldzeichen der verschiedenen Truppengattungen unterschieden werden:

aquila

Als Hauptfeldzeichen der gesamten (↗) Legion diente der Adler *(aquila)*. Das F. selbst bestand dabei aus einem silbernen oder goldenen Adler auf einer Stange, die vom *aquilifer*, einem Unteroffizier der ersten Kohorte, getragen wurde. Der Verlust eines Legionsadlers in der Schlacht, wie zum Beispiel in der Varusschlacht 9 n. Chr., kam einer Staatskrise gleich.

vexillum

Ursprünglich das Feldzeichen der Reiterei, wurde das *vexillum* in der Kaiserzeit auch von den (↗) Kohorten der Legionen und (↗) Hilfstruppen verwendet. Es findet sich ebenso bei Truppenkontingenten, die für Sondereinsätze aus verschiedenen Einheiten zusammengestellt wurden. Diese wurden als *vexillatio* bezeichnet.

Das *vexillum* bestand aus einer Lanze mit einem Querholz, an dem ein viereckiges Tuch befestigt war. Darauf waren der Name und das Symbol der Einheit wiedergegeben. Als Symbole dienten Sternzeichen wie Steinbock (XXII. Legion), Stier (VIII. Legion) oder Löwe, aber auch Götter oder ihre Begleittiere wie (↗) Victoria, (↗) Mars, (↗) Hercules, der Storch (III. Legion) oder Adler und Blitzbündel als Symbole des (↗) Iuppiter. Die Träger der *vexilla* wurden als *vexillarius* bezeichnet.

imago

Feldzeichen mit dem Bild des regierenden Kaisers wurden von Legionen und Hilfstruppen getragen. Im Sinne einer ständigen Präsenz des Kaisers und zur Förderung der Loyalität zwischen Soldaten und Feldherren ist davon auszugehen, dass jede Einheit ein solches *imago principis* besaß, das auf einigen Grabsteinen des 1. Jhs. von dem jeweiligen *imaginifer* stolz präsentiert wird.

Daneben können zusätzliche *imagines* als Auszeichnungen an die gesamte Einheit verliehen worden sein, die dann wie die übrigen (↗) Orden an den sonstigen *signa* befestigt wurden. Diese *imagines* standen in direkter Verbindung zu ähnlichen Darstellungen auf (↗) Helmen und Gürtelbeschlägen (↗ Wehrgurt).

Die *imagines* waren wahrscheinlich aus getriebenem Metallblech gefertigt, wobei als Material wohl in der Regel versilberte oder vergoldete Bronze verwendet wurde. Ein Originalfund eines solchen Kaiserbildes aus Silberblech mit der Darstellung des Kaisers in Triumphalpose und der Nennung der *cohors VII Raetorum* ist im Stabsgebäude des Kastells (↗) Niederbieber gefunden worden.

signum

Die weiteren Unterabteilungen der (↗) Legionen und (↗) Hilfstruppen besaßen ebenfalls Feldzeichen, die allgemein als *signa* bezeichnet wurden. Für den taktischen Einsatz trugen diese Lanzen nicht selten eine Hand auf der Spitze. Der Schaft des Feldzeichens war mit den Auszeichnungen (↗ Orden) der Einheit geschmückt. Dabei handelte es sich in der Regel um Metallscheiben *(phalerae)*, Kränze oder stilisierte Tierembleme. Eine eiserne Feldzeichenspitze, ein Anhänger sowie ein goldener und silberner Armreif wurden im Fahnenheiligtum des Kastells (↗) Aalen gefunden.

draco

Im Laufe des 2. Jhs. n. Chr. wurde bei den Reitern mit dem *draco* ein neues Feldzeichen eingeführt, dessen Ursprünge wahrscheinlich im Orient liegen. Nach den

Beschreibungen Arrians über die unter Hadrian eingeführten Reiterspiele (↗ Paraderüstungen) und durch einen Originalfund eines hohlen Drachenkopfes aus Bronzeblech mit aufgerissenem Maul aus dem Kastell (↗) Niederbieber können diese Feldzeichen eindeutig rekonstruiert werden. Der auf einer Stange befestigte Drachenkopf besaß eine Art Windsack aus buntem Stoff, der während des Reitens durch den Wind aufgebläht wurde.

Abb. 11: Römische Reitersoldaten in rekonstruierten Paraderüstungen des 1.–3. Jhs. n. Chr. Darunter auch eine Drachenstandarte.

Flechtwerkzaun

In Raetien wurde anscheinend unter Antoninus Pius die schadhaft gewordene (↗) Palisade durch zaunartige Hindernisse aus Flechtwerk ersetzt. Ihre genauere chronologische Einordnung ist nicht geklärt. Später errichtete man als letzte Phase des Grenzausbaus die raetische Mauer, die sich eng am Verlauf von Palisade und F. orientierte.

Flotte

Transport und Kampf auf dem Wasser spielten auch in den Nordwestprovinzen eine wichtige Rolle. Insbesondere Rhein und Donau stellten nicht nur Verkehrsadern dar, sondern bildeten über weite Strecken auch die Außengrenzen des Reiches (↗ Flussgrenze). Dementsprechend vielfältig waren die Aufgaben der römischen Donau- und Rheinflotte. Insbesondere über die *classis Germanica*, die germanische F., deren Einsatzgebiet seit den Feldzügen des Drusus (↗ Germanenkriege) sowohl die Nordsee als auch den Rhein und seine Nebenflüsse umfasste, sind wir gut unterrichtet. Die Rheinflotte gehörte zum niedergermanischen Militärbezirk und war dem dortigen Legaten unterstellt. Ab der Mitte des 1. Jhs. lag ihr Heimathafen vor den Toren Kölns im Flottenkastell Alteburg. Zu ihren Aufgaben gehörte die militärische Überwachung der Rheingrenze ebenso wie die Versorgung der Heereseinheiten mit Lebensmitteln und Baumaterial. Auch der Transport von Holz, von dem ungeheure Mengen auch aus Obergermanien stromabwärts transportiert worden sein dürften, fiel in ihren Aufgabenbereich. Im Patrouillendienst war es mittels schneller und weniger Ruderschiffe möglich, ein feindliches Übersetzen durch Rammen und Versenken wirkungsvoll zu bekämpfen. Sicherlich dürfte man auch schon den Bau von Wasserfahrzeugen auf dem germanischen Ufer unterbunden haben, so dass die römische Herrschaft auf dem Fluss lange unangetastet blieb. Erst nach den fränkischen Einfällen (↗ Franken), bei denen 276 n. Chr. auch das Kastell Alteburg zerstört wurde, scheint die niedergermanische F. keine größere Rolle mehr in der militärischen Grenzsicherung gespielt zu haben, allerdings wurde gleichzeitig die Überwachung der weiter südlich gelegenen Rheingrenze von (↗) Mainz aus eine zentrale Aufgabe der dort stationierten Flottenabteilungen bis in die zweite Hälfte des 4. Jhs.

Flussgrenze *(ripa)*

Wo immer es ging, versuchte Rom seine Außengrenzen entlang größerer Ströme wie Rhein, Donau oder Euphrat zu ziehen. Die lateinische Bezeichnung für das Flussufer *(ripa)* findet sich daher als Synonym einer solchen Grenzlinie. Korrekt ist etwa die römische Grenzlinie entlang des Niederrheins als *ripa* zu bezeichnen, ebenso wie die Reichsgrenze an der Mittleren Donau als *ripa Pannonica.* Wie bei Landgrenzen, den *limites* (↗ Limes), finden sich auch entlang der meisten «nassen» Grenzen (↗) Kastelle, (↗) Wachttürme und Militärstraßen, hinzu kommt hier allerdings der Einsatz der (↗) Flotte zur Überwachung.

Fortuna

Die alte italische Göttin Fortuna galt ursprünglich als Beschützerin der Frauen, später auch bestimmter sozialer Gruppen. Augustus stiftete im Jahre 19 v. Chr. nach seiner Rückkehr aus dem Osten der *Fortuna Redux* einen Altar, weshalb ihr in der Folgezeit eine besondere Rolle als Beschützerin der Kaiser zukam. Fortuna galt im Allgemeinen als Göttin des positiven wie negativen Schicksals und war darin eng mit der griechischen Göttin Tyche verwandt. Ihre Ikonografie wurde von dieser abgeleitet und zeigt sie bekleidet mit einem langen Chiton und einem Schultermantel. Als ihre Attribute galten Füllhorn, Steuerruder und Rad.

In der Limesregion finden sich zahlreiche Weiheinschriften und Reliefdarstellungen der Göttin. Neben solchen Weihungen an die *Fortuna Redux* oder die *Fortuna Respiciens,* z. B. aus Jagsthausen und Heilbronn, nennen zahlreiche militärische Inschriften sie als Beschützerin der Kastellbäder *(Fortuna Balnearis),* wobei die Weihesteine meist im Umkleideraum *(apodyterium)* aufgestellt waren. Beispiele dafür liegen u. a. aus Walldürn, Neckarburken, Schlossau, Heilbronn, Jagsthausen und (↗) Aalen vor. Die Inschriften aus Walldürn, Neckarburken und Jagsthausen stehen in direktem Zusammenhang mit Bau- bzw. Renovierungsarbeiten in den Kastellbädern und wurden von den Kommandeuren der jeweiligen Einheit gestiftet.

Die Aufstellung solcher Weihungen an Orten der Erholung für die Soldaten unterstreicht die Fürsorgepflicht der Offiziere für ihre Soldaten (↗ Heeresreligion).

fossatum Africae (clausura)

Im heutigen Nordafrika stand Rom anders als mit den Germanen in Mitteleuropa oder den Persern im Nahen Osten kein militärisch gleichgewichtiger äußerer Feind gegenüber. Dennoch musste auch der Süden der Provinzen *Africa, Numidia* und *Mauretania* militärisch überwacht werden. Abgesehen von der Stationierung der *legio III Augusta* in der Provinz *Numidia* beschränkte sich die Sicherung auf einzelne Kastelle im Bereich einheimischer Siedlungen. Erst allmählich und vermutlich durch die Ausweitung des bewirtschafteten Ackerlandes auf Kosten der nomadisierend lebenden Viehzüchter musste die Nahtstelle zwischen fruchtbarem Siedelland und der lebensunwirtlichen und landwirtschaftlich nicht mehr nutzbaren Wüste kontrolliert werden. Ziel war es jedoch wohl insbesondere, den Grenzwechsel der Viehzüchter mit ihren Herden zu überwachen und Abgaben von Karawanen zu erheben. Im Süden des Aurèsgebirges im heutigen Algerien und Tunesien entstanden vermutlich ab dem 2. Jh. Grabenzüge bzw. Wallanlagen aus Erde oder Stein, die als *clausurae* bezeichnet werden. Sie waren zum Teil aufwendig gestaltet und mit Türmen und Kleinkastellen bewehrt. Zu den bekanntesten gehört mit einer Länge von 75 km das *f. A.* südlich des Kastells von *Gemellae*, rund 100 km südwestlich des Legionslagers von *Lambaesis*. Aus der Tatsche, dass diese *clausurae* nicht als zusammenhängender Kordon angelegt sind und über Toranlagen verfügen, schließt man, dass sie die traditionellen Wege der Viehherden sperren und so die Nomaden daran hindern sollten, die römischen Kontrollposten zu umgehen.

Lit.: D. J. Mattingly/R. B. Hitchner, Roman Africa: an Archaeological Review, Journal of Roman Studies 85, 1995, 165–213.

Franken

Zwischen Niederrhein und Weser beheimateter germanischer Großstamm, der sich dort im Verlauf des 3. Jhs. n. Chr. aus mehreren älteren, in diesem Gebiet ansässigen Völkerschaften (u. a. den Brukterern, Chamaven, Amsivariern, Chattuariern und Tubanten) bildete. Die genaue Genese der F. ist unbekannt. Geografisch wird das Gebiet östlich des Niederrheins erstmalig in der *tabula Peutingeriana*, einer spätantiken Straßenkarte aus der 2. Hälfte des 4. Jhs., als *Francia* genannt; die F. selbst traten jedoch schon früher in das Blickfeld der Geschichte: Um 275 n. Chr. brachen sie plündernd in die Provinz Niedergermanien ein, wo zahlreiche Kastelle und Zivilsiedlungen zerstört wurden. Während der gesamten Spätantike blieb das Verhältnis zwischen Römern und F. ambivalent: Angehörige der F. agierten wiederholt sowohl als Angreifer wie auch als Verbündete des Römischen Reiches. Im Dienst des Imperiums stiegen fränkische Adelige wie z. B. Merobaudes oder Arbogast als *magistri militum* beim römischen Heer bis in höchste Führungspositionen auf. Andererseits zeigt die bei Köln-Deutz gefundene spätantike Grabinschrift eines römischen Leibwächters (*occisus in barbarico iuxta Divita a Franco*» – «getötet im Barbarenland in der Nähe von Deutz durch einen F.»; CIL XIII 8274), dass das Verhältnis Roms zu den F. keineswegs frei von militärischen Spannungen war. Der Aufstieg der F. zur führenden Macht im frühmittelalterlichen Europa begann vor allem mit dem endgültigen Zusammenbruch der römischen Herrschaft am Rhein im frühen 5. Jh. sowie mit dem Sieg über die Alamannen in der Schlacht bei *Tolbiacum*/Zülpich im Jahr 497 n. Chr.

Fußsoldat (*pedes*, pl. *pedites*)

Seit den Anfängen der römischen Geschichte bildeten F. *(pedites)* das Rückrat der Armee. Auch die kaiserzeitlichen (↗) Legionen bestanden nahezu ausschließlich aus schwerbewaffneter Infanterie, alle taktisch selbstständigen Reitereinheiten gehörten demgegenüber zu den (↗) Hilfstruppen. Zu den F. der Verbände der Hilfstruppen zählen auch Spezialisten wie Bogenschützen und Schleuderer. Noch bei der Masse der (↗) Kohorten während der mittleren Kaiserzeit handelte es sich entweder um reine Fußtruppen *(cohortes peditatae)* oder um gemischte Verbände *(cohortes equitatae)* aus rund 360 Soldaten zu Fuß und 120 zu Pferde. Wie bei den Reitern, den *equites*, findet die Bezeichnung F. häufig Eingang in Truppennamen – so bei den *pedites singulares*, der vermutlich im *castellum Sablonetum*/Ellingen am raetischen Limes stationierten Elitetruppe.

Obwohl der (↗) Reiterei auch bei der Überwachung des Obergermanisch-Raetischen Limes eine wichtige Rolle zukam, muss davon ausgegangen werden, dass für die meisten der anfallenden Aufgaben, insbesondere sicherlich die Besetzung der (↗) Wachtposten, der F. am geeignetsten war. Ob für die Überwachung der starren Limeslinie selbst überhaupt Reiterei zum Einsatz war, ist fraglich. Für eine sichere Beantwortung speziell dieser Frage wären mehr Erkenntnisse über die genaue Funktionsweise des Limes, aber beispielsweise auch über die Dichte des Waldbestandes erforderlich. Erst am Ende der Limeszeit wurde die Kavallerie für den mobilen Einsatz immer notwendiger, um möglichst rasch an die zahlreichen Kriegsschauplätze zu gelangen und die über den Limes hinweg eingedrungenen Gegner zu stellen. Diese Entwicklung führte schließlich zum spätantiken Bewegungsheer, das fast ausschließlich aus Kavallerie bestand, und zur Reduzierung des Grenzheeres auf F.

G

Gallisches Sonderreich

Nach dem Putsch des römischen Generals M. Cassianus Latinius Postumus in Köln im Jahr 260 n. Chr. fielen sämtliche Nordwestprovinzen des Römischen Reiches für insgesamt 14 Jahre von der Zentralmacht Rom ab und bildeten während dieser Zeit ein unabhängiges Staatsgebiet, das sog. G. S. Der in den antiken Quellen als *imperium Galliarum* bezeichnete Machtbereich besaß eigene, jährlich wechselnde Konsulpaare sowie eine autonome Münzprägung; Postumus und seine Nachfolger regierten nominell als *Augusti,* also als Kaiser. Der Staatsstreich des Jahres 260 n. Chr. war durch die politisch instabile Lage des Reiches sowie durch meuternde Soldaten hervorgerufen worden, die Saloninus, den Sohn des regierenden Kaisers Gallienus, in Köln das Leben kosteten. Neben Britannien, Spanien, den gallischen und germanischen Provinzen gehörte anfänglich auch Raetien zum G. S., wie erst seit einigen Jahren durch den Fund des sog. Augsburger Siegesaltars bekannt ist. Die Provinz fiel jedoch schon bald an Rom zurück, während das obergermanische Limesgebiet im Spannungsfeld der beiden rivalisierenden innerrömischen Machtblöcke verblieb. Postumus (260–268 n. Chr.) sowie seine Nachfolger Victorinus (268–270 n. Chr.) und die beiden Tetrici (270–274 n. Chr.) konnten zunächst mit wechselndem Glück den Rückeroberungsversuchen des Zentralreiches begegnen, bis Kaiser Aurelian nach der Schlacht auf den Katalaunischen Feldern (in der Nähe des heutigen Châlons-sur-Marne) im Jahr 274 n. Chr. die Wiedereingliederung der Nordwestprovinzen in das Römische Reich gelang. Die vorübergehende Existenz des G. S. wird für die betroffenen Regionen heute als durchaus positiv gewertet, da es wiederholt gelang, germanische Angreifer zurückzuschlagen und so die militärisch desolate Lage an der Rheingrenze zu stabilisieren. Welche Auswirkungen die Konstituierung des G. S. auf das Ende des Limes in Südwestdeutschland hatte, lässt sich bislang nicht sicher beurteilen. Wahrscheinlich wurde im Zuge der Usurpation des Postumus das Kastell (↗) Niederbieber im Jahr 260 n. Chr. Opfer von rivalisierenden römischen Truppeneinheiten; an anderen Standorten kommen hingegen noch Prägungen des G. S. vor.

Lit.: I. König, Die gallischen Usurpatoren von Postumus bis Tetricus (München 1981).

Gardetruppen

Die römische Armee kannte sowohl in Rom als auch in den Provinzhauptstädten verschiedene Formen von G., die sich in der Regel aus dem Personalbestand der regulären Truppen rekrutierten. So verfügte jeder Statthalter an seinem Amtssitz über eine 100–200 Mann starke Garde zu Fuß und zu Pferd, die sog. *pedites singulares* und *equites singulares*. Die Soldaten wurden von den

Hilfstruppeneinheiten des jeweiligen Provinzheeres abgestellt.

Die meisten G. waren in Rom stationiert. Unter diesen bildeten die Prätorianer die zahlenmäßig größte Gruppe, die mit insgesamt 10 (↗) Kohorten eine Stärke von 5000 Mann aufwiesen. Unter Septimius Severus wurde die Zahl der Prätorianer gegen Ende des 2. Jhs. verdoppelt, als man die Mannschaftsstärke der einzelnen Kohorten auf jeweils 1000 Soldaten erhöhte. Die Prätorianer bildeten ursprünglich die Schutztruppe des Kaiserhauses, nahmen später jedoch in Rom zunehmend repräsentative Aufgaben wahr. Im Kriegsfall wurden die Prätorianer auch außerhalb der Hauptstadt eingesetzt, sofern der Kaiser persönlich an Feldzügen teilnahm. Anfänglich dienten nur Italiker in den Prätorianerkohorten; im 3. Jh. n. Chr. setzte sich deren Personal dann aus erprobten Soldaten der Grenzlegionen, besonders aus den Donauprovinzen, zusammen. Der Dienst bei den Prätorianern war vor allem aufgrund der etwas kürzeren (↗) Dienstzeit (nur 20 Jahre) sowie der deutlich besseren Besoldung attraktiv.

Die zweite wichtige Gruppe der G. in Rom waren die *equites singulares*, eine von Kaiser Trajan zu Anfang des 2. Jhs. geschaffene Truppe, bestehend aus zunächst 1000, später dann sogar aus 2000 Elitereitern. Diese waren in zwei Lagern, den *castra priora* und den *castra nova*, am Rande Roms stationiert und begleiteten die Kaiser bei auswärtigen Aufenthalten in die Provinzen. Die Truppe wurde mit ausgesuchten Reitern aus den Alen (↗ *ala*) der Grenzarmeen ergänzt, die u. a. auch vom Obergermanisch-Raetischen Limes kamen. Im Jahre 312 n. Chr. löste Kaiser Konstantin nach der Schlacht an der Milvischen Brücke sowohl die Prätorianerkohorten als auch die *equites singulares* auf.

Abb. 12: Grabstein eines Reiters der VIII. Prätorianerkohorte, der mit 28 Jahren in Rom verstarb (3. Jh. n. Chr.).

Lit.: A. W. Busch, Soldaten in Rom. Militärische und paramilitärische Einheiten im kaiserzeitlichen Stadtbild, Palilia 19 (im Druck).

M. P. Speidel, Die Denkmäler der Kaiserreiter. Equites singulares Augusti Beih. Bonner Jahrb. 50 (Köln/Bonn 1994).

Geheimdienst

Einen G. im heutigen Sinne kannte die römische Antike nicht. In der modernen Forschung werden die *frumentarii*, von den Legionen abkommandierte Soldaten, gelegentlich mit geheimdienstlichen Aufgaben in Verbindung gebracht, doch ist das tatsächliche Tätigkeitsfeld dieser Männer umstritten. Wie die schriftliche Überlieferung zeigt, bedienten sich römische Amtsträger – vor allem aber die Kaiser – unterschiedlichster Personen und Militärangehöriger (auch der *frumentarii*) für die Ausführung verdeckter Tätigkeiten, die vom Überbringen geheimer Botschaften bis hin zu politischen Morden reichten. In der Spätantike übernahmen die *agentes in rebus* geheimdienstliche Aufgaben.

Lit.: W. G. Sinnigen, The Roman Secret Service, Classical Journal 57, 1961, 65–72.

Genius

Der römische G. war ursprünglich die göttliche Wirk- und Zeugungskraft des Mannes und stand als Schutzgeist seiner umfassenden Persönlichkeit außerhalb der Person. Er wurde zunächst als privater Hausgott, insbesondere des *pater familias,* seit dem Ende des 3. Jhs. v. Chr. auch im öffentlichen Kontext als Schutzgottheit des Gemeinwesens *(Genius publicus)* verehrt. Von Augustus wurde der Kult des *Genius populi Romani* und des *Genius Augusti* besonders gefördert. Im 1.–3. Jh. n. Chr. hatte die Verehrung der verschiedensten Genien, die die Wirkkräfte von Personen und Gruppen, aber auch von Örtlichkeiten oder Gebäuden verkörperten, ihren festen Platz in der römischen Religion.

Die bildlichen Darstellungen zeigen die Genien in der Regel als junge Männer, bekleidet entweder mit einer über den Hinterkopf gezogenen *toga* oder mit einem Mantel, der den Oberkörper freilässt und über die linke Schulter gelegt ist. An den Füßen tragen sie hohe Stiefel und auf dem Kopf häufig eine Mauerkrone. In der Linken halten sie ein Füllhorn und in der Rechten eine Opferschale über einem Altar.

Innerhalb der Armee war die Verehrung von Genien besonders beliebt, bot sich dabei doch die Möglichkeit, religionspolitisch komplizierte und abstrakte Kulte wie den des Kaisers (↗ Kaiserkult) oder der (↗) Feldzeichen zu personalisieren. Zum anderen konnten Aspekte und Bereiche des Soldatenalltags, wie das (↗) Kastell und seine Gebäude, aber auch Soldaten-*collegia* oder einzelne Unterabteilungen als im religiösen Sinne wirksame Bezugsfelder der Soldaten definiert und damit in ihrer Bedeutung erhöht werden. So förderte die Verehrung der Genien im hohen Maße das Wir-Gefühl der Soldaten bis hinein in ihren Alltag.

Am Limes war die Verehrung der Genien weit verbreitet. Hier fanden sich über 100 Beispiele an Inschriften und Skulpturen aus dem militärischen Umfeld, wobei die Genien häufig in Verbindung mit anderen Göttern, insbesondere den Hauptgöttern der (↗) Heeresreligion wie (↗) Iuppiter und Iuno genannt werden. Schwerpunkte liegen dabei am westlichen Wetteraulimes und im Taunus, während zum Beispiel vom (↗) Odenwaldlimes, aus den Neckarkastellen oder vom raetischen Limes östlich von (↗) Aalen bisher keine Beispiele vorliegen.

Abb. 13: Altar aus dem Kastell Eining für Iuppiter Optimus Maximus, Iuno Regina und Minerva, für das Heil der Kaiser Caracalla, Geta und deren Mutter Iulia Domna sowie für den Genius der cohors III Brittanorum vom 1. Dezember 211 n. Chr. Geweiht vom Praefekten der Einheit Titus Flavius Felix, der auch im Bildfeld beim Opfer dargestellt ist.

Nach den erhaltenen Inschriften finden sich Genien für den Kaiser (*Genius Imperatoris* in (↗) Obernburg), ganze Einheiten (*Genius cohortis* in (↗) Osterburken und (↗) Saalburg), Unterabteilungen (*Genius centuriae* im Kastell Feldberg und auf der Saalburg und *Genius turmae* in Osterburken), spezielle Gruppen (G. der Hornbläser und Feldzeichenträger – *Genius baioli et vexillarii* in (↗) Niederbieber), einzelne Gebäude (*Genius horrei* in Niederbieber) oder allgemein für den Ort (*Genius loci* in Osterburken). Auffällig ist dabei, dass nicht nur die höheren Offiziere, sondern auch untere Chargen bis hin zum einfachen Soldaten als Stifter auftreten und dass die Weihung oft aus eigenen Mitteln *(de suo)* bezahlt wurde.

Ausgehend von der Beliebtheit des G.-kultes in den Limeskastellen hat ihre Verehrung auch im zivilen Hinterland weite Verbreitung gefunden.

Germanenkriege

Die jahrhundertelangen Auseinandersetzungen Roms mit den Germanen nahmen unter Augustus während der römischen Eroberungsfeldzüge ihren Anfang und erreichten mit der sog. Varusschlacht im Jahr 9 n. Chr. einen ersten Höhepunkt. Die noch bis 16 n. Chr. andauernden Militäroperationen im rechtsrheinischen Germanien blieben für Rom jedoch ohne dauerhaften Erfolg und endeten schließlich mit dem Rückzug der Truppen auf die Rheingrenze. Die militärischen Aktivitäten der Kaiser Caligula (39–41 n. Chr.) und Domitian (83 n. Chr.) im rechtsrheinischen Vorfeld von Mainz gegen kleinere germanische Teilstämme stellen keine Kriege im eigentlichen Sinne dar; sie dienten vor allem innenpolitisch-propagandistischen Zwecken. Trotz nur bescheidener Erfolge vor Ort nahm Domitian den Beinamen *Germanicus maximus* (größter Germanensieger) an, obwohl von einer Unterwerfung der Germanen nicht die Rede sein konnte. Im 2. Jh. wurde die militärische Auseinandersetzung Roms mit den Germanen vor allem durch die (↗) Markomannenkriege unter

Marc Aurel geprägt, der an der mittleren Donau zwischen 166 und 180 n. Chr. geführt wurde. Die verlustreichen Kämpfe wurden schließlich nach Zusage von römischen Subsidienzahlungen unter Kaiser Commodus eingestellt. Im 3. Jh. fanden schließlich zahllose kriegerische Konflikte zwischen germanischen Teilstämmen und dem Imperium Romanum statt, die u. a. zum Verlust des Limesgebietes führten. Während der sog. Alamannenfeldzug Kaiser Caracallas im Jahr 213 n. Chr. am raetischen Limes noch rein präventiven Charakter hatte, kam es im Jahr 233 n. Chr. im Zuge eines Germaneneinfalls in Obergermanien – vor allem am Wetterau- und Mainlimes – zu verheerenden Zerstörungen. Der römische Vergeltungsschlag erfolgte 235/36 n. Chr. und brachte Kaiser Maximinus Thrax, wie zuvor auch schon Caracalla, den Titel *Germanicus maximus* ein. Die zweite Hälfte des 3. Jhs. war dann von zahllosen G. geprägt, wobei der germanische Einfall des Jahres 254 n. Chr. zur völligen Vernichtung des raetischen Limes führte. Im Kampf mit den Germanen wurden auch Truppen aus anderen Teilen des Römischen Reiches eingesetzt, wie u. a. der in Speyer gefundene Grabstein eines Legionärs der (an der unteren Donau stationierten) *legio IV Flavia Felix* zeigt, der während eines G. am Rhein verstarb *(agens expeditione Germaniae)*. Auch in der Spätantike kam es zu zahlreichen Konflikten zwischen Rom und germanischen Stämmen; einige dieser Kämpfe werden von Ammianus Marcellinus sehr detailreich beschrieben.

Germania (*Germania superior*, *Germania inferior*, Niedergermanien, Obergermanien)
Während der Limeszeit teilt sich das Gebiet zwischen Alpen und Nordmeer in drei verschiedene Einheiten. Das nach dem Ende der (↗) Germanenkriege unter Augustus nicht römisch kontrollierte rechtsrheinsche Gebiet wird in zeitgenössischen Quellen *G.* oder auch *Germania magna* genannt. Die räumliche Ausdehnung dieses großen Germanien wird bei Ptolemaeus im 2. Jh. n. Chr. knapp umrissen. Nach Osten reichte es bis in das Baltikum und an die Karpathen, im Süden bildete die Donau bis an das Donauknie bei Budapest die Grenze, weiter im Norden folgte nach den Angaben der antiken Geografen *Scatinavia* bzw. die *Skandza*, aus der beispielsweise die Goten stammen sollen. Die einheimischen Stämme dieser Region werden nach antikem Muster als Germanen zusammengefasst.

Aus dem Heeresbezirk am westlichen Ufer des Niederrhein formte Kaiser Domitian um 85 n. Chr. die Provinz *Germania inferior* (Niedergermanien) mit der Provinzhauptstadt *Colonia Claudia Ara Agrippinensium*/Köln. Sie grenzte im Westen an die *Gallia Belgica* und im Süden an die *Germania superior* (Obergermanien). Die innerrömische Grenze verlief am Vinxtbach südlich von Bonn. Trennlinie zur *Germania magna* bildete der Rhein.

Hauptstadt der zur selben Zeit geschaffenen Provinz *Germania superior* war *Mogontiacum*/(↗) Mainz. Obergermanien grenzte im Westen an die *Gallia Lugdunensis* bzw. *Gallia Belgica*, im Osten an Raetien, im Norden an Niedergermanien und im Süden an die *Gallia*

Narbonensis. Trennlinie zur *Germania magna* war der Obergermanische Limes.

Im allgemeinen Sprachgebrauch wird das Werk des Historikers Publius Cornelius Tacitus *De origine et situ Germanorum,* das vermutlich kurz vor dem Jahr 100 n.Chr. entstand, ebenfalls verkürzt G. genannt.

Schließlich steht in der römische Propaganda die G. als eine in germanische Tracht gekleidete Frauengestalt für die Personifikation Germaniens. Insbesondere während des erwachenden Nationalismus in der Neuzeit wird diese Darstellungsweise in Gestalt einer gerüsteten Kriegerin als Verkörperung des Deutschen Reiches wieder aufgegriffen.

Getreidespeicher *(horreum)*

Die Grundversorgung der Truppen wurde durch Getreide sichergestellt, dessen Vorräte in architektonisch besonders gestalteten Gebäuden gelagert wurden. Die Getreidespeicher, *horrea*, befanden sich meist im Mittelstreifen des (↗) Kastells nahe der (↗) Kommandantur. Um ein schnelles Verderben der Körner zu verhindern, mussten sie trocken und kühl aufbewahrt werden. Daher waren G. langrechteckige Gebäude mit erhöhtem und belüftetem Fußboden. Die charakteristische Bauweise mit Unterzügen in Längs- und Querrichtung sowie mit Pfeilern kommt sowohl in Holz als auch in Stein vor. Eine Besonderheit sind Strebepfeiler an der Außenseite der in Stein errichteten G., die dem enormen Druck des Schüttgutes standhalten und zudem das schwere Dach mit Ziegel- oder Steindeckung tragen mussten. Der Zugang und die Laderampe lagen an der Schmalseite, zumeist zur *via principalis* orientiert, um eine gute Erreichbarkeit zur Befüllung zu gewährleisten.

H

Hadriansmauer

Über 120 Kilometer (76 römische Meilen) lange Befestigungsanlage im heutigen Nordengland, die Hadrian zwischen den Mündungen des Solway im Westen und des Tyne im Osten errichten ließ. Der Bau geht auf den Besuch des Kaisers in Britannien 122 n. Chr. zurück. Der Verlauf der H. orientierte sich nur grob an dem damaligen Grenzverlauf auf der britischen Insel. Vermutlich verblieb ein Teil des römisch kontrollierten Gebietes im Norden außerhalb der Sperranlagen und wurde durch vorgelagerte (↗) Kastelle gesichert.

Der Befestigungslinie lag ein einheitliches Konzept zugrunde, das jedoch während des Baues mehrmals verändert wurde. Der östliche Teil der H. bestand auf einer Länge von 45 römischen Meilen aus Stein, der westliche Teil zunächst aus einer Rasensodenmauer. Hier wurden nur die Türme sofort aus Stein errichtet. Erst Kaiser Marc Aurel ließ auch diesen Abschnitt in Stein ausbauen.

Als äußeres Sperrwerk besaß die H. einen dreißig römische Fuß (9 m) breiten und zehn Fuß tiefen Spitzgraben. Darauf folgte eine (↗) Berme mit weiteren (↗) Annäherungshindernissen. Die Basis der Rasensodenmauer war zwanzig Fuß breit, das Fundament der Steinmauer zunächst zehn Fuß. In beiden Fällen würde dies eine Höhe von etwa 4,5 m gestatten. Ob die Mauern einen Wehrgang und Zinnen trugen, ist nicht gesichert. Die (↗) Mauertechnik zeigt wenig Sorgfalt, nur die Frontsteine waren bearbeitet und in Mörtel gesetzt, das Innere bestand aus einem Gemisch aus Steinbrocken mit Lehm oder Erde. Unmittelbar in den Mauerverlauf eingefügt lagen in einem Abstand von je einer römischen Meile (↗) Kleinkastelle, sog. milecastles. Ihre Tore boten zunächst die einzige Möglichkeit, die H. zu durchqueren. Zwischen den Kleinkastellen standen jeweils zwei Wachttürme.

Noch bevor die Bauarbeiten abgeschlossen waren, wurden zunächst zwölf Kastelle für Hilfstruppen unmittelbar an der H. verlegt. Später erhöhte sich ihre Zahl auf insgesamt siebzehn. Gleichzeitig oder kurz danach entstand mit dem sog. *vallum* die rätselhafteste Struktur der H. Hierbei handelt es sich um einen zehn Fuß tiefen und zwanzig Fuß breiten Sohlgraben, der zu beiden Seiten zunächst von einer dreißig Fuß breiten Berme flankiert war, bevor jeweils ein sorgfältig aufgebauter Erdwall folgte. Man interpretiert das *vallum* als südlichen Abschluss einer durch die H. markierten Militärzone. Als letzte Baumaßnahme ist eine 18–20 Fuß breite Militärstraße anzusehen, die südlich in etwa parallel zur H. verläuft. Der Bau dieser Versorgungs- und Kommunikationslinie resultierte möglicherweise aus Erfahrungen, die mit dem Bau des (↗) Antoninuswalles gemacht wurden.

Insbesondere in seinem landschaftlich reizvollen zentralen Sektor sind noch zahlreiche Abschnitte der H. gut erhalten. Als Teil der «Grenzen des Römischen Reiches» steht sie seit 1987 auf der Welterbeliste der UNESCO.

Lit.: D.J. Breeze und B. Dobson, Hadrian's Wall, 4. Aufl. (London 2000).

Halstuch *(focale)*

Auf beinahe allen Reliefdarstellungen des 1.–3. Jhs. n. Chr. gehört zur (↗) Kleidung der Soldaten ein H. *(focale)*. Es bestand wohl in der Regel aus Wolle oder Leinen. Neben dem Kälteschutz konnte es auch ein Aufscheuern der Haut durch die Ketten- und Schienenpanzer verhindern. Weiterhin diente es im Kampf sicher auch als Schutz der empfindlichen und ansonsten ungeschützten Halspartie.

Handquader

Unter H. versteht man mehr oder weniger rechteckig zugehauene Mauersteine, die insbesondere für die Errichtung der Zweischalenmauern außen und innen Verwendung fanden. Im Idealfall sind die H. 10–15 cm lang und 5–10 cm hoch und verjüngen sich nach hinten, um so in der Mörtelverbindung des Füllmauerwerkes besseren Halt zu bekommen.

Handwerker

In den Kastellen am Obergermanisch-Raetischen Limes und in dessen Hinterland spielte das Handwerk eine zentrale Rolle. H. waren notwendig, um die Truppen am Limes, aber auch die Bevölkerung in den Zivilsiedlungen und den zahlreichen Gutshöfen *(villae rusticae)* zu versorgen. Im Zusammenhang mit der Aufsiedlung des Limesgebietes entwickelte sich ein dichtes Netz von Handwerksbetrieben. Bei fast allen Ausgrabungen in römischen (↗) Lagerdörfern gelang es, auch handwerkliche Produkte und Produktionsbereiche nachzuweisen. An erster Stelle sind Töpfereien zu nennen, in denen Küchengeschirr, aber auch feinere Keramik, Firnisware und Terra Sigillata erzeugt wurde. In großer Zahl und fast bei jeder Siedlung finden sich deshalb Töpfereien, die diese Produkte für den lokalen oder regionalen Markt herstellten. Speziell Terra Sigillata wurde dabei über die unmittelbare Umgebung hinaus gehandelt. Neben den Töpfereien sind Ziegeleien mit der Produktion von Dach- und Heizziegeln nachzuweisen. Da diese Baumaterialien herstellten, die vor Ort zum Einsatz kamen, lagen die Betriebe zumeist in unmittelbarer Nähe der Siedlungen. Dasselbe gilt für erweitertes Baumaterial, insbesondere Kalk, der in Brennöfen gebrannt wurde, die verschiedentlich am Rande der Siedlungen nachzuweisen sind, sofern in der Nähe entsprechendes Steinmaterial zur Verfügung stand. Innerhalb der Siedlungen am Obergermanisch-Raetischen Limes sind auch Metallhandwerker in großer Zahl nachweisbar. Anhand von Halbfabrikaten und Gussformen lässt sich die Herstellung römischer Militaria, aber auch von Ausrüstungsteilen des Pferdegeschirrs und von anderen Gebrauchsgegenständen belegen. Die in den Brunnen von (↗) Rainau-Buch geborgenen Metallgefäße sind wohl großteils in lokalen Werkstätten hergestellt oder zumindest repariert worden. Weiter sind Holzhandwerker, wie Wagner und Schindelmacher, aber auch Schreiner und Zimmerleute durch Funde und Halbfabrikate belegt. Dasselbe gilt für die Verarbeitung von Knochen. Tierknochen wurden in vielfältiger Weise, sowohl für Haarnadeln und Spielsteine als auch für Geräte, Messergriffe und verschiedene andere Gegenstände, benutzt und zumeist lokal hergestellt. Lederverarbeitung, insbesondere durch Gerber, aber auch durch Schuster und Sattler ist ebenfalls durch Arbeitsgeräte und Abfälle in vielfacher Weise zu belegen.

Lit.: H. von Petrikovits, Die Spezialisierung des römischen Handwerks. In: H. Jankuhn/W. Janssen/R. Schmidt-Wiegand/H. Tiefenbach (Hrsg.), Das Handwerk in vor- und frühgeschichtlicher Zeit I, Abhandlungen der Akad. der Wissenschaften (Göttingen 1981) 63 ff.
W. Gaitzsch, Römische Werkzeuge, Kleine Schriften zur Kenntnis der römischen Besetzungsgeschichte Südwestdeutschlands 19 (Stuttgart 1978).

Hanßelmann, Christian Ernst

Christian Ernst Hanßelmann (* 8. Juli 1699 in Weikersheim, † 26. August 1776 in Öhringen), Archivar im Dienste der Grafen von Hohenlohe, verschrieb sich nach der Sichtung der römischen Funde östlich von Öhringen der provinzialrömischen Forschung und Archäologie. Nach dem Besuch des Gymnasiums in Öhringen studierte H. Rechtswissenschaft an der Universität Jena. Nach beruflichen Aufenthalten in den Niederlanden kehrte er 1730 nach Öhringen zurück, um das Archiv des Hauses Hohenlohe zu ordnen, das seit dem 15. Jh. bestand.

Seine ersten Untersuchungen entstanden nach Preisaufgaben: 1748 schrieb er eine Abhandlung zum Thema der Ausdehnung der römischen Besatzung in Südwestdeutschland, angeregt durch eine Aufgabenstellung der Königlich Preußischen Akademie der Wissenschaften; 1765 befasste er sich nach einer Preisfrage der Mannheimer Akademie mit den vorrömischen Völkern auf dem Gebiet der Kurpfalz. Daneben beschäftigte sich H. auch wissenschaftlich mit der Archäologie. H. entdeckte ab 1766 zwei Kohortenkastelle in Öhringen. Nach Forschungen in den benachbarten Kastellorten Mainhardt und Jagsthausen erkannte er die geradlinige Trassierung des Obergermanischen Limes. H. identifizierte als Erster den Limes als durchgehende, homogene Anlage und konnte dessen römischen Ursprung bestätigen. Darüber hinaus versuchte er, den Limes in die überlieferten geschichtlichen Zusammenhänge einzubetten. H. wird als einer der Väter der wissenschaftlichen Limesforschung bezeichnet und wurde mit zahlreichen Auszeichnungen und Ehrungen bedacht.

Lit.: H. Neumaier, Christian Ernst Hanßelmann. Zu den Anfängen der Limesforschung in Südwestdeutschland, Materialhefte zur Vor- und Frühgeschichte in Baden-Württemberg 18 (1993).

Heeresreligion

Unter dem Begriff H. werden die in der römischen Armee besonders gepflegten Kulte, deren Träger sowie spezifische Kultpraktiken zusammengefasst.

Die H. stand in enger Beziehung zur offiziellen römischen Staatsreligion und diente wie diese der Untermauerung des römischen Herrschaftsanspruches. Sie fungierte dabei als wichtiges verbindendes Element zwischen dem einzelnen Soldaten, dem Kaiser und den Göttern. Ihr Grundgedanke war, dass die Götter

Rom die Herrschaft über die Welt anvertraut hatten. Der Kaiser galt als der entscheidende Mittler zwischen Göttern und Menschen, als Stellvertreter (↗) Iuppiters auf Erden, oberster Priester *(pontifex maximus)* und Patron der Soldaten (↗ Kaiserkult).

Die Armee war neben dem Kaiser der zweite entscheidende, aber zugleich auch unsichere Faktor des Herrschaftssystems und musste immer wieder neu in dieses eingebunden werden. Dabei ging es nicht nur um den Corpsgeist der Soldaten, wie z. B. durch einheitliche (↗) Waffen und Symbole (↗ Feldzeichen). Wichtiger war die Identifikation der Soldaten mit der römischen Herrschaft insgesamt, einschließlich der Gewissheit über den politischen und gesellschaftlichen Rückhalt und die sittliche Rechtfertigung des eigenen Handelns.

Die H. lässt sich in drei Bereiche einteilen: den (↗) Kaiserkult, der sich aus der charismatischen Rolle des Kaisers für die Soldaten ergab; die Kulte der (↗) Feldzeichen, der (↗) Genien, der (↗) *Matres Campestres* und der *Disciplina,* die auf die Notwendigkeit des Kriegsdienstes und die innere Ordnung des Heeres abzielten, sowie die Kulte der römischen Staatsgötter, u. a. Iuppiter, (↗) Minerva, (↗) Mars und (↗) Victoria.

Ein verbindlicher Festkalender schrieb für alle Soldaten im ganzen Reich die einzelnen Festtage und deren Inhalte fest. Überliefert ist dieser durch das sog. *feriale Duranum*, einen auf Papyrus erhaltenen lateinischen Kalender aus dem Kastell Dura Europos in Syrien aus den Jahren 223–227 n. Chr. Das nicht vollständig erhaltene Dokument nennt alle Daten zwischen dem 3. Januar und dem 23. September. Besonders wichtige Festtage waren der 3. Januar – die Erneuerung der Gelübde –, der 7. Januar – der Tag der Soldauszahlung und der ehrenhaften Entlassung der Soldaten (↗ Militärdiplom) –, sowie der 9.–11. und 31. Mai, die Rosenfeste zu Ehren der Feldzeichen. Weiterhin nennt der Kalender allein 27 Feste zu Ehren des Kaisers bzw. seiner vergöttlichten Vorgänger.

Wichtigster Kultplatz der H. war die (↗) Kommandantur. Im Fahnenheiligtum standen die Feldzeichen und Ehrengeschenke der Einheit sowie sonstige Götterbilder. In den Kastellen (↗) Kapersburg und (↗) Künzing wurden hier Geniusstatuetten gefunden, in Murrhardt und auf der (↗) Saalburg je eine bronzene Iuppiterstatuette und in (↗) Aalen Reste von Feldzeichen, das Kultblech des (↗) Iuppiter Dolichenus und eine Adlerfigur. Die bronzenen Ehrenstatuen der Kaiser standen dagegen vor dem Fahnenheiligtum in der Querhalle. Die Kulthandlungen fanden an einem Altar (↗ Aalen) im Innenhof statt, wo in der Regel auch Brunnen oder (↗) Nymphaeen, wie in Aalen und Öhringen, für die Kulthandlungen vorhanden waren.

Als weitere Kultplätze der Heeresreligion können anhand der Auffindung von Weihealtären und Skulpturen die Versammlungsräume von Kollegien (↗ Genius), die (↗) Kastellbäder (↗ Fortuna), die Kastelltore sowie die (↗) Exerzierplätze benannt werden. Besondere militärische Kultplätze waren schließlich die Beneficiarier-Heiligtümer (↗ Osterburken, ↗ Obernburg).

Die Kulte der H. verlangten nicht unbedingt eine tiefe persönliche Anteilnahme der Soldaten, wobei sich diese anhand der Quellen auch kaum mehr beurteilen lässt. Die meisten Weiheinschriften wurden in der Regel durch die Kommandeure oder Offiziere stellvertretend für die gesamte Einheit im Rahmen ihrer Fürsorgepflicht für die Soldaten aufgestellt. Dies entsprach der Rolle des Kaisers, der in zahlreichen Reliefdarstellungen stellvertretend für das ganze Reich die Opferhandlungen durchführte.

Heidenheim

Das zwischen Toten- und Ottilienberg gelegene Kastell H. gehört zum (↗) Alblimes und hatte eine Sperrfunktion im Brenztal, um den natürlichen Nord-Süd-Verbindungsweg von der Donau in das Kochertal und damit in das nördliche Vorland der Schwäbischen Alb zu sichern. Mit hoher Wahrscheinlichkeit wurde das Lager von der *ala II Flavia milliaria* mit ca. 1000 Reitersoldaten errichtet. Die Kastellmauer umschloss ein langgestrecktes Rechteck von ca. 6 ha mit vier Eck- und vermutlich 12 Zwischentürmen. Von der Innenbebauung konnten große Teile der monumentalen (↗) Kommandantur mit halbrunder Apsis und großer massiver Vorhalle aufgedeckt werden. Ausgrabungen zwischen 2000 und 2003 im nordwestlichen Lagerareal erfassten sieben vollständige (↗) Mannschaftsbaracken. Sie waren in Fachwerkbauweise errichtet und hatten je zwölf gleich große Zeltgenossenschaften *(contubernia)* mit einem Schlafraum *(papillio)* von ca. 20 qm Fläche mit Herdstelle. Vorgelagert war jeweils ein Stall für die Reitpferde. Den Abschluss auf den beiden Schmalseiten der Kasernen bildeten erweiterte Kopfbauten, in denen die Offiziere untergebracht waren. Das Kastell wurde in domitianischer Zeit, spätestens um 90 n. Chr., in Stein ausgebaut. Ob eine Holzbauphase vorausging, ist nicht sicher zu beurteilen. Spätestens um 160 n. Chr. verließ die *ala* H. und wurde in das neu erbaute Kastell (↗) Aalen am äußeren raetischen Limes vorverlegt.

In der Folgezeit bestand jedoch das zivile (↗) Lagerdorf weiter und wurde offenbar mit großen öffentlichen Bauten ausgestattet. Insbesondere durch Baumaßnahmen in den 1980er und 1990er Jahren konnten östlich des ehemaligen Kastells monumentale Baureste freigelegt werden. Es handelt sich hierbei um ausgedehnte Steingebäude mit einem separaten Badehaus (↗ Badewesen). Jenseits der Straße, unmittelbar an der Brenz, lag ein weiterer Gebäudekomplex, der aufgrund von Um- und Einbauten als repräsentatives Bauwerk gedeutet werden kann. Die abschließende Beurteilung dieses großen, z. T. vorzüglich erhaltenen Gebäudes muss der wissenschaftlichen Auswertung vorbehalten werden. Auffallend ist jedoch, dass bisher keine weiteren öffentlichen Gebäude, wie Tempel oder Forum, festgestellt werden konnten. Die Siedlung von Heidenheim, die wohl mit dem Namen *Aquileia* in Verbindung zu bringen ist, kann möglicherweise als Vorort einer (↗) *civitas* für den nördlich der Donau liegenden westlichen Teil der Provinz Raetien angesprochen werden.

Lit.: M. R. Sölch, Die Topographie des römischen Heidenheims, Forschungen und Berichte zur Vor- und Frühgeschichte in Baden-Württemberg 76 (2001).
M. Scholz, Das Reiterkastell Heidenheim und die vor- und frühgeschichtlichen

Siedlungen auf seinem Areal, Jahrbuch Heimat- und Altertumsverein Heidenheim 10, 2003/2004, 96 ff.

Helm *(cassis, galea)*

Bei der Konzeption der Helme mussten die Römer grundsätzlich zwischen der Schutzfunktion und der Einschränkung für das Seh- und Hörvermögen der Soldaten abwägen. Dabei war die Änderung der Kampfweise (↗ Schwert, Schild), beeinflusst durch die potentiellen Gegner, von entscheidender Bedeutung für die Entwicklung.

Die Bronzehelme der Legionen und Hilfstruppen des frühen 1. Jhs. n. Chr. gehen weitgehend auf italische und keltische Vorbilder zurück (Typ Montefortino und Typ Hagenau). Sie besaßen halbkugelige Formen, einen kurzen Nackenschutz und separate, mit Scharnieren an der Kalotte befestigte Wangenklappen. Auf dem Scheitel saß ein Knopf zur Aufnahme des Helmbusches. Seit Anfang des 1. Jhs. n. Chr. verwendete die römische Armee auch eiserne Helme vom Typ Weisenau, die ebenfalls auf keltische Vorläufer zurückgehen. Diese setzten sich mehr und mehr durch und beeinflussten auch die späteren Helmformen des 2. und 3. Jhs. n. Chr. Charakteristisch für den Typ Weisenau sind die mit bronzenen Schutzblechen versehenen Ohraussparungen, der tief heruntergezogene schräge Nackenschutz, der separat gefertigte Stirnbügel und der gabelförmige Helmbuschhalter. Die eiserne Kalotte war über der Stirn mit getriebenen, stilisierten Augenbrauen und Bronzeappliken verziert.

Die Reitersoldaten trugen im 1. Jh. n. Chr. zunächst eigene Helmformen nach attischen Vorbildern mit einem schmalen Nackenschutz und Wangenklappen, die auch die Ohren bedeckten. Die Kalotte hatte oft eine haarlockenartige Struktur, die entweder aus dem Blech herausgetrieben oder durch Auflagen aus Rosshaar gebildet wurde.

Im Verlauf des 2. und 3. Jhs. n. Chr. wurden die Helmformen der Infanterie und der Reiterei immer mehr angeglichen. Die im Vergleich zum 1. Jh. wenigen Funde aus der Limeszeit zeichnen sich alle durch ihre geschlossene Form aus. Die Helme aus Bronze oder Eisen reichen weit in den Nacken und besitzen einen breiten Nackenschutz sowie Wangenklappen, die nicht nur die Ohren, sondern auch einen Großteil des Gesichtes verdecken. Mittels eines Stirnbügels und eines kreuzförmigen Scheitelaufsatzes sollten Schwerthiebe von oben abgeleitet werden.

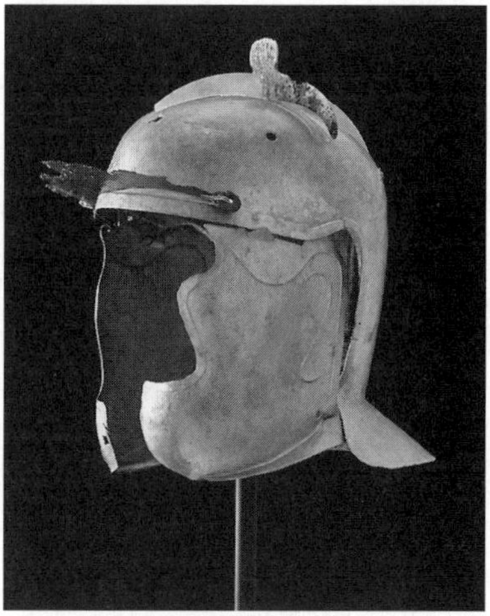

Abb. 14: Bronzehelm mit eisernem Stirnbügel und kreuzförmigem Scheitelaufsatz der späten Limeszeit aus Rainau-Buch.

Nicht für den Kampfeinsatz geeignet waren die prunkvoll verzierten Paradehelme, von denen gerade aus den rätischen Limeskastellen einige herausragende Exemplare aus dem 3. Jh. n. Chr. vorliegen (↗ Paraderüstung).

Bestimmte Verzierungsdetails auf Helmen sowie Reliefdarstellungen scheinen darauf hinzuweisen, dass Helme auch als militärische Auszeichnung (↗ Orden) verliehen werden konnten.

Herberge *(mansio)*

Entlang der Straßenverbindungen in die Provinz, aber auch am Limes selbst sind Rasthäuser für Reisende und Wechselstationen für Reitpferde oder Zugtiere anzunehmen. So unterschied das römische Verkehrswesen zwischen den eher privaten H., den *mansiones,* den im öffentlichen Auftrag unterhaltenen *stationes* des (↗) *cursus publicus* und den großen Unterkunftshäusern, denen sogar eigene Badegebäude angeschlossen waren, den *praetoria.* Trotz der Tatsache, dass beispielsweise ein größerer Steinbau vor dem Haupttor bzw. neben dem (↗) Badegebäude der (↗) Saalburg allgemein als H. angesprochen wird, steht ein gesicherter Nachweis einer H. von einem der Kastellorte am Obergermanisch-Raetischen Limes noch aus.

Hercules

Der römische Hercules galt primär als Gott des Handels und des Eigentums, insbesondere der rechtlichen Aspekte der Verträge und Eide, in wirtschaftlichen wie auch in politischen Bereichen.

H. wurde dabei mit dem griechischen Herakles gleichgesetzt, der als Sohn des Zeus und der Alkmene, der Tochter des Königs von Theben, zunächst nur als Halbgott auf der Erde weilte. Seine zwölf Heldentaten bildeten den Kern der Überlieferung und fanden in der ganzen antiken Welt Verbreitung. Das Spektrum seiner Taten mit Siegen und Niederlagen, sein stetes Ringen mit bösen Mächten und ihm nicht immer wohlgesonnenen Göttern und schließlich seine Aufnahme unter die Götter machten ihn zu einem Prototyp des am Schicksal leidenden, aber auf göttliche Erlösung hoffenden Menschen. Er wurde dadurch zum Beschützer in allen möglichen Gefahren.

Gerade der Aspekt des durch seine siegreichen Taten vergöttlichten Menschen machte ihn für die römischen Kaiser zum idealen Vorbild und sicherte ihm einen festen Platz in der kaiserlichen Bildpropaganda. Insbesondere Kaiser Commodus ließ sich als Hercules darstellen und verehren.

Die römische Ikonografie ist durch die griechischen Darstellungen des Gottes beeinflusst und zeigt H. als nackten, meist bärtigen und damit älteren, aber stets muskulösen Mann. Keule und Löwenfell als Hautattribute stellen den Bezug zu seinen Heldentaten her.

Die Beispiele aus der Limesregion stammen meist aus rein zivilen Kontexten. Im Bereich der (↗) Heeresreligion sind Weiheinschriften für H. eher selten, wie z. B. eine Weihung für Minerva und Hercules aus St. Leon. Als Ausnahme gilt allerdings die große Gruppe der Weiheinschriften für *Hercules Saxanus* aus den Steinbruchgebieten des niedergermanischen Heeres im Brohltal sowie in Norroy-le-Veneur in der Provinz *Gallia Belgica* aus dem 1. und frühen 2. Jh. n. Chr. Daneben gehören Darstellungen des Gottes aber auch zum Motivrepertoire der (↗) Paraderüstungen, wie z. B. im (↗) Hortfund von (↗) Eining.

Hesselbach

Der Platz auf einer schmalen Hochfläche des Odenwaldes war schon (↗) Chr. E. Hanßelmann im 18. Jh. als römische Siedlung bekannt. Durch die (↗) Reichs-Limeskommission wurde 1896 die Umwehrung eines kleinen Kastells erfasst. Mit 80 × 73 m besitzt es eine Innenfläche von 0,6 ha. Umfangreiche Ausgrabungen des Saalburgmuseums 1964–66 erbrachten eine dreiperiodische Umwehrung, zunächst aus Holzpalisaden mit waagerechten Holzbalken, später als Erdwall mit einer Verblendung aus Stein und schließlich in der dritten Befestigungsperiode als hölzerner Wall mit einer starken Frontmauer. Drei reguläre Tore mit jeweils zwei Türmen sind nachgewiesen. An der rückwärtigen Seite befand sich wahrscheinlich nur eine kleine Schlupfpforte. Im Inneren wurde die (↗) Kommandantur erfasst. Ein solches Zentralgebäude wurde damit zum ersten Mal in einem Numeruskastell am (↗) Odenwaldlimes nachgewiesen. Demnach war in H. eine eigenständige Truppe, wohl ein (↗) *numerus* der (↗) Brittonen, stationiert. Hinter der Kommandantur stand das Wohnhaus des Truppenkommandanten, begleitet rechts und links von jeweils zwei Baracken, die auf eine Truppenstärke von 160 Mann schließen lassen. Im vorderen Lagerteil lagen Ställe und ein Magazin.

Das Kastell H. wurde um 100 n. Chr. errichtet und spätestens um 160 n. Chr. aufgegeben. Bei den Grabungen wurden außerdem Reste einer nachkastellzeitlichen Besiedlung erfasst, die darauf hinweisen, dass zumindest in kleinerem Rahmen eine Zivilsiedlung *(vicus)* über den Bestand des Kastells als Garnisonsort hinaus weiter existierte.

Lit.: B. Baatz, Kastell Hesselbach, Limesforschungen 12 (1973).

Hilfstruppen *(auxilia)*

Etwa die Hälfte der römischen Armee bestand während der Limeszeit aus sog. H. *(auxilia)*. Ab der Regentschaft von Augustus werden alle Heereseinheiten, die nicht Legionen waren, als H. bezeichnet. Zu Beginn des 2. Jhs. sind reichsweit rund 350 verschiedene Auxiliareinheiten zu belegen. In der Regel besaßen ihre Mannschaften kein römisches Bürgerrecht. Dessen Verleihung am Ende der 25-jährigen Dienstzeit war daher ein wesentliches Motiv für den Eintritt in eine Auxiliareinheit. Die Offiziere, (↗) Zenturionen bzw. Decurionen, waren hingegen römische Bürger, an der Spitze stand ein (↗) Praefekt oder (↗) Tribun aus dem Ritterstand.

Alle selbstständigen Kavallerieeinheiten (*alae* und *cohortes equitatae*) gehören zu den H., ebenso die (↗) Fußsoldaten der *cohortes peditatae* sowie die (↗) *numeri*. Unter den H. gab es Spezialeinheiten, wie beispielsweise die *cohors Damascenorum* aus Friedberg, eine 1000 Mann starke Truppe teilberittener Bogenschützen. Insgesamt waren die Qualität und auch das Ansehen der H. jedoch sehr unterschiedlich. Das geringste Prestige genossen in der Regel die Angehörigen der *numerus*-Verbände, das höchste vermutlich die Reiter einer (↗) *ala*.

Holzfäller

Von den Kastellplätzen Stockstadt, Obernburg und Trennfurt sind insgesamt vier Iuppiter-Weihungen bekannt, die jeweils von einem H.-Kommando der XXII. Legion aus Mainz gesetzt wurden *(agens in lignariis)*. Alle Denkmäler wurden im frühen 3. Jh. n. Chr., in der Zeit zwischen 206 und 214 n. Chr., errichtet. Das Holz selbst wurde von den Legionären mit hoher Wahrscheinlichkeit im Vorfeld des Limes, im Odenwald, geschlagen und anschließend auf dem Main flussabwärts geflößt. Die Tätigkeit der H. fernab ihrer Garnison legt die Vermutung nahe, dass die Waldbestände in den römischen Siedlungsgebieten damals bereits weitgehend abgeholzt waren bzw. kaum noch größere ältere Bäume aufwiesen, wie man sie z. B. für den Schiffsbau benötigte.

Lit.: M. P. Speidel, Legionsabteilungen aus Mainz beim Holzeinschlag im Odenwald. In: Ders., Roman Army Studies II, MAVORS Vol. VIII (Stuttgart 1992) 149–152.

Hortfund (Schatzfund)

Als H. werden Fundensembles bezeichnet, die bewusst im Boden verborgen wurden. Unterschiedliche Bezeichnungen wie Schatz-, Depot- oder Versteckfund deuten die meist schwierige Interpretation aus heutiger Sicht an. Genaue Analysen der Fundumstände und Objekte, insbesondere deren Zusammensetzung und Erhaltungszustand zum Zeitpunkt der Deponierung, können dabei wichtige Hinweise geben. H. kommen in der Regel gehäuft in unruhigen Zeiten vor. Grundsätzlich zu unterscheiden sind Horte, die wieder geborgen werden sollten, von solchen, die meist in Zusammenhang mit Kulthandlungen in Brunnen, Mooren oder Flüssen dauerhaft deponiert wurden. Letztere umfassen meist Schmuck oder Waffen. Nachweise sind in der Limesregion nur vereinzelt möglich.

Die meisten H. aus der Limesregion stammen aus den Jahrzehnten zwischen dem ersten großen Germaneneinfall 233 und der Aufgabe des Limes um 260 n. Chr.

Als besonders spezifische Gruppe sind hier zunächst die reinen Münzhorte zu nennen, von denen zahlreiche entlang des Limes und im Hinterland gefunden wurden, u. a. auf der (↗) Saalburg, in Miltenberg, (↗) Osterburken, Öhringen, Welzheim, Dambach, Pfünz, Pförring und (↗) Eining. Die Analyse der vorhandenen Prägungen kann dabei eine genaue Datierung der Deponierung ermöglichen.

H. mit in der Regel vollständigen (↗) Waffen sind für die Rekonstruktion der Ausrüstung der Limestruppen von besonderer Bedeutung. Bedeutende Beispiele wurden vor allem am raetischen Limes in Theilenhofen, (↗) Weißenburg i. Bay., (↗) Eining, (↗) Künzing und Straubing entdeckt (↗ Dolche, ↗ Paraderüstungen, ↗ Schanzwerkzeug).

Bei den sonstigen H. handelt es sich in der Regel um Metalldepots aus Eisengeräten, Schmuck und Bronzegefäßen, wobei nicht selten gemischte Depots zu finden sind. Solche Depots sind u. a. auf der (↗) Saalburg, in Butzbach, Walldürn, Jagsthausen, Öhringen, (↗) Welzheim, Böbingen, (↗) Rainau-Buch und Dambach gefunden worden.

Handelt es sich dabei, wie z. B. in Rainau-Buch, um intakte Gefäße und Werkzeuge, deutet dies auf Haushalts- oder Werkstattinventare hin, die aus Furcht vor den Germaneneinfällen von den Bewohnern versteckt wurden.

Bereits defekte Gerätschaften und Fragmente lassen sich dagegen als Altmetalldepots ansprechen, wobei Brandspuren oder die Auffindung innerhalb der Zerstörungshorizonte der Siedlungen, wie in Künzing oder Straubing, auch auf Plünderer bzw. germanische Altmetallsammler hinweisen können.

Abb. 15: Hortfund aus dem Lagerdorf von Rainau-Buch. Das intakte bronzene Küchen- und Tafelgeschirr sowie die Statuetten wurden um die Mitte des 3. Jhs. n. Chr. in einem Brunnen versteckt.

Als spektakulärster H. am Limes kann der 1979 entdeckte Schatzfund von (↗) Weißenburg i. Bay. genannt werden. Er enthielt über 100 sorgsam in einer Holzkiste deponierte Gegenstände, darunter waren 18 kostbare Bronzestatuetten, 11 silberne Votivbleche, drei Gesichtsmasken von Paraderüstungen und 20 wertvolle Bronzegefäße. Zumindest ein Großteil der Objekte dürfte zum Inventar eines Tempelschatzes gehört haben. Auch hier bleiben jedoch die konkreten Umstände der Deponierung im Dunkeln.

Hosen *(bracae, feminalia)*

Lange Hosen *(bracae)* galten den Römern zunächst als barbarisches Kleidungsstück. Die Kelten bezeichnete man deshalb abwertend als *gens bracata* und wohl nicht zuletzt aus diesem Grunde zeigen auch noch die Reliefs der (↗) Trajanssäule die Legionssoldaten stets in der kurzen *tunica* ohne Hosen.

In der Armee waren H. zunächst nur bei den Reitern der (↗) Hilfstruppen üblich, wie auf den Grabsteinen des 1. Jhs. n. Chr. deutlich zu sehen ist. Diese H. *(feminalia)* waren aus Leder, lagen eng am Bein an und reichten etwa eine Handbreit unter das Knie. Ergänzt wurden sie wohl nicht selten durch die sog. *tibialia*, gamaschenartige Umwicklungen der Unterschenkel aus Leder, Leinen oder Filz.

Solche Kniehosen, aber auch lange H. *(bracae)* aus Leder oder Wolle wurden im Laufe des 2. und 3. Jhs. n. Chr., sicher nicht zuletzt durch die klimatischen Bedingungen in Mitteleuropa, bei allen Einheiten der römischen Armee üblich.

Hypocaustum

Die aus dem Griechischen stammende Bezeichnung ist seit dem 1. Jh. v. Chr. für das System der römischen Fußbodenheizung belegt. Auf einem meist mit Estrich befestigten unteren Boden wurden hierbei Pfeiler aus Ziegelplatten oder aus massivem Stein errichtet, die mit Platten überdeckt wurden und einen Oberboden trugen. In den durch die Pfeilerkonstruktion entstandenen Hohlraum konnte durch Heizkanäle warme Luft eingeführt werden. Durch Kamine entlang der Innenwände des beheizten Raumes entstand eine gleichmäßige Luftzirkulation, die wichtig war für die Erhaltung des Feuers und für die Erwärmung der Böden. Hypocaustheizungen finden sich in fast allen römischen Gebäuden, in mehr oder weniger großer Zahl. Besonders ausgeprägt sind sie in den Warm- und Laubädern der großen Badeanlagen (↗ Badewesen). Im Warmbad *(caldarium)* konnten außerdem die Wände beheizt werden, indem an den Wänden hohlförmige (↗) Ziegel angebracht wurden, die mit dem Hohlraum unter dem Fußboden in Verbindung standen, so dass die warme Luft auch in den Wänden emporsteigen konnte.

Lit.: G. Brödner, Zur Entwicklungsgeschichte des Bades, Antike Welt 9, 1978, Heft 1, 47 ff.
G. Brödner, Klimatechnik in römischen Bauten, Jahresberichte aus Augst und Kaiseraugst 3, 1983, 157 ff.
G. Seitz, Badewesen und Hygiene, In: Imperium Romanum (2005), 356 ff.

I

Iuppiter

I. war der oberste Gott des römischen Pantheons. Ursprünglich ein italischer Wetter- und Himmelsgott, wurde er unter griechischem Einfluss mit Zeus gleichgesetzt und damit auch ein Gott der kosmischen Ordnung. Darauf aufbauend wurde er in Rom als *Iuppiter Optimus Maximus* zum höchsten Staatsgott. Seine Verehrung im Rahmen der Kapitolinischen Trias, zusammen mit seiner Gattin Iuno und seiner Tochter (↗) Minerva, bildete den Kern der römischen Staatsreligion. Der Haupttempel stand auf dem Kapitol, wo alle Beamten und Feldherren Opfer darbringen mussten. Nach diesem Vorbild wurden auch in den Provinzen entsprechende Tempel errichtet. Auch das Fahnenheiligtum der Militärlager war letztlich ein Abbild dieser zentralen Kultstätte.

Die Ikonografie des römischen I. wurde an diejenige des griechischen Zeus angelehnt. Die Darstellungen zeigen ihn bärtig, entweder auf einem Thron sitzend mit Hüftmantel und Zepter oder stehend und bis auf einen Schultermantel nackt mit Blitzbündel und Donnerkeil in der Hand. Als wichtigstes Attribut und Wappentier galt der Adler. Insbesondere im Rahmen der kaiserlichen Propaganda wurde I. häufig mit (↗) Victoria verbunden, die ihn entweder bekränzt oder auf seiner Hand steht.

Besondere Bedeutung hatte die Verbindung zum Kaiser. Als *Iuppiter Conservator* war er der Bewahrer des Imperiums und der kaiserlichen Macht. In dieser Funktion kämpft I. auf der (↗) Trajanssäule auf Seiten der Römer gegen die Daker oder bietet auf dem Bogen von Benevent dem Kaiser das Blitzbündel an. Der Kaiser handelte demnach als Stellvertreter I. auf Erden (↗ Kaiserkult).

In den Grenzprovinzen am Limes war I. der wichtigste Gott der Staats- und (↗) Heeresreligion. Die Verehrung im Rahmen der Kapitolinischen Trias spielte hier allerdings kaum eine Rolle. Unzählige Weiheinschriften nennen ihn entweder alleine, zusammen mit Iuno Regina, mit der Person des Kaisers oder auch mit anderen Göttern. In der Regel verwendete man dabei die Abkürzung IOM. Auffällig ist, dass die meisten Zeugnisse vom Limes nicht aus den Kastellen selbst, sondern aus der Umgebung stammen, wie z. B. die neun Weihesteine vom (↗) Exerzierplatz des Kastells Mainhardt oder die Weihesteine der (↗) Beneficiarier, u. a. aus (↗) Obernburg und (↗) Osterburken. Gerade diese regelmäßig aufgestellten Weihesteine betonen dabei die Formelhaftigkeit der I.-Weihungen am Limes.

Als Garant der politischen und kosmischen Ordnung beeinflusste I. auch die einheimischen Religionsvorstellungen, wobei aus solchen Prozessen neue Kulte erwachsen konnten. Besondere Beispiele dafür sind der Kult des (↗) *Iuppiter Dolichenus* und die I.-Gigantensäulen in Ostgallien und im nördlichen Obergermanien. Diese finden sich ausschließlich in zivilen Kontexten und stehen für eine Vermischung keltischer Elemente eines Wetter- und Vegetationsgottes mit dem Hauptgott der römischen Staats- und Heeresreligion.

Iuppiter Dolichenus

I. D. war ursprünglich ein lokaler Wetter- und Himmelsgott der Stadt Doliche in der Kommagene, dem heutigen Dülük in der Südosttürkei. Ähnlich wie die Verehrung des (↗) Mithras gehörte sein Kult zu den sog. Mysterienreligionen, die sich seit dem 1. Jh. n. Chr. im Römischen Reich ausbreiteten. Charakteristisch für diese war die Einrichtung kleiner Gemeinden mit nur Eingeweihten bekannten Kultpraktiken, die der Befriedigung individueller religiöser Bedürfnisse dienten.

Nach den datierten Inschriften lässt sich der Kult des I. D. in seiner Heimatregion bis ins 2. Jh. v. Chr. zurückverfolgen. Die Zerstörung der Stadt durch Shapur I. im Jahr 253 n. Chr. scheint auch das Ende des Kultes zu bedeuten. Außerhalb seines Ursprungsgebietes datieren zwei Inschriften aus der (↗) Kommandantenwohnung des nordafrikanischen Legionslagers Lambaesis seine Ausbreitung zwischen 126 und 253 n. Chr. Tonsiegel aus dem frühen 1. Jh. n. Chr. zeigen den Gott im Handschlag mit einem römischen Feldherrn, Augustus oder Germanicus, evtl. bei der Einbeziehung der Kommagene in das Römische Reich. Dieser Pakt des lokalen Gottes mit der römischen Staatsmacht beförderte wahrscheinlich die Ausbreitung des Kultes. In Anlehnung an den römischen (↗) Iuppiter wurde er als *Iuppiter Optimus Maximus Dolichenus* verehrt. Beinamen wie *conservator* oder *aeternus* deuten dabei seine Rolle als Garanten der kosmischen und politischen Ordnung an.

Die Darstellungen des 2. und 3. Jhs. n. Chr. zeigen ihn einheitlich auf einem Stier stehend in militärischer Rüstung. Der Stier symbolisiert die Naturkräfte, die durch den auf ihm stehenden Gott beherrscht werden. Wie die Panzerstatuen (↗ Kaiserkult) der römischen Kaiser oder die Offiziere der Armee, trägt der Gott einen Brustpanzer, Wehrgehänge mit (Adlerkopf-)Schwert und häufig einen Feldherrenmantel, das *paludamentum*. In der Rechten schwingt er eine Doppelaxt und in der Linken hält er das Blitzbündel. Auf dem Kopf trägt er eine phrygische Mütze. Meist wurde er zusammen mit der auf einer Kuh oder Hirschkuh stehenden Iuno Dolichena sowie mit anderen Gottheiten dargestellt. Mit Sol und Luna bildete er eine kosmische Trias, welche durch Kastor und Pollux als eine Art Himmelsgenien ergänzt wurde. (↗) Mars, (↗) Minerva und (↗)Victoria stehen dagegen für die militärische Komponente des Kultes.

Durch die Parallelen des Gottes zu Iuppiter als *Conservator mundi,* wie auch zum Kaiser, war er besonders bei den Soldaten beliebt. Sein Kult breitete sich im 2. und 3. Jh. n. Chr. vor allem entlang der Nordgrenze des Reiches bis nach Britannien, aber auch in Nordafrika und Syrien aus. Etwa die Hälfte aller bekannten Inschriften stammt von Soldaten, weitere von Beamten und Händlern, aber auch Frauen finden sich unter den Anhängern, die sich als Brüder (*fratres*) bezeichneten.

Aus der Limesregion sind Heiligtümer bei den Kastellen (↗) Zugmantel,

(↗) Saalburg, Stockstadt und (↗) Pfünz nachgewiesen. Die Baubefunde weisen auf mehrere Räumlichkeiten mit Speise- und Versammlungsräumen hin. Weiheinschriften liegen u.a. aus Stockstadt, (↗) Obernburg und (↗) Aalen vor. Beispiele für die wohl an Standarten befestigten dreieckigen Kultbleche fanden sich in Aalen und in Frankfurt-Heddernheim. Die Auffindung des Aalener Kultbleches im Fahnenheiligtum des Kastells könnte als Beleg für die Einbeziehung des Kultes in die offizielle (↗) Heeresreligion dienen. Dafür sprechen auch Altäre, wie z.B. aus Stockstadt, die von ganzen Einheiten bzw. deren Praefekten geweiht wurden.

J

Jacobi, Heinrich

Heinrich J. kam am 2.6. 1866 in Homburg v.d.H. als Sohn des (↗) Louis Jacobi und seiner Frau Henriette zur Welt. 1886 bis 1891 studierte J. an der Technischen Hochschule Charlottenburg, wo er 1891 mit dem Examen zum Bauführer und 1896 mit dem Examen zum Baumeister abschloss. 1894 arbeitete er zunächst als Regierungsbauführer beim Gefängnisneubau in Marburg, unmittelbar anschließend bei der Kreisbauinspektion und danach bei der Regierung in Kassel. 1896 wurde er zum Reg.-Baumeister, 1911 durch kaiserliches Patent zum Landbauinspektor ernannt. 1895 und 1896 leitete J. im Dienste der rumänischen Regierung die Ausgrabungen von Adamklissi in der Dobrutscha.

Im November des Jahres 1899 wurde J. von der preußischen Regierung zum Wiederaufbau der (↗) Saalburg überwiesen. Nach dem Tode seines Vaters wurde er am 10.9. 1910 mit der Leitung des Saalburgmuseums betraut und am 1.1. 1911 zum Saalburgdirektor ernannt. Mit den Untersuchungen auf der Saalburg, die 1913 ihren Abschluss fanden und insbesondere den Grabungen in den Limeskastellen auf dem (↗) Zugmantel und dem Kleinen Feldberg führte J. die Forschungen seines Vaters fort. Nach Erreichen der Altersgrenze blieb J. bis 1936 in Amt, um 1945 nach Kriegsende noch einmal die Leitung des Saalburgmuseums zu übernehmen, bis er am 3. März 1946 nach kurzer Krankheit in seinem Geburtsort verstarb.

Jacobi, Louis

Louis Jacobi wurde am 21. April 1836 als Sohn des landgräflichen Haushofmeisters Christian Jacobi in Bad Homburg geboren. Als 14-Jähriger ging er nach Amerika, wo er in verschiedenen technischen Berufen arbeitete und nebenbei eine Gewerbeschule besuchte. Nach seiner Rückkehr 1856 studierte er am Polytechnikum in Karlsruhe, danach wirkte er mehrere Jahre als Bauführer. Als J. 1870 nach Anweisungen der Kronprinzessin Victoria eine Muster-Lazarettbaracke baute, fand er Kontakt nicht nur zur Fürstin, sondern auch zum jungen Prinzen Wilhelm. Durch den Ausbau der Homburger Residenz wie später der im Besitz der Kaiserin Friedrich befindlichen Burg Kronberg vertiefte sich sein Kontakt zum Herrscherhaus. 1875 war J. Mitbegründer des Homburger «Vereins für Geschichte und Altertumskunde», er sicherte die Homburger Stadtbibliothek und die Archivalien zur Stadtgeschichte.

1871 erschien K. Rossels Buch «Das Pfahlgraben-Castell Saalburg», das insbesondere über die Ausgrabungen des Archivars Habel auf der (↗) Saalburg berichtet und das einige Zeichnungen aus der Feder J. enthielt. Nach dieser ersten intensiven Beschäftigung mit dem Römerkastell wurde er nach der 1870 erfolgten Ernennung (↗) von Cohausens zum Konservator für die Altertümer im

Regierungsbezirk Wiesbaden, 1871 dessen Mitarbeiter bei den Ausgrabungs- und Erhaltungsarbeiten auf der Saalburg. Als von Cohausen seine Amtgeschäfte immer häufiger von den Arbeiten auf der Saalburg fernhielten, wurde J. dessen ständiger ehrenamtlicher Vertreter vor Ort.

Im Juni 1892 gehörte J. als Vertreter Preußens zu den Gründungsmitgliedern der (↗) Reichs-Limeskommission und untersuchte als Streckenkommissar das Limesgebiet im östlichen Taunus. Neben den Grabungen am Limes selbst sind es v. a. die Ausgrabung des Feldbergkastells und des Kastells (↗) Zugmantel sowie der Gickelsburg, die die Kenntnis dieses Grenzabschnitts bis heute prägen.

Nach über 20-jähriger Tätigkeit auf der Saalburg erschien 1897 J. Werk «Das Römerkastell Saalburg bei Homburg vor der Höhe». Im selben Jahr veranlasste Kaiser Wilhelm II., dass das Prätorium der Saalburg als Museum wieder aufgebaut werden sollte, und beauftragte J. mit der Planung und Durchführung des Projektes. Die weitere Förderung durch den Kaiser bewirkte, dass nach einer feierlichen Grundsteinlegung im Jahre 1900 fast das gesamte Kastell wiedererrichtet wurde. 1907 fand die Rekonstruktion mit der in der Öffentlichkeit viel beachteten Eröffnung des Museums ihren Abschluss. Am 24. September 1910 verstarb J. in seinem Geburtsort.

K

Kaiserkult

Der K. umfasste die religiöse Verehrung des regierenden und der verstorbenen römischen Kaiser. Er stand dabei in der Tradition der hellenistischen Herrscherverehrung. Die offizielle Aufnahme der Kaiser als *divi* in den Kreis der Götter erfolgte allerdings erst nach ihrem Tode. Zur Ausübung des Kultes wurden Tempel und Altäre sowie eine Priesterschaft gegründet.

Im zivilen wie militärischen Bereich diente der Kaiserkult für Zivilisten und Soldaten der religiös überhöhten Identifikation mit dem römischen Herrschaftssystem. Zusammen mit der Verehrung der Staatsgötter (↗) Iuppiter, Iuno und (↗) Minerva garantierte der K. den Fortbestand des Reiches, wobei der Kaiser als eine Art Stellvertreter des höchsten Gottes Iuppiter auftrat. Die Fürsorge der Götter für das römische Gemeinwesen fand ihre Entsprechung in der Fürsorge des Kaisers für das Reich und insbesondere für die Soldaten (↗ Heeresreligion), die ihm die Treue geschworen hatten. Dieser Vorstellung entsprach die in der Regel gemeinsame Nennung des Kaisers zusammen mit *Iuppiter Optimus Maximus* in den erhaltenen Inschriften. In den K. einbezogen wurden auch die Frauen der kaiserlichen Familie. Dies galt besonders für das severische Herrscherhaus (193–235 n. Chr.), dessen Kaiserinnen als *Matres Castrorum* verehrt wurden.

Im militärischen Bereich gründete die Verehrung des Kaisers auf dem besonderen Treueverhältnis *(fides exercituum)* zwischen den Soldaten und ihrem Oberbefehlshaber. Dieser Treueakt wurde Jahr für Jahr am 1. bzw. 3. Januar wiederholt. Der militärische Festkalender (↗ Heeresreligion) umfasste zudem 27 Festtage zum K. zwischen Januar und September. Dabei handelte es sich vor allem um die *dies imperii*, die jeweiligen Regierungsantritte der Kaiser, aber auch um die Feiern anlässlich der Soldauszahlungen und Entlassungen am 7. Januar.

Als Zeugnisse des Kultes gelten Bildnisse und Inschriften zu Ehren der Kaiser, von denen sich auch aus der Limesregion zahlreiche Beispiele erhalten haben. Neben wenigen Kaiserportraits aus Stein sind vor allem zahlreiche Reste von bronzenen Kaiserstatuen überliefert, die wohl in jedem Kastell gestanden haben. Besonders markante Beispiele sind die Adlerkopfschwerter aus Murrhardt und (↗) Weißenburg. Als Zeugnisse solcher Bildnisse gelten neben den bronzenen Bruchstücken auch die Sockelinschriften der Statuen, die u. a. von der (↗) Saalburg, aus Mainhardt oder (↗) Aalen bekannt sind. Als herausragendes Monument des Kaiserkultes am Limes gilt zudem das Limestor bei (↗) Rainau-Dalkingen, wo sich ebenfalls die Reste einer bronzenen Kaiserstatue fanden.

Die erhaltenen Inschriften zu Ehren der Kaiser belegen die differenzierte Verwendung von Weiheformeln. Neben der Verehrung des (↗) *Genius Imperatoris* in (↗) Obernburg findet sich die Anrufung des *numen Augusti*, z. B. in Murrhardt, oder die Formulierung *pro salute Imperatoris*, u. a. in Öhringen und Welzheim. Als regionale Besonderheit in Obergermanien gilt die Weiheformel IN H D D – *In honorem Domus Divinae*, die im zivilen wie militärischen Bereich zu finden ist.

Abb. 16: Griff eines Adlerkopfschwertes einer Kaiserstatue, gefunden beim Limestor Dalkingen, Gem. Rainau, Ostalbkreis

Ebenfalls als Zeugnisse des Kaiserkultes gelten die Darstelllungen der Kaiser auf (↗) Waffen, (↗) Orden und (↗) Feldzeichen *(imagines)*, worin sich die Identifikation der Soldaten mit dem Kaiser und damit mit dem römischen Herrschaftssystem insgesamt besonders eindrücklich widerspiegelt.

Kapersburg

Steinkastell im Taunus auf der Gemarkung der Stadt Rosbach v. d. Höhe von 1,6 ha Größe (134 m × 122 m). Die K. – die Bedeutung des Namens ist unklar – gehört zu den landschaftlich reizvollsten und am besten erhaltenen Kastellen am Obergermanisch-Raetischen Limes. Neben der Umwehrung einschließlich der vier Toranlagen und eines Eckturms sind die Fundamente der (↗) Kommandantur, eines (↗) Getreidespeichers und weiterer Steinbauten konserviert. Die sichtbaren Mauerreste stammen vom Ende des 2. Jhs. Das Kastell hatte zwei kleinere Vorgänger. Am Ende des 1. Jhs. entstand hier zunächst ein Holz-Erde-Kastell von 0,8 ha Größe, das nach Norden, und damit nicht wie sonst üblich auf den Limesverlauf ausgerichtet war. Spätestens in der Mitte des 2. Jhs. wurde es durch ein Steinkastell von 1,3 ha Fläche ersetzt. Aus dem Getreidespeicher stammt eine (↗) Bauinschrift aus dem Jahr 208/209 n. Chr., die den damaligen (↗) Statthalter Obergermaniens nennt. Die K. war Garnisonsort für den *numerus Nidensium* (↗ *numerus*), der eine Verbindung zu dem (↗) *civitas*-Hauptort Frankfurt-Nied anzeigt. Zu dieser Einheit gehörte auch eine Reiterabteilung, die als *veredarii* angegeben wird. Der Ausdruck *veredus* bezeichnet ein leichtes Jagdpferd.

Das (↗) Lagerdorf erstreckte sich nach allen Seiten, besonders aber nach Osten. Noch mehr als 300 m entfernt fanden sich Spuren der römischen Besiedlung, darunter auch ein Brandgräberfeld. Als einziges Bauwerk des Lagerdorfes ist das Bad zwischen Kastell und Limes bekannt.

Lit.: B. Beckmann, Das römische Kastell Kapersburg und das Kleinkastell Ockstadt im Taunus, Arch. Denkmäler in Hessen 59 (Wiesbaden 1988).

Kastell *(praetentura, retentura, via principalis, via sagularis, via decumana)*

Ein mittelkaiserzeitliches K. war kein auf reine Verteidigung ausgerichteter Zweckbau, trotz der hohen Wehrmauern und breiten Gräben, die es umgab. Man muss es vielmehr als befestigte Kaserne sehen, die sich in ihrem Inneren an zivilen Bauformen orientierte. Gerade in der (↗) Kommandantur, der (↗) Kommandantenwohnung und den Toranlagen kommen repräsentative Architekturen zum Einsatz, die auch zivilisatorische Leistung präsentieren sollten.

Aufbau: Nach Vorbereitung der Baustelle wurde der Ausgangspunkt der (↗) Vermessung in die Mitte der *via principalis* gelegt. Die Seitentore, links die *porta principalis sinistra* und rechts die *porta principalis dextra*, werden durch die *via principalis* verbunden. Der Bereich zwischen *via principalis* und dem Haupttor *(porta praetoria)* wird *praetentura* genannt. In ihm befanden sich (↗) Mannschaftsbaracken, Ställe sowie vereinzelt Schuppen und Speicherbauten. Auf der anderen Seite der *via principalis* schließt sich der Mittelstreifen an, dessen antike Bezeichnung nicht gesichert überliefert ist, der möglicherweise aber *latera praetorii* genannt wurde. In ihm lagen die Kommandantur *(principia)*, die Kommandantenwohnung *(praetorium)*, (↗) Getreidespeicher und – soweit vorhanden – (↗) Werkstätten oder ein (↗) Lazarett. Abgetrennt durch die *via quintana* folgte der *retentura* genannte Streifen, im dem wiederum Baracken, Ställe und Versorgungsbauten platziert waren. Die *retentura* konnte oftmals von der *via decumana* durchschnitten werden, die auf das rückwärtige Tor zulief, das als *porta decumana* bezeichnet wurde. Die gesamte Innenanlage wurde von einem *intervallum*, einem freien Raum zwischen der Innenseite der Umwehrung und der bebauten Fläche, umschlossen. Falls eine Wallstraße *(via sagularis)* vorhanden war, nahm sie entweder das gesamte *vallum* ein oder begrenzte es zum Inneren hin. Am *intervallum* waren oftmals Backöfen und Latrinen untergebracht.

Mauern: Die Wehrmauern bestanden aus Holz-Erde-Konstruktionen oder Rasensoden, in beiden Fällen *vallum* genannt, die steinernen Mauern wurden als *murus* bezeichnet, konnten freistehend mit Wehrgang oder hinten mit einem Erdwall angeschüttet sein.

Besonders im 1. Jh. n. Chr., aber auch später wurden Mauern in Holz-Erde-Technik oder aus Rasensoden (↗ Mauertechnik) gebaut. Von außen sah man entweder einen steilen, grasbewachsenen Damm, wenn sie als ein- oder zweiseitige Rasensodenmauer mit Erdhinterfüllung oder -kern ausgeführt waren. Sonst konnten sie mit senkrechter Außenfront als

Rasensodenmauer mit Steinfüllung oder Holzverstärkung sowie als Holz-Erde-Mauer mit Holzkastenwerk gesehen werden, deren Außenseite mit Brettern oder Reisig verschalt war. Rasensodenmauern hatten durchschnittlich eine Breite von 5 bis 8 m, während Holz-Erde-Mauern mit senkrechten Fronten zwischen 3 und 4 m breit waren.

Nach ca. 25 bis 35 Jahren waren Rasensoden- wie auch Holz-Erde-Mauern nicht mehr tragfähig; je nach verwendeter Holzart und den klimatischen Verhältnissen sogar deutlich früher. In solchen Fällen konnte nur repariert werden, was häufig vorkam, oder eine Steinverkleidung vorgelagert werden, die auf einem neuen Fundament direkt auf der (↗) Berme aufsaß, wobei der alte Mauerrest erhalten blieb. Steinmauern konnten aus ungemörtelten Mauerschalen mit Holzdurchschuss und Erdkern bestehen oder aus einem Kern von gebundenem Bruchsteinmauerwerk, der ein- oder zweiseitig von einer Schale aus regelmäßigen (↗) Handquadern eingefasst war. Typisch war also die Mörtelmauer mit abgeböschtem Erddamm im Inneren, jedoch kommen auch freistehende Mauern vor, die dann einen Wehrgang auf Holzpfosten trugen. Deren Breite mit 1 bis 2 m über dem Fundament war deutlich geringer als die der Holz-Erde-Mauern. Die in den Graben gestürzte Wehrmauer des K. Wörth am Main gibt eine genauere Vorstellung über das Aussehen und die Maße. Über einem Fundament von ca. 70 cm Tiefe stand eine gemörtelte Bruchsteinmauer mit einer Verkleidung der Vorderfront aus Handquadern in 32 Lagen. In Höhe des Wehrgangs befand sich ein profiliertes Gesims, darüber lagen ca. 1,80 m hohe Zinnen, die mit halbrunden Zinnendeckeln abgeschlossen waren. Wehrmauern waren außen mit weißem Verputz und rotem Fugenstrich zur Quaderimitation versehen. Eck- und Zwischentürme ragten über den Wehrgang hinaus, dienten dem Ausguck, konnten zusätzliche Verteidiger im Falle einer Belagerung aufnehmen und wurden als Aufstellungsort für Geschütze (↗ Katapult) benutzt.

Abb. 17: Luftbild des wieder aufgebauten Kohortenkastells Saalburg. Gut zu erkennen ist die sog. Spielkartenform mit den abgerundeten Ecken der Wehrmauer.

Tore: In der Regel hatte ein K. vier Tore, wobei die *porta praetoria* und *die porta decumana* immer mittig zur Kastellseite lagen, die Seitentore jedoch etwas verschoben waren. Die Grundrisse waren bei hölzernen und steinernen Anlagen im Prinzip gleich. Tore besaßen zwei Seitentürme mit quadratischem oder rechteckigem Grundriss. Die Durchfahrt wurde in Höhe des Wehrgangs überbrückt als einfache Brustwehr oder als Torhaus. Die Durchfahrt konnte ein- oder zweizügig sein und wurde durch leicht zurückversetzte Torflügel geschützt.

Katapult (*ballista, catapulta,* Geschütz)

Die großen Geschütze für den Fernkampf funktionierten sämtlich nach dem Torsionsprinzip, bei dem die Kraft aus verdrehten Tiersehnen oder Haarsträhnen über ein gleich langes Paar hölzerner Hebelstangen auf die Sehne geleitet wurde. In der römischen Armee waren zwei Grundtypen an Artillerie *(tormenta)* im Einsatz: die *catapulta,* die oft vereinfacht als Pfeilgeschütz bezeichnet wird, verschoss in der Regel starke, hölzerne Bolzen mit einer eisernen Spitze, während die *ballista* Steine oder anderes kompaktes Material benutzte. Bei beiden verließ das an die Sehne gelegte Geschoss den Geschütztisch auf einer flachen Flugbahn und ermöglichte einen direkten Beschuss. Eine hohe Flugbahn für den Einsatz über Wehrmauern u.a. hinweg wurde durch Steilstellen des Geschützes erreicht. Beide Typen wurden in unterschiedlichen Größen hergestellt. Eine kleine Version des Pfeilgeschützes war unter dem Namen *scorpio* (Skorpion) bekannt. Auch Waffen, die in der Hand geführt wurden, und entfernt an mittelalterliche Armbrüste erinnern, waren im Einsatz. Reliefs der (↗) Trajanssäule zeigen kleine, von zwei Mann zu bedienende Geschütze, die offenbar fest auf zweirädrigen Karren montiert waren, sog. *carroballista.* In Inschriften wird gelegentlich das *ballistarium* erwähnt, bei dem es sich aller Wahrscheinlichkeit nach um eine Plattform oder ein Gebäude innerhalb eines Lagers handelte, um K. aufzustellen. Ob das aus der Spätantike belegte Einhebelgeschütz, der *onager* (Wildesel), bereits in der Limeszeit im Einsatz war, ist nicht belegt.

Lit.: D. Baatz, Bauten und Katapulte des römischen Heeres, MAVORS 11 (1994). E. Schramm, Die antiken Geschütze der Saalburg (1918). Nachdr. in Beih. Saalburg Jahrb. 1980.

Kleidung

Einen wichtigen Teil der Soldatenausrüstung umfasste die K. Diese sollte bequem, zweckmäßig und den jeweiligen klimatischen Bedingungen angepasst sein. Die K. der römischen Soldaten kann nach den literarischen Quellen und den Reliefdarstellungen des 1.–3. Jhs. n. Chr. recht gut rekonstruiert werden. Die in der Regel nicht mehr erhaltene Bemalung der Reliefs erlaubt dagegen kaum mehr Aussagen zur Farbigkeit. Originale Textilreste sind in Mitteleuropa nur in winzigen Resten erhalten.

Das Grundkleidungsstück der römischen Soldaten war die (↗) *tunica.* (↗) Hosen galten als barbarisches Kleidungsstück und wurden zunächst nur von der Reiterei getragen. Als (↗) Mantel verwendete die Armee den gallischen Kapuzenmatel *(paenula)* oder das um die Schulter gelegte *sagum.* Offene und geschlossene, genagelte (↗) Schuhe (*caligae* oder *calcei*) sowie ein (↗) Halstuch komplettierten die Soldatenkleidung.

Gab es im 1. Jh. n. Chr. noch größere Unterschiede in der K. der (↗) Legionen und (↗) Hilfstruppen, so scheinen diese, in Analogie zur Entwicklung der (↗) Waffen, bis zum 3. Jh. n. Chr. weitgehend verschwunden zu sein. Wie bei der Bewaffnung wird es aber auch bei der K. hinsichtlich der Qualität Unterschiede gegeben haben, da die einzelnen Einheiten für die Versorgung selbst verantwortlich waren und es keine staatlich kontrollierten Textilmanufakturen gab.

Kleinkastell (Feldwache)
K. wurden häufig in unmittelbarer Nähe zum Limes gebaut. Ihre sehr unterschiedliche Form reicht von einfachen Anlagen mit nur einem Eingang und U-förmiger Barackenanordnung bis zu etwas aufwendigeren Wehrbauten mit doppeltem Durchgang und längsgerichteten Unterkünften. Die Truppenanzahl lag zwischen 20 und 80 Mann. Wie bei größeren Lagern üblich, konnten auch an K. vereinzelt Badegebäude, (↗) Lagerdörfer und Gräberfelder nachgewiesen werden. Ihre eigentliche Bedeutung bestand nicht in der Anzahl der stationierten Truppen, sondern in ihrer besonderen topografischen Position. Sie liegen an durch naturräumliche Gegebenheiten hervorgehobenen Stellen und besetzen wichtige Höhenpunkte oder sperren Taldurchgänge. K. kam in der Gesamtorganisation der Grenzlinie damit eine wesentliche Rolle zu. Von den im Hinterland liegenden Kastellen konnte bei weitem nicht die gesamte Linie und deren (↗) Wachtposten eingesehen werden. Die Vorfeldaufklärung und das Patrouillenreiten an der Grenze führten die Reiterei der (↗) Hilfstruppen sowie die Einheiten der (↗) *exploratores* durch. Sie unterstützten damit die in den K. stationierten Einheiten, die an besonders neuralgischen, aber abgelegenen Punkten wachten. Bisher sind am gesamten Obergermanisch-Raetischen Limes ca. 70 K. bekannt, jedoch steigt die Zahl durch konsequente Prospektion weiter an.

Kohorte *(cohors)*
Bezeichnung für den zehnten Teil einer (↗) Legion mit knapp 600 Mann oder für eine taktisch selbstständige Einheit der (↗) Hilfstruppen mit knapp 500 Mann Stärke. Hier ist zu unterscheiden zwischen dem reinen Infanterieverband *(cohors peditata)* und der teilberittenen Einheit *(cohors equitata)*, bestehend aus 120 (↗) Reitern und gut 350 (↗) Fußsoldaten. *Cohortes equitatae* sind beispielsweise aus den Limeskastellen (↗) Osterburken und (↗) Obernburg belegt. Vergleichsweise selten sind die doppelstarken *cohortes milliariae*, beispielsweise die *cohors I Flavia Damascenorum* aus Friedberg. Kommandiert wurde eine 500 Mann starke K. von einem (↗) Praefekten, eine 1000 Mann starke von einem (↗) Tribun, beide Angehörige des Ritterstandes.

Kolonnenweg (Patrouillenweg)
Der Limes bestand zu Beginn aus einem einfachen Postenweg, der von mehr oder weniger regelmäßig errichteten (↗) Wachtposten kontrolliert wurde. Nach Einrichtung der (↗) Palisade lief dieser Weg fast immer unmittelbar dahinter. War er in der Anfangszeit noch als schmaler Saumpfad ausgebildet, konnte er an manchen Stellen als Steinstückung oder Kieskörper nachgewiesen werden. In der überwiegenden Länge war er wohl als reiner Naturweg in Gebrauch. Er diente in erster Linie zur Überwachung zwischen den Wachttürmen sowie zum Informationsaustausch.

Kommandantenwohnung *(praetorium)*
Meist lag das Wohnhaus des Kommandanten, das *praetorium*, neben der (↗) Kommandantur, den *principia*. In Marschlagern bezeichnete *praetorium* noch das Zelt des Befehlshabers in der Lagermitte, danach einen äußerst geräumigen Wohnkomplex des Truppenführers. Darin wurden die persönlichen Diener, manchmal die Familie untergebracht und manche Räume wohl auch als Büros für den Stab genutzt. Meist handelt es sich um einen vierflügeligen Bau mit Innenhof. Erstaunlicherweise wurde hier die zivile Architekturform des mediterranen Peristylhauses in einen militärischen Zusammenhang versetzt. Durch seine nach innen gerichtete Bauweise schirmte es die Offiziere von der Umgebung ab und ermöglichte ihnen so den gewohnten repräsentativen Lebensstil. Die den einfachen Rängen versagten Annehmlichkeiten zeigen sich hier in Fußbodenheizungen (↗ Hypocaustum), privaten Bädern und Toiletten, Küchen sowie hochwertiger Architekturausstattung durch bemalten Wandverputz, Fensterscheiben und Steinestrichböden. Am deutlichsten zeigt sich der Rangunterschied zwischen Offizier und einfachem Soldat in der Zuweisung der bewohnbaren Fläche. Oft konnte der Kommandeur die 15-fache Wohnfläche eines *contuberniums* (↗ Mannschaftsbaracke), also einer Wohneinheit von acht Soldaten, für sich beanspruchen.

Kommandantur (Vorhalle, Fahnenheiligtum, Stabsgebäude, *principia*)
Das administrative und religiöse Zentrum eines Lagers oder Kastells, die *principia*, lag am Schnittpunkt der beiden Hauptachsen *cardo* und *decumanus*. Durch die Größe, architektonische Ausstattung und zentrale Lage war es ein besonders hervorgehobenes Gebäude. Die Front war dem Haupttor, der *porta praetoria*, zugewandt und bestand aus einer *porticus* oder einer Vorhalle (↗ Exerzierhalle). Danach folgten ein Innenhof mit offenem Umgang und die Seitenflügel, in denen Büros und die Waffenkammern untergebracht waren. Dahinter lag die große, teilweise mehrschiffige Querhalle (↗ *basilica*) und abschließend die rückwärtige Raumflucht mit gewöhnlich fünf Räumen.

Der religiöse Mittelpunkt des Stabsgebäudes wie auch der Truppe lag im Fahnenheiligtum (↗ *capitolium*) in der Mitte der rückwärtigen Raumzeile und konnte architektonisch nochmals hervorgehoben sein (↗ Heeresreligion). In ihm standen die (↗) Feldzeichen und Standarten der Kastellbesatzung, das Abbild des aktuell regierenden Kaisers *(imago)* sowie von der Truppe geweihte Altäre. Häufig wurde in einem Kellerraum unter dem Fahnenheiligtum die Truppenkasse aufbewahrt. Ebenfalls in der K. befanden sich auch Versammlungsräume *(scholae)* der Unteroffiziere. In der Querhalle, in der der Kommandeur von einem Podium aus Ansprachen an die Truppen halten, Befehle erteilen oder Zeremonien abhalten konnte, waren Altäre und Kaiserstatuen platziert. Im Innenhof wurden häufig Brunnen und gelegentlich auch ein (↗) Nymphaeum gefunden.

Lit.: R. Fellmann, Principia – Stabsgebäude, Kleine Schriften zur Kenntnis der römischen Besetzungsgeschichte in Südwestdeutschland 31 (Stuttgart o. J.).

Abb. 18: Zentrales Lagerheiligtum mit halbrund vorspringender Außenmauer (Apside) im rückwärtigen Bereich der Kommandantur des Reiterkastells Aalen während der Ausgrabungen 1983.

Künzing (Quintana)

Das zwischen 1958 und 1966 großflächig untersuchte (↗) Kastell an der Donau bei K. im Landkreis Deggendorf, Niederbayern, ist eines der besterforschten Truppenlager. Die Ergebnisse der Ausgrabungen durch die Römisch-Germanische Kommission bestimmen unser Wissen über Umwehrung und Inneneinteilung mittelkaiserzeitlicher Kastelle der (↗) Hilfstruppen maßgeblich. Die 2,25 ha große Anlage entstand um 90 n. Chr. und besaß zwei Bauphasen in Holz-Erde-Technik und nachfolgend ab etwa 140 n. Chr. zwei Steinbauphasen. Spätestens 260 n. Chr. wurden Kastell und umgebendes (↗) Lagerdorf zerstört und aufgegeben. Aus der (↗) Kommandantur des Kastells sowie aus dem Kastelldorf stammen umfangreiche (↗) Hortfunde von Waffen, Pferdeausrüstung und Bruchstücken von Bronzestatuen, die zu den wichtigsten Funden (spät-)limeszeitlicher Militärausrüstung zählen. Der Platz wurde in der Spätantike durch ein näher an der Donau gelegenes Kastell geschützt, von dem aber keine Reste erhalten sind. K. antiker Name ist als *Quintana* überliefert, nach der *cohors quinta Bracaraugustanorum*, die hier ab der Mitte des 2. Jhs. stationiert war.

Lit.: H. Schönberger, Kastell Künzing-Quintana, Limesforschungen 13 (1975). R. Ganslmeier/K. Schmotz, Das mittelkaiserzeitliche Kastell Künzing, Arch. Denkmäler im Landkreis Deggendorf 8 (1993).

L

Lager

Die Erforschung römischer Wehrbauten ist auf das engste mit dem Obergermanisch-Raetischen Limes und den zahlreichen Kastellen in Britannien verbunden.

Römische L. sind charakterisiert durch wiederkehrende Grundrisselemente wie die sog. Spielkartenform mit einer rechteckigen Ausdehnung, die meist gleichartig angeordneten Tore sowie abgerundete Ecken, was zu der Annahme führte, dass diese Regelmäßigkeit auf zentrale Bauvorschriften der Militärarchitekten zurückgehen müsste. Diese waren jedoch offenbar nicht vorhanden. Literarische Quellen beschreiben zumindest verschiedene Aspekte besonders der Marschlager. Die bekanntesten Texte stammen von Polybios (Ende 3./Mitte 2. Jh. v. Chr.), Hygin/Pseudo-Hygin (3. Jh. n. Chr.) und Vegetius (4. Jh. n. Chr.).

Die Entwicklung vom Marschlager der republikanischen Zeit zum Standlager der Kaiserzeit ist in ihren Grundzügen gut nachzuvollziehen. In republikanischer Zeit wurden Kriege vorwiegend im Sommer geführt und da sie ihrem Charakter nach Bewegungskriege waren, benötigte man in den Sommerkampagnen Marschlager, die sog. *castra aestiva*. In besonderen Fällen wie z. B. bei Belagerungen wurden stärker befestigte L. angelegt, die *castra stativa*, deren Aussehen den *castra aestiva* wohl ähnlich war. Seit dem 1. Jh. v. Chr. entwickelten sich stehende Heere, die in dauerhaften Quartieren untergebracht werden mussten, den *castra hiberna*, aus denen sich allmählich die Standlager der Kaiserzeit entwickelten.

In der derzeitigen Terminologie wird der Begriff Marschlager streng als Zeltlager für einen eng begrenzten Zeitraum während einer Kampagne benutzt. Für die Kasernierung von Einheiten in einem L., dessen Bestand über eine Kampagnendauer von einem Jahr hinaus geht, kann der Begriff Standlager gewählt werden. Dies trifft bei einer längeren militärischen Sicherung besetzter Gebiete oder fest etablierten Grenzen zu.

Aus republikanischer Zeit sind kaum streng regelmäßige L. bekannt. Bis in die frühe Kaiserzeit hinein dominieren polygonale bis trapezoide, an die Topografie angepasste Formen. Ab dem zweiten Jahrzehnt des 1. Jhs. n. Chr. taucht die Spielkartenform mit abgerundeten Ecken auf und setzt sich in kürzester Zeit als gängige Bauform durch. Ein wichtiges Vorbild könnte das Prätorianerlager in Rom gewesen sein, das 21–23 n. Chr. errichtet wurde.

Der Charakter römischer Kriegsführung war offensiv, die militärische Entscheidung wurde in offener Feldschlacht gesucht. Vor diesem Hintergrund ist die Betonung der römischen Überlegenheit im Lagerbau gegenüber den Gegnern in den schriftlichen Quellen zum einen als Lob der technischen Befähigung der eigenen Truppen zu werten und weist zum anderen auf die wichtige psychologische Wirkung einer Rückzugsmöglichkeit im

Notfall hin. Gerade in den Zeiten einer Okkupation und der noch nicht gefestigten militärischen Lage in einer Region wurden die Anforderungen an das zu errichtende L. durch taktische Überlegungen bestimmt, die Sicherung durch topografisch günstige Lagen einer weniger aufwendigen Bauweise auf geeignetem Gelände vorgezogen. Mit der Entwicklung dauerhafterer Garnisonen und stehender Grenzsysteme änderten sich auch Anforderungen und Gestaltungsmöglichkeiten der L. Die rechteckige äußere Form ermöglichte eine gleichmäßige Struktur der Innengliederung und führte zu architektonisch aufwendigeren Lösungen. Dennoch wird man bei aller Ähnlichkeit der Innenbebauung keine zwei Standlager finden, die sich exakt gleichen. L. der (↗) Legionen nahmen eine Fläche von 18 bis 25 ha ein, L. der (↗) Hilfstruppen zwischen 1,5 und 6 ha.

Lagerdorf ***(vicus)***

Jedes früh- und mittelkaiserzeitliche Truppenlager war von einer Zivilsiedlung umgeben, die bei Alen-, Kohorten- und Numeruskastellen als Lagerdorf *(vicus)* und bei Legionslagern als (↗) Lagervorstadt bezeichnet wird. Die Zivilsiedlung entstand gleichsam zwangsläufig aus dem Tross der Marketender, Handwerker und Familienangehörigen, der eine Truppe auf Feldzügen begleitete und vor den Lagertoren seine Zelte und Verkaufsbuden errichtete. Blieb eine Einheit längere Zeit an einem Ort stationiert, entstanden im L. feste Bauten in der Regel in Form privater (↗) Streifenhäuser. Mit Ausnahme des Kastellbades fehlen öffentliche Bauten im Allgemeinen. Anfangs eher regellos entlang der Hauptausfallstraßen des Kastells errichtet, zeigen spätere *vici* ein sorgfältig geplantes Siedlungsschema, das vermutlich auf eine einheitliche Parzellierung der Grundstücke (↗ Vermessung) durch das Militär zurückgeht. Die Einwohner eines L., zu denen mit der Zeit auch (↗) Veteranen kamen, die sich am Stationierungsort ihrer Einheit niederließen, sind als *vicani* überliefert. Vermutlich unterstand das L. dem jeweiligen Standortkommandanten und hatte selbst keine eigene Verwaltung.

Lit.: H. v. Petrikovits, Kleinstädte und nichtstädtische Siedlungen im Nordwesten des Römischen Reiches. In: H. Jankuhn et al. (Hrsg.), Das Dorf der Eisenzeit und des frühen Mittelalters (Göttingen 1977) 86–135.
C. S. Sommer, Kastellvicus und Kastell, Fundber. Baden-Württemberg 13, 1988, 457–707.

Lagervorstadt ***(canabae legionis)***

Im unmittelbaren Umfeld eines römischen Legionslagers entstand aus den Verkaufsbuden *(canabae)* der Händler und Handwerker regelhaft auch eine L. Ihr Gegenstück an den Garnisonsorten der Hilfstruppen war der *vicus* (↗ Lagerdorf). Die zivile L. war nicht befestigt und besaß keinen oder lediglich einen untergeordneten Rechtsstatus. Verwaltungstechnisch war sie dem jeweiligen (↗) *legatus legionis* unterstellt. Dennoch entwickelten sich diese *canabae legionis* sehr häufig zu ausgedehnten und auch wohlhabenden Siedlungen, die sich in der Architektur der privaten Wohnhäuser und ihrer Ausstattung mit öffentlichen Gebäuden kaum oder gar nicht von Siedlungen mit Stadtrecht unterschieden.

So sind Kultbauten, Theater und andere öffentliche Gebäude keine Seltenheit. Bewohner einer L. werden als *canabarii* bezeichnet.

Lit.: H. von Petrikovitz, canabae legionis. In: ders., Beiträge zur römischen Geschichte und Archäologie II, Beih. Bonner Jahrb. 49 (1991) 169 ff.

Landwirtschaft

Die Landwirtschaft der Limesregion umfasste im Wesentlichen Ackerbau und Viehzucht für die Versorgung der Limestruppen und der ansässigen Zivilbevölkerung. Überschussproduktion für den Export in andere Provinzen oder der Anbau spezieller Kulturen wie Weinbau sind nicht nachzuweisen.

Nach den naturräumlichen Vorgaben lagen die Hauptanbau- bzw. Produktionsgebiete auf den fruchtbaren Böden in der Wetterau, im mittleren Neckarland sowie im Nördlinger Ries und im Donautal. Wichtige Standortfaktoren waren die Wasserversorgung und die Verkehrsanbindung zu den Absatzmärkten.

Rechts des Rheins und nördlich der Donau konnten bisher über 2000 Gutshöfe *(villae rusticae)* nachgewiesen werden. Sie entstanden durch staatliche Förderung nach der zivilen Erschließung der Provinzgebiete Anfang des 2. Jhs. n. Chr. in der Regel als Neugründungen ohne einheimische Vorgängersiedlungen. Stetige Vergrößerungen belegen dabei den wirtschaftlichen Erfolg dieser Landgüter. Das breite Anbauspektrum der Kulturpflanzen sowie die Größe der Nutztiere belegt grundsätzlich eine deutliche Intensivierung der Landwirtschaft im 2. und 3. Jh. n. Chr.

Nach Untersuchungen der botanischen Reste aus zahlreichen Fundorten kann der Anbau folgender Nutzpflanzen belegt werden: Die wichtigsten Getreidesorten waren Dinkel als Hauptgetreide, Spelzgerste und Saatweizen, daneben kommen Emmer, Hirse, Roggen, Hafer und Einkorn vor. Beliebte Hülsenfrüchte waren Linsen, Erbsen und Ackerbohnen, als Ölsaaten treten vor allem Lein und Schlafmohn auf. Zu den bevorzugten Gemüsearten gehörten Zwiebeln, Lauch, Knoblauch, Sellerie sowie Portulak, Feld- und Kopfsalat. An Gewürzen finden sich u. a. Dill, Koriander, Bohnenkraut, Basilikum, Fenchel, Petersilie. Als Obst- und Nusssorten können u. a. Kirschen, Äpfel, Birnen, Pflaumen, Stachel-, Erd- und Brombeeren sowie Hasel-, Walnüsse und Edelkastanie nachgewiesen werden.

Die Analyse der Tierknochenfunde ergibt für die Rekonstruktion der Viehwirtschaft folgendes Bild: Das häufigste Nutztier war das Rind als Fleisch- und Milchlieferant, aber auch als Arbeitstier. Die römischen Rinder waren in der Regel deutlich größer als keltische oder germanische Sorten. Besonders beliebt war auch Schweinefleisch, wobei sein Anteil in den (↗) Kastellen deutlich über demjenigen der Zivilsiedlungen liegt. An dritter Stelle stehen Schaf und Ziege, als Lieferanten von Milch (Käse), Fleisch und Wolle. Daneben können auch Hühner, Enten und Gänse nachgewiesen werden. Die Pferdezucht muss im Hinblick auf die Versorgung der Limestruppen eine wichtige Rolle gespielt haben (↗ Reiterei). Knochenfunde belegen durchschnittliche Widerristhöhen von 140 cm.

Lanze *(contus, hasta)*

Unter den eigentlichen Fernwaffen (↗ Angriffswaffen) der römischen Armee lässt sich die Stoß- und Wurflanze *(hasta)* von den Wurfspeeren (*iacula* und *pila*) unterscheiden. Der Hauptunterschied besteht darin, dass die *hasta,* im Gegensatz zum reinen Wurfspeer, auch als Stoßwaffe oder sogar frei schwingend im Nahkampf zu Fuß oder vom Pferd herunter genutzt wurde. Als Wurflanze konnte die *hasta* nur auf kurzen Distanzen eingesetzt werden. Die Bildquellen (↗ Waffen) zeigen sie als Standardwaffe der Reiterei, aber auch der Auxiliarinfanterie (↗ Hilfstruppen).

Die im archäologischen Fundgut überlieferten Eisenspitzen erschweren wegen des breiten Größenspektrums oft eine klare Zuordnung als Lanzen- oder Speerspitzen. Die blattförmigen, beidseitig geschliffenen Spitzen haben eine Länge von 20–35 cm. Das Ende des etwa 180–240 cm langen Holzschaftes war mit einem eisernen Lanzenschuh versehen, dessen Spitze sich ebenfalls zum Zustoßen eignete. Das Gesamtgewicht der Waffe lag bei etwa 1,2–2 kg. Evtl. besaßen die langen Wurflanzen auch einen Trageriemen, um sie im Bedarfsfall über den Rücken zu hängen.

Nur bei bestimmten Spezialeinheiten der römischen Armee kam die schwere, beidhändig geführte, 3,5–4,5 m lange Stoßlanze *(contus)* zum Einsatz. Sie wurde wohl ab hadrianischer Zeit von den Sarmaten und Persern übernommen. Solche schwer gepanzerten Reitereinheiten (*cataphractarii* oder *clibanarii*) waren im 3. Jh. n. Chr. auch am Limes im Einsatz, wie ein Grabstein aus Stuttgart-Bad-Cannstatt beweist.

Latrine

Soweit nachgewiesen, lagen die L. meist an der Wehrmauer, wobei teilweise der dahinter liegende Erddamm entfernt wurde. Sie lagen somit am *intervallum* eines (↗) Kastells und waren für alle Truppenteile gut zugänglich. Durch ihre Lage am tiefsten Punkt des Lagers war eine Spülung durch eine Zisterne zwar möglich; dies war jedoch nicht Standard. Für die Offiziere standen in der (↗) Kommandantenwohnung, der (↗) Kommandantur und den Kopfbauten der (↗) Mannschaftsbaracken eigene L. mit Wasserspülung zur Verfügung. Die einfachen Truppen mussten sich mit einfachen Aborten und der regelmäßigen händischen Leerung zufriedengeben.

Lautertallimes

Zwischen Dettingen und Owen unter Teck im Tal der Lauter wurden schon lange im Sommer dunkle Linien beobachtet. Diese im Volksmund «Sybillenspur» genannte Erscheinung wurde zunächst als geologische Störung gedeutet, bis im Jahre 1976 geologische Untersuchungen ergaben, dass es sich hierbei um eine künstliche Anlage handeln musste. Luftbilder zeigten außer einer linearen Verbindung auch ein Grabenviereck mit etwa 60 × 60 m Fläche. Dieser Befund führte schließlich im Jahre 1982 zu einer archäologischen Untersuchung und erbrachte die endgültige Klärung: Die «Sybillenspur» bildet den Teil einer römischen Grenzbefestigung, die aus zwei parallel verlaufenden Gräben sowie einem Grabenwerk bestand, dass als Kleinkastell anzusprechen ist.

Wie die Befunde zeigen, handelt es sich hierbei um ein Sperrwerk, das aus einem doppelten Graben und einer durchgehenden Holz-Erde-Mauer oder (↗) Palisade bestand. An seiner Südseite wurde ein etwa 0,2 ha großes (↗) Kleinkastell zur Überwachung dieser Anlage errichtet. Bei diesem «Lautertallimes» handelt es sich um eine Talverriegelung von etwas mehr als 600 m Länge. Das Tal wird beim Austritt aus der Alb abgeriegelt. Dabei war die Feldseite nach Norden orientiert und bildete damit die nördliche Grenze der Provinz Raetien. Das hier aufgedeckte Sperrwerk hatte mit hoher Wahrscheinlichkeit die Aufgabe, den Verkehr zwischen (↗) Neckarlimes (Obergermanien) und (↗) Alblimes (Raetien) zu kontrollieren.

Diese Talsperre gehört damit sicher zu den ältesten (↗) Annäherungshindernissen am Limes. Nach den bisher vorliegenden Fundmaterialien ist mit einer Nutzung vom späten 1. bis in die 1. Hälfte des 2. Jhs. zu rechnen. Vermutlich wurde diese Talverriegelung aufgegeben, als die jüngere Straßenverbindung durch das Filztal nach (↗) Heidenheim und das dortige Kastell Eislingen-Salach entstanden.

Lit.: D. Planck, Ein bisher unbekannter römischer Limes im Lautertal bei Dettingen, unter Teck, Kreis Esslingen, Fundberichte aus Baden-Württemberg 12, 1987, 405 ff.

Lazarett *(valetudinarium)*

Zur medizinischen Versorgung der Truppen wurde vor allem in den Legionslagern ein Lazarett *(valetudinarium)* eingerichtet. Um einen Innenhof herum gruppierte sich eine doppelte Reihe von Krankenzimmern, die durch einen dazwischen liegenden Korridor erschlossen wurden. Die Identifizierung dieses Bautyps beruht vor allem auf den Funden von medizinischen Instrumenten. Für (↗) Kastelle der (↗) Hilfstruppen konnte noch kein Bautyp eindeutig als L. beschrieben werden; bei Gebäudegrundrissen mit langem Korridor und davon abgehenden zahlreichen Einzelräumen könnte es sich möglicherweise um *valetudinaria* handeln.

legatus legionis (pl. *legati legionis*)

Kommandeur einer römischen Legion. Die *legati legionis* waren bis zur Mitte des 3. Jhs. n. Chr. – von wenigen Ausnahmen abgesehen – Angehörige des Senatorenstandes; erst ab Kaiser Gallienus (253–268 n. Chr.) wurden die Senatoren von den Kommandostellen über die Legionen ausgeschlossen und die Posten ausschließlich an geeignete Offiziere aus dem Ritterstand vergeben. Das Kommando eines *l. l.* dauerte in der Regel etwa drei Jahre und wurde von den Senatoren, die keine Berufsoffiziere waren, im Rahmen einer zivil-militärischen Verwaltungslaufbahn absolviert.

Lit.: G. Alföldy, Die Legionslegaten der römischen Rheinarmeen, Epigraphische Studien 3 (Köln/Graz 1967).

Legion

Den Kern des römischen Heeres bildete die L. *(legio)*. Mit einer Sollstärke von 5500 bis 6000 Soldaten, die sich auf 10 (↗) Kohorten verteilten, stellte sie in der Limeszeit den mit Abstand größten Truppenverband dar. Bis auf ein 120–140 Reiter starkes Kontingent an Kavallerie bestand eine L. ausschließlich aus schwerer

Infanterie. Kommandeur war ein Legat (↗ *legatus legionis*) aus dem Senatorenstand. Ihm standen sechs höhere Offiziere, die (↗) Tribunen zur Seite. Die Zahl der L. schwankt im 2. Jh. reichsweit um etwa dreißig. Zu den jüngsten aufgestellten L. gehört die unter Marc Aurel 165 n. Chr. in Italien ausgehobene *legio III Italica*.

In Obergermanien standen zwei L. in (↗) Mainz und (↗) Straßburg, die *legio XXII Primigenia pia fidelis* bzw. die *legio VIII Augusta*. In Provinzen mit mehreren L. unterstanden diese dem jeweiligen (↗) Statthalter. In Provinzen mit nur einer L., wie in Raetien nach Stationierung der *legio III Italica* in (↗) Regensburg, war der Legat gleichzeitig auch Statthalter der Provinz. In der Nachlimeszeit am Ende des 3. Jhs. wurden die L. im Rahmen der Heeresreform unter Diokletian auf eine Mannschaftsstärke von nur noch 1000 Soldaten verkleinert. Gleichzeitig verdoppelte sich ihre Anzahl.

Der aktive Einsatz der Legionäre umfasste nicht allein reinen Militärdienst oder gar Kampfaufträge. Eine L. übernahm gleichzeitig Aufgaben in der Verwaltung, führte Handwerksbetriebe und besorgte den Bau öffentlicher Gebäude und Straßen. In dieser Eigenschaft trugen L. wesentlich zum Aufbau der römischen Herrschaft in den eroberten Gebieten bei.

Lit.: E. Ritterling, legio. In: RE XII, 2 (1925) 1211–1829.

Limes

Der Begriff wurde in der Antike nicht wie heute im Sinne der «befestigten Landgrenze» gebraucht. Das lateinische *limes* hängt sprachlich zusammen mit den Begriffen *limus = quer* und *limen = Schwelle*. Ursprünglich bezeichnete man damit die Bahn, die ein Feld, einen Wald oder auch Meer oder Himmel durchquert. Im technischen Sinne verstand man darunter begehbare Feldraine, die bei der Einteilung von Feldfluren, der *limitatio* (↗ Vermessung), angelegt wurden.

Zum ersten Mal begegnet der Begriff bei Frontinus, der Schneisen, die während der Chattenkriege (↗ Germanankriege) unter Domitian in die germanischen Wälder geschlagen wurden, als *limites* bezeichnet. Diese dienten sowohl als Vormarschwege als auch zur Kontrolle der Bewegungen feindlicher Streitkräfte. Tacitus verwendet als Erster den Ausdruck für die römische Reichsgrenze selbst, wobei er diese als eine in der Tiefe gestaffelte Grenzzone betrachtet. Der Gebrauch des Wortes L. im heutigen Sinne lediglich für die Linie der Sperranlagen beruht daher streng genommen auf einer Fehlinterpretation. Wie der Verlauf von Wall, Graben und (↗) Palisade bzw. raetischer Mauer von den Zeitgenossen selbst genannt wurde, wissen wir nicht.

Limesdurchgang (Limestor)

Am Obergermanisch-Raetischen Limes sind bisher nur ganz wenige gesicherte Durchgänge bekannt. Archäologisch belegbar sind L. etwa in (↗) Rainau-Dalkingen oder nördlich der (↗) Saalburg. Aufgrund der topografisch-geografischen Situation ist jedoch eine Vielzahl von L., insbesondere in Flusstälern, anzunehmen. Die häufig nachgewiesenen (↗) Beneficiarierstationen am Obergermanisch-Raetischen Limes, wie wir sie in (↗) Osterburken oder auch in anderen Kastellorten durch Inschriften nachweisen können, belegen die Aufgabe als Grenzposten, ohne dass die eigentlichen Grenzübergänge im Einzelnen fassbar sind. Die Frage nach der Funktion der (↗) Kleinkastelle spielt in diesem Zusammenhang möglicherweise ebenfalls eine besondere Rolle.

Limesfall

Lange Zeit wurde in der Forschung davon ausgegangen, dass das Ende des Obergermanisch-Raetischen Limes im Jahr 260 n. Chr. stattgefunden hat. Damals sollen germanische Invasoren die römischen Grenzanlagen weiträumig überrannt und die (↗) Kastelle zerstört haben. Diese Vorgänge werden heute etwas differenzierter gesehen: Seit etwa 1990 setzte sich zunehmend die Ansicht durch, dass zumindest einige Limeskastelle länger existierten und möglicherweise erst ein bis zwei Jahrzehnte später vernichtet bzw. verlassen wurden. Diese Sichtweise gründete vor allem auf Münzfunden in mehreren Lagern, so z. B. im Kastell (↗) Kapersburg (Silbermünze des Postumus, 266 n. Chr.) oder im Kastell Haselburg (Silbermünze des Gallienus, 265 n. Chr.). Das Kastell (↗) Niederbieber bei Neuwied wurde dagegen nachweislich schon im Jahr 260 n. Chr. zerstört und nicht wieder aufgebaut. Insgesamt ergibt sich für den Obergermanischen Limesabschnitt ein eher heterogenes Bild des L., da zumindest einige Militäranlagen keine Spuren eines gewaltsamen Unterganges aufweisen und offenbar kampflos geräumt wurden. Am raetischen Limes dagegen liegen von nahezu sämtlichen Kastellen nördlich der Donau beeindruckende Brand- und Zerstörungshorizonte vor, die zugleich das Ende der römischen Siedlungstätigkeit markieren. Da dort an keinem einzigen Platz die Münzfunde über die Jahre 253/254 n. Chr. hinausreichen, wird das Ende des raetischen Limes neuerdings im Zusammenhang mit dem großen Germaneneinfall des Jahres 254 n. Chr. gesehen. Das Ende des raetischen Limes fand demnach zu einem früheren Zeitpunkt als in Obergermanien statt. Bereits in spätseverischer Zeit, d. h. ab ca. 230 n. Chr., setzte an beiden Militärgrenzen eine ständige Verringerung der Truppenstärke ein, da Soldaten wiederholt zu anderen Kriegsschauplätzen abgezogen wurden. Dies hatte u. a. Auswirkungen auf die Organisation des Wachtdienstes: Nach Ausweis des archäologischen Fundmaterials waren die meisten (↗) Wachtposten und einige (↗) Kleinkastelle zum Zeitpunkt des L. schon längere Zeit nicht mehr besetzt gewesen.

Lit.: H. U. Nuber, Das Ende des Obergermanisch-Raetischen Limes – eine Forschungsaufgabe. In: Archäologie und Geschichte des ersten Jahrtausends in Südwestdeutschland 1 (Sigmaringen 1990) 51–58.
M. Reuter, Das Ende des raetischen Limes im Jahr 254 n. Chr., Bayerische Vorgeschichtsblätter 72, 2007, 77–149.

M

Mainz *(Mogontiacum)*

Im Jahr 13/12 v. Chr. gründete Drusus zur Vorbereitung seiner Germanenoffensive ein Zweilegionenlager gegenüber der Mündung des Mains in den Rhein (↗ Germanenkriege). Das Areal in der M. Oberstadt, das bis heute den Namen «Kästrich» (vom lat. *castrum*) trägt, bot einen weiten Ausblick nach Osten über den Rhein hinweg. Zum Ufer hin entwickelte sich eine ausgedehnte (↗) Lagervorstadt, die nachfolgend zu Wohlstand kam (u. a. Heiligtum für die Göttinnen Isis und Magna Mater, Bau eines Aquaeduktes und einer Steinbrücke über den Rhein). Am Kenotaph für den 9 v. Chr. gestorbenen Feldherrn, dem sog. Drususstein, fanden jährlich eine Truppenparade (*decursio militum*) der Rheinarmee und eine Ehrenfeier *(supplicatio)* aller gallischen (↗) *civitates* statt. Vor diesem Hintergrund ist auch die Existenz eines szenischen Theaters zu sehen, das im 2. Jh. in Stein errichtet wurde und mit seinen etwa 10 000 Sitzplätzen das größte Bühnentheater nördlich der Alpen darstellt. Nach der Gründung der Provinz *Germania superior* (↗ Germania) vermutlich spätestens 88/89 n. Chr. wurde M. Provinzhauptstadt. Zu den nachfolgenden Veränderungen gehörte auch die Reduzierung der Truppenstärke auf nur noch eine Legion. Als Stammbesatzung des Legionslagers ist ab 92 n. Chr. die unter Kaiser Caligula aufgestellte *legio XXII Primigenia pia fidelis* nachzuweisen. Sie stand in M. bis zu ihrem Untergang in der Mitte des 4. Jhs. Als eine Folge davon wurde der größere Teil des Legionslagers aufgegeben und quer durch dessen Areal eine Stadtmauer errichtet. Das spätantike M. umfasste damit weniger als die Hälfte der vorangegangenen Siedlungsfläche. Mit den nachfolgenden Eroberungen der Stadt durch (↗) Alamannen, 368 n. Chr., Alanen, Sueben und Vandalen, 406/407 n. Chr., sowie Hunnen, 451 n. Chr., endete das römische M.

Lit.: K.-V. Decker/W. Selzer, Mogontiacum. Mainz von der Zeit des Augustus bis zum Ende der römischen Herrschaft. In: ANRW II 5 (1976), 457–559.

Manipel

Der lateinische Ausdruck *manipulus* bedeutet wörtlich «eine Hand(voll)». In der Gliederung der (↗) Legion wird damit der dritte Teil einer (↗) Kohorte bezeichnet. Das gemeinsame Operieren zweier (↗) Zenturien hatte ursprünglich taktische Gründe für den Kampf in Formation. Die Bezeichnung M. blieb auch während der Limeszeit als Unterteilung innerhalb der Verwaltung einer Legion erhalten.

Mannschaftsbaracke (*contubernium*, Kopfbau)

Die dauerhafte Unterbringung der Soldaten in M. hat ihren Ursprung in den Zeltreihen der Marschlager (↗ Lager). Nach den schriftlichen Quellen lagerte jede Legionszenturie in neun Lederzelten (*papiliones*), die in einer Reihe aufgestellt wurden, wobei sich zwei (↗) Zenturien gegenüberlagen und einen Streifen einnahmen, der *striga* genannt wurde. Ein Zelt wurde von einer Zeltgemeinschaft *(contubernium)* von acht Mann bewohnt. Somit wurden in einer Zenturie für 64 Mann acht Zelte benötigt; die anderen waren zur Wache abkommandiert. Am Anfang jeder Zeltreihe stand die Unterkunft des Zenturio, die den Platz von zwei Zelten einnahm.

Die M. in den (↗) Kastellen zeigten eine ähnliche Anordnung wie in den Zeltreihen im Marschlager. Sie lagen sich üblicherweise gegenüber und wurden durch eine geschotterte Lagerstraße getrennt. In ihrem Platzangebot waren sie natürlich größer als die Zelte und wurden *centuria* genannt. Besonders auffällig ist der verbreiterte Kopf des Gebäudes, der die Offiziersunterkunft bildete und mit dem modernen Begriff «Kopfbau» bezeichnet wird.

Die Unterkünfte der (↗) Hilfsruppen hatten im Mittel eine Breite von 10 m, eine Länge von 50 m und lagen üblicherweise in der (↗) *praetentura* oder (↗) *retentura*. Die M. enthielten in der Regel 10 Stuben (*contubernia*), um die 80-köpfige Zenturie, den Zenturio und die Unteroffiziere unterzubringen. Für die Kavallerie sah die Unterkunft ähnlich aus. Eine Baracke bot Platz für wohl 64 Reiter und die Pferde (↗ *turma*). Die im Marschlager entwickelte Zweiteilung von Zelt und Waffenplatz davor (*arma*) findet ihren Niederschlag in der Zweiteilung des *contuberniums*. Hinter der offenen Vorhalle befindet sich der Raum zur Aufbewahrung der Ausrüstung, dahinter der Wohn- und Schlafraum mit einem Herd. Eine Besonderheit stellen sog. Doppelbaracken dar, die an einer Längsseite aneinandergebaut waren. In einer solchen Architektur gelangte Tageslicht nur über Oberlichter in die Wohnräume.

Mannschaftsstärke

Nominell bestand die M. einer Hilfstruppenkohorte am Limes aus 480 Soldaten, die in insgesamt 6 Zenturien aus je 80 Mann zerfielen. Die tatsächliche M. römischer Militäreinheiten lag jedoch oft unter der geforderten Sollstärke. Dies zeigen vor allem die täglich angelegten Personallisten, in denen nicht nur die Zahl sämtlicher eingeschriebener Soldaten vermerkt war, sondern auch Abkommandierungen, Krankmeldungen, Außeneinsätze, Urlaube, Versetzungen usw. Hier sei stellvertretend aus einer entsprechenden Liste der im britannischen (↗) Chesterholm stationierten, nominell 960 Mann starken *cohors I Tungorum milliaria* genannt, die nur 746 Soldaten und sechs (↗) Zenturionen (statt zwölf Offiziere!) in ihren Listen führte. Von diesem – schon reduzierten – Personalbestand befand sich aber nur ungefähr ein Drittel der Truppe (295 Soldaten u. ein Zenturio) im Lager selbst, da die übrigen Soldaten an verschiedene Orte abkommandiert worden waren. Durch Verwundungen, Krankheit und Augenentzündungen waren außerdem weitere 31 Mann dienstunfähig, so dass in der Garnison der (↗) Kohorte tatsächlich nur noch 264 Soldaten und ein einziger Zenturio zur Verfügung standen. Weitere Belege aus anderen Teilen des Imperium Romanum zeigen, dass solche Verhältnisse kein Einzelfall waren, sondern vielmehr die Regel darstellten.

Mantel *(paenula, sagum)*

Bei den Mänteln der römischen Soldaten kann zwischen dem in römischer Tradition stehenden *sagum* und dem keltischen Kapuzenmantel unterschieden werden. Beide lassen sich in den Reliefdarstellungen des 1.–3. Jhs. n. Chr. nebeneinander nachweisen, auch wenn der Kapuzenmantel wohl wesentlich beliebter war. Beide Mantelformen konnten nachts auch als Decke genutzt werden.

Beim *sagum* handelt es sich um ein rechteckiges Wolltuch von etwa 220 × 180 cm, das meist mit Fransen geschmückt war. Es wurde über der linken Schulter getragen und auf der rechten Schulter mit einer Fibel gehalten, so dass der rechte Arm frei blieb. Die auch am Limes zahlreichen Fibeln mit stark gewölbtem Bügel könnten auf diese Trageweise des *sagum* hinweisen. Auf der (↗) Trajans- und Marcussäule wird das *sagum* fast ausschließlich von der Reiterei getragen.

Die *paenula,* oder auch *caracalla,* war ein ponchoartiges, halbkreisförmig geschnittenes Wolltuch, das vorne etwa vom Halsansatz bis zur Körpermitte zugenäht war. Die herunterhängenden Zipfel konnten über die Unterarme geschlagen werden. Hinten war eine spitz zulaufende Kapuze angenäht. Die Beliebtheit dieses ungemein praktischen Kleidungsstückes wird durch die zahlreichen Reliefdarstellungen untermauert, wobei nicht nur die einfachen Soldaten, sondern auch der Kaiser selbst auf der Trajanssäule diesen Mantel trägt. Kaiser Caracalla trug sogar diesen Spitznamen in Anlehnung an dieses Kleidungsstück.

Markomannenkriege

Im Zuge von Wanderbewegungen germanischer Stämme, denen die Aufnahme in das Römische Reich verwehrt wurde, kam es unter Kaiser Marc Aurel (161–180 n. Chr.) zu den sog. M., die gezeichnet waren durch zwei langwierige Kriegsereignisse 165–175 und 177–182 n. Chr. (↗ Germanenkriege). Die in Germanien, Raetien und Pannonien stationierten Truppen wurden teilweise in den Osten des Reiches in die Partherkriege abkommandiert, wodurch der Limes und die Donaugrenze eines Teils ihrer Verteidigungstruppen beraubt waren. So konnte im siebten Jahrzehnt des 2. Jhs. n. Chr. eine Vielzahl keltischer, germanischer, pontisch-skythischer und dakischer Völker ihre kriegerischen Spuren auf römischem Reichsgebiet hinterlassen, insbesondere in den Provinzen Noricum und Pannonien. Zeugnisse dieser beiden Germanenkriege sind zahlreiche Münzschätze sowie Zerstörungsschichten in den (↗) Kastellen. Als direkte Folge wurde ab 179 n. Chr. die in Oberitalien ausgehobene 3. Italische Legion, die *legio III Italica,* in (↗) Regensburg stationiert.

Mars

Der alte italisch-römische Gott Mars wurde in Analogie zum griechischen Ares schon in der frühen Republik zum römischen Kriegsgott. Sein Festtag als *Mars Pater Victor* am 1. März, der auch im militärischen Festkalender (↗ Heeresreligion) der Kaiserzeit seinen festen Platz hatte, markierte seit alters her den Beginn der Kriegssaison im Frühjahr.

Von besonderer Bedeutung war die Einweihung des monumentalen *Mars*

Ultor-Tempels auf dem Augustusforum im Jahre 2 v. Chr. Im Gedenken an die Ermordung Caesars und die Beendigung der Bürgerkriege breitete Augustus hier sein politisches Programm aus, in dem Mars eine zentrale Rolle als Ahnherr Roms und als Kriegs- und Schutzgott der Kaiser spielte. Der Festtag des *Mars Ultor* wurde nach dem militärischen Festkalender am 12. Mai begangen. Die zentrale Statue des Tempels zeigte den Gott nicht nackt in griechischer Tradition, sondern als bärtigen Mann in Feldherrnrüstung mit Helm, Brustpanzer, Schild und Lanze. Neben dem nur mit Helm und Lanze ausgestatteten jugendlichen nackten Mars bestimmte diese Ikonografie des bärtigen Mars in voller Rüstung die Darstellungen des Gottes im 1.–3. Jh. n. Chr.

Während der Kaiserzeit behielt Mars seine Rolle als wichtiger Gott der Staats- und Heeresreligion, wobei er als Kriegsgott häufig in Bezug zur Siegesgöttin (↗) Victoria gestellt wurde. Die aus der Limesregion bekannten Inschriften und Darstellungen des Gottes zeigen ein differenziertes Bild, was besonders durch die in Gallen häufige Gleichsetzung des Gottes mit keltischen Stammesgottheiten bedingt ist. Weihungen von Soldaten an *Mars Caturix* aus Heilbronn-Böckingen, *Mars Exalbix* bzw. *Mars Exalbiovix* aus Neckarburken und (↗) Osterburken oder an *Mars Cnabetius* belegen die enge Verzahnung zwischen keltischen und römischen Vorstellungen auch im Rahmen der Heeresreligion. Daneben gibt es mehrere Inschriften und Statuen des Gottes, die ihn in Verbindung mit Victoria und dem (↗) Kaiserkult wiedergeben. Zu nennen sind hier die Statuen in der Ikonografie des *Mars Ultor* aus (↗) Eining und vom Heiligtum bei der Schneidershecke (↗ Mudau-Schlossau) am (↗) Odenwaldlimes sowie Weiheinschriften u. a. aus Walldürn, (↗) Osterburken und (↗) Obernburg. Relativ zahlreich sind zudem die Belege für Marsdarstellungen auf den Teilen der (↗) Paraderüstungen, z. B. aus den (↗) Hortfunden aus Eining und Straubing.

Abb. 19: Bronzestatuette des Gottes Mars aus Rainau-Buch. Die Statuette zeigt den Gott in der Tradition des Mars Ultor in voller Rüstung mit Feldherrnbinde und paludamentum.

Matres Campestres

Die *Campestres* als Schutzgottheiten des ↗ Exerzierplatzes *(campus)*, wurden im Sinne der keltischen Muttergottheiten als militärische *matres* verehrt, die mit dem *campus* einen wichtigen Aspekt des militärischen Alltags religiös begleiteten bzw. beschützten. Im Rahmen der (↗) Heeresreligion gehörte der Kult in dieselbe Kategorie wie die Verehrung der *Disciplina*, der (↗) Feldzeichen, der verschiedenen (↗) Genien und auch der (↗) Epona.

Aus der Limesregion liegen aus (↗) Obernburg, Heilbronn-Böckingen, Benningen und Pförring Weihesteine für die *M. C.* vor, die jeweils von den Praefekten (↗ *praefectus*) der Einheiten im Rahmen ihrer Fürsorgepflicht aufgestellt wurden.

Auf dem *campus* des Kastells Mainhardt wurden mehrere Fragmente von Matresreliefs zusammen mit neun Weihesteinen für (↗) Iuppiter gefunden. Sie zeigen die Göttinnen sitzend in langen Gewändern. Diese militärischen Weihungen decken sich mit der Beliebtheit von Muttergottheiten im zivilen Hinterland des Limes im späten 2. und frühen 3. Jh. n. Chr.

Mauertechnik (Rasensoden, Zweischalenmauer, Spolie, Fischgrätverband)

Die Architektur am Obergermanisch-Raetischen Limes und in dessen Hinterland war in vielfältiger Weise abhängig von den jeweiligen anstehenden Baumaterialien. So lassen sich in der Bautechnik in verschiedener Weise einheimische Traditionen und neu überkommene, durch die Römer beeinflusste Techniken der Errichtung von massiven Mauern nachweisen. Insbesondere im Bereich der Wehrarchitektur sind verschiedene Bautechniken bekannt.

Schon relativ früh wurden beim Bau militärischer Anlagen Rasensodenmauern errichtet, d. h., aus Holz und Erde aufgeschichtete Mauerzüge, die lokale einheimische Traditionen beinhalten. In Talauen, wo ausgedehnte Grasflächen vorhanden waren, nutzte man für die Aufschichtung solcher Erdmauern ausgestochene viereckige Rasensoden, um an der Vorder- und Rückseite der Frontmauer einen besseren Halt zu erzielen. Rasensodenmauern wurden abgelöst durch massive Steinmauern, die vor allem in Zweischalenmauertechnik errichtet worden sind. Diese Technik findet sich in römischer Zeit fast durchgängig sowohl in militärischen wie auch in zivilen Bauten. Hierbei ist die äußere und innere Mauerschale mit (↗) Handquadern bzw. gleichmäßig aufgeschichteten Steinen errichtet. Dazwischen wurde eine mit viel Mörtel verbundene Füllung eingebracht, um so den beiden Schalen Zusammenhalt zu bieten.

An verschiedenen Stellen, insbesondere bei Kastellmauern, ist der sog. Fischgrätverband nachzuweisen. Dieses Mauerwerk ist in der Regel aus flachen, langen Steinen fischgrätförmig aufgeschichtet und stark vermörtelt. Es wurde vor allen Dingen dort verwendet, wo das Mauerwerk nicht sichtbar war, so an den Innenseiten der Kastellmauern, an die dann der Erdwall angeschüttet wurde. Ein sehr schönes Beispiel einer solchen Mauertechnik konnte im Kastell Mainhardt nachgewiesen werden. Auf der Außenseite lagen aufwendig aus Stubensandstein hergestellte rechteckige Quader, auf der Innenseite, verdeckt durch den angeschütteten Innenwall, das Fischgrätmauerwerk, in dem der Abfall von der Bearbeitung dieser Handquader Verwendung fand.

Häufig finden sich in Mauern auch sog. Spolien, d.h. Baumaterialen, die in sekundärer Verwendung verbaut worden sind. Oftmals können auf diese Weise Fragmente von älteren Bauten nachgewiesen werden, die in zweiter oder dritter Verwendung in ein Mauerwerk eingebracht worden sind. Spolien lassen sich vor allen Dingen in Mauern verfolgen, die einer jüngeren oder jüngsten Ausbauphase angehören. So sind etwa Mauern des 3. Jhs. nicht selten aus älteren Spolien errichtet.

Lit.: H.-O. Lamprecht, Opus Caementitium, Bautechnik der Römer (4. Auflage 1993).

Militärdiplom

Militärdiplome waren die beglaubigten Abschriften persönlicher Entlassungsurkunden für die Soldaten der (↗) Hilfstruppen, der (↗) Flotte, der Praetorianer und vereinzelt der kaiserlichen Garde. Sie bestanden aus zwei Bronzetafeln, die mit Schnüren bzw. Drähten und Siegeln verschlossen wurden und auf denen innen nicht sichtbar und außen für jedermann lesbar der eingravierte Text des kaiserlichen Erlasses *(constitutio)* zu lesen war.

Weitaus die meisten der über 300 bekannten M. wurden für die Soldaten der Hilfstruppen ausgestellt. Das jüngste stammt aus dem Jahr 203 n. Chr., der Großteil aus den Jahren zwischen 100–165 n. Chr. Mehr als die Hälfte aller Diplome gehörten Reitersoldaten, worin sich vielleicht deren finanzielle Privilegiertheit widerspiegelt.

Nach 25 Dienstjahren und seiner ehrenhaften Entlassung *(missio honesta)* erhielt der nichtrömische Soldat das Bürgerrecht für sich und seine Kinder sowie das Eherecht *(conubium)*, um mit einer Nichtrömerin eine rechtsgültige römische Ehe einzugehen. Diese Privilegien bekam der Soldat allerdings nicht unmittelbar bei seiner Entlassung, sondern erst im Zuge eines in Rom aufgesetzten und dort öffentlich ausgehängten kaiserlichen Erlasses.

Von diesem Erlass konnte sich der (↗) Veteran eine beglaubigte Abschrift in Form einer bronzenen Doppelurkunde schicken lassen, deren Rechtmäßigkeit durch die auf der einen Außenseite aufgelisteten in Rom ansässigen Zeugen bestätigt wurde.

Der standardisierte Text nennt nach der Kaisertitulatur die Einheiten der Provinz, einschließlich des Statthalters, aus denen Soldaten entlassen werden sollten. Danach folgen die Privilegien (Bürger- und Eherecht), das genaue Datum, die Einheit und deren Kommandeur sowie der Soldat als Empfänger und evtl. seine Frau und Kinder. Als Abschluss folgt der Hinweis, dass es sich um eine beglaubigte Abschrift des in Rom öffentlich ausgehängten Erlasses handelt.

M. stellen eine bedeutende Quelle der römischen Militär- und Provinzgeschichte dar. Die überlieferten Fragmente aus Obergermanien (etwa 10) und besonders die über 40 Exemplare aus Raetien ermöglichen eine weitgehende Rekonstruktion der Provinzheere vom späten 1. bis zum frühen 3. Jh. n. Chr. Als herausragendes Beispiel vom Limes gilt das vollständig erhaltene Exemplar des Reiters Mogetissa der *ala I Auriana* aus (↗) Weißenburg vom 30. 6. 107 n. Chr.

Abb. 20: Bruchstück des Militärdiploms für den Reiter Quintus aus der in Aalen stationierten Ala II Flavia, gefunden in Faimingen.

Militärziegelei (Ziegelei)

Um den großen Bedarf an Baukeramik für die Errichtung oder Reparatur der Badegebäude (↗ Badewesen) bzw. auch allein der Ziegeldächer zu decken, betrieb das Militär eigene Ziegeleien *(tegulariae)*, die zumeist als zentrale Produktionsstätten alle Garnisonen eines Militärbezirks sowie die Provinzhauptstadt belieferten. Für private Bauten standen die Produkte der M. in der Regel nicht zur Verfügung. Das Personal einer M. bildeten abkommandierte Soldaten, die *tegularii*. In Obergermanien von überregionaler Bedeutung war zur Limeszeit vor allem der ausgedehnte Betrieb der Mainzer Legionen in Frankfurt-Nied. Aus ihm stammte das Baumaterial für die im Rahmen der Limesvorverlegung um 160 n. Chr. neu angelegten Kastellplätze. Danach wurde die Produktion in Nied offenbar zunächst eingestellt. Gegen Ende des 2. Jhs. produzierte für ein bis zwei Jahrzehnte die M. der *cohors IIII Vindelicorum* in Großkrotzenburg am Main und belieferte von hier aus Militäreinrichtungen vom Beginn des Obergermanischen Limes im Norden bis nach Jagsthausen im Süden.

Eine M. der Straßburger *legio VIII* ist in Königshofen zwischen dem Legionslager und dem Rhein nachgewiesen. In Raetien betrieb die Regensburger *legio III Italica* im nahen Bad Abbach eine Legionsziegelei. Daneben stellten im Einzelfall auch andere Einheiten in begrenztem Umfang Ziegel her. Die Zuweisung einzelner (↗) Ziegel an eine bestimmte M. und damit eine Analyse des Absatzgebietes ist gewöhnlich anhand von Truppenstempeln möglich, die auch Anhaltspunkte für die Datierung liefern können.

Lit.: U. Brandl, Untersuchungen zu den Ziegelstempeln römischer Legionen, Passauer Universitätsschriften Arch. 6 (1999).

Abb. 21: Gestempelter Ziegel der legio XXII P(rimigenia) P(ia) F(idelis) aus der Militärziegelei von Frankfurt-Nied.

Minerva

M. galt als Göttin der Vernunft und des Verstandes und war die Beschützerin des Handwerks und der Künste. Im Laufe der Zeit mischten sich alte italisch-etruskische Traditionen mit den staatstragenden Aspekten der griechischen Athene. Dadurch erhielt M. ihren Platz in der Kapitolinischen Trias als Teil der offiziellen römischen Staatsreligion neben (↗) Iuppiter und Iuno.

Ihre Ikonografie wurde durch die Gleichsetzung mit der griechischen Athene bestimmt. Sie trägt den langen griechischen Chiton, darüber einen *peplos* sowie über der Brust das Ziegenfell (*aegis*) mit dem abgeschlagenen Kopf der Gorgo. Bewaffnet ist sie mit Schild und Lanze, auf dem Kopf trägt sie einen korinthischen Helm. Ihr wichtigstes Attribut und Begleittier ist die Eule.

Die vielschichtige Rolle der M. findet sich in den Zeugnissen aus der Limesregion wieder. Neben ihrer Erwähnung im römischen Festkalender (↗ Heeresreligion) zusammen mit Iuppiter, Iuno und den Kaisern, findet sich ihr Bildnis auch als Verzierung auf Teilen der (↗) Paraderüstungen. Daneben galt sie in der Armee als Schutzgöttin der schreibkundigen *principales* (↗ Dienstgrade). Die Weiheinschriften aus (↗) Aalen, Neckarburken und (↗) Osterburken stammen aus diesem Personenkreis.

Eine besondere Rolle der M. in der Limesregion dokumentieren Darstellungen, welche die Göttin zwischen Merkur und Apollon zeigen. Neben einfachen Reliefs dieser Göttertrias sind hier besonders die Kultbleche aus dem (↗) Hortfund von (↗) Weißenburg zu nennen. Eventuell stand diese Göttertrias für einen spezifischen, regional begrenzten Kult der Limesregion, der sich aus militärischen und zivilen Komponenten im Verlauf des 2. Jhs. n. Chr. gebildet hat.

Mithras

Wie der Kult des (↗) Iuppiter Dolichenus, der Isiskult oder das Christentum gehörte auch die Verehrung des Mithras zu den orientalischen Mysterienreligionen, die sich seit dem 1. Jh. n. Chr. im Römischen Reich ausbreiteten. Charakteristisch für diese waren kleine Gemeinden mit nur den Eingeweihten bekannten Kultpraktiken und Glaubensvorstellungen, die der Befriedigung individueller religiöser Bedürfnisse dienten.

Im persisch-iranischen Kulturkreis können die Ursprünge eines Gottes Mithras bis in das 14. Jh. v. Chr. zurückverfolgt werden. Er war dort mitverantwortlich für den Erhalt der kosmischen Weltordnung, aber auch des Rechts und der sozialen Ordnung. Schon in dieser Frühzeit wurde Mithras mit der Sonne identifiziert.

Der römische Mithraskult setzte dagegen erst im 1. Jh. n. Chr. wohl in Italien ein und hat, wenn überhaupt, nur wenig mit den iranischen Ursprüngen gemeinsam. Ab dem 3. Jh. n. Chr. stand Mithras in besonderer Konkurrenz zum Christentum und wurde schließlich 391/392 n. Chr. von Kaiser Theodosius verboten.

Nach den archäologischen Zeugnissen setzte der Kult in der Limesregion spätestens um 100 n. Chr. ein und breitete sich hier, wie auch in anderen Regionen des Reiches, bis zum Beginn des 3. Jhs. n. Chr. ungehindert aus. In Obergermanien sind zahlreiche Zeugnisse des Mithraskultes vorhanden, während aus Raetien nur vereinzelte Belege vorliegen. In vielen Kastelldörfern wie (↗) Niederbieber, Oberflorstadt, Echzell, Großkrotzenburg, Stockstadt, (↗) Obernburg, (↗) Osterburken, Murrhardt sowie in Siedlungen des Hinterlandes wurden Kulträume ausgegraben oder Weihesteine gefunden. Besonders herausragende Beispiele der Kultbilder stammen u. a. aus Wiesbaden, Hanau, Frankfurt-Heddernheim, Dieburg, Osterburken, Heidelberg und Ladenburg. Zahlreiche Weihesteine, wie z. B. aus Mainhardt, setzen Mithras mit dem Sonnengott Sol gleich oder bezeichnen ihn als unbesiegt (*invictus*), was die Omnipotenz des Gottes unterstreichen sollte.

Charakteristisch für den Mithraskult sind die unterirdischen bzw. in den Boden eingetieften Kulträume (Mithraeen), langrechteckige Gebäude mit einem Vorraum und dem eigentlichen Kultraum mit seitlichen Podien, auf denen die Mitglieder beim Gottesdienst Platz nahmen. Am Ende des Mittelganges befand sich das zentrale Kultbild, das die Stiertötung durch Mithras in einer Höhle zeigt. Aus dem Schwanz des Stieres erwachsen dabei Kornähren, ein Hund und eine Schlange trinken das Blut des Stieres und ein Skorpion sticht in seine Hoden und nimmt seinen Samen auf. Die Hauptszene wird in der Regel von den beiden als junge Männer dargestellten Göttergestalten *Cautes* und *Cautopates* mit gehobener und gesenkter Fackel flankiert. Weitere Motive dieser Reliefs sind häufig Sol und Luna, die Sternzeichen oder Szenen aus der Mithraslegende. Die Stiertötung galt als zentraler, die Menschheit erlösender Vorgang und symbolisierte die neue kosmische Ordnung sowie das Werden und Vergehen in der Natur. Damit verbunden war wohl auch die Hoffnung des Einzelnen auf seine Erlösung nach dem Tode.

Von diesen spezifischen Darstellungen haben sich im gesamten Römischen Reich über 600 Beispiele erhalten. Der überladenen bunten Bilderwelt der Kultbilder entsprach in der Regel auch die Ausstattung der Kulträume mit weiteren Kultbildern und Altären, aber auch die enge Verbindung mit anderen Göttern. So finden sich insbesondere in Gallien und in der Limesregion Verbindungen zu Merkur, aber auch zu Göttern der römischen Staatsreligion, wie z. B. beim Kultbild aus Osterburken.

Abb. 22: Großes Kultbild aus einem Mithrasheiligtum in Osterburken. Neben der zentralen Szene der Stiertötung durch Mithras zeigt das Relief eine Fülle weiterer Details aus dem Umfeld des Mithraskultes.

Mommsen, Theodor

Christian Matthias Theodor Mommsen (* 30. November 1817 in Garding, Schleswig-Holstein, † 1. November 1903 in Charlottenburg) gilt als der bedeutendste Altertumswissenschaftler des

19. Jhs. Seine Werke und Editionen zur römischen Geschichte sind noch für die heutige Forschung von grundlegender Bedeutung. Vor allem für seine «Römische Geschichte» wurde er 1902 mit dem Literaturnobelpreis geehrt. 1844 erhielt er ein dänisches Reisestipendium und besuchte zunächst Frankreich, dann vor allem Italien, wo er seine Beschäftigung mit römischen Inschriften begann. Er trat in Kontakt mit dem späteren Deutschen Archäologischen Institut und plante eine Sammlung aller bekannten lateinischen Inschriften, die im Gegensatz zu früheren Corpora auf dem Autopsieprinzip beruhen sollte.

M. wurde 1848 auf einen Lehrstuhl für Römisches Recht in Zürich berufen, den er 1852 antrat. Er wollte aber gern nach Deutschland zurückkehren und folgte 1854 einer Berufung nach Breslau. 1858 wurde M. auf eine Forschungsprofessur an die Preußische Akademie der Wissenschaften in Berlin berufen und erhielt 1861 einen Lehrstuhl für Römische Altertumskunde an der Berliner Universität.

Unter der Leitung von M. nahm 1892 die (↗) Reichs-Limeskommission ihre Arbeit auf, deren Ziel es war, den genauen Verlauf und die Lage der Kastelle des Obergermanisch-Raetischen Limes zu ergründen. Die Forschungsberichte über die Ausgrabungen füllen vierzehn Bände und gelten noch heute als einzigartige Pioniertat der Aufarbeitung germanisch-römischer Geschichte.

Monumentum Trajani/Tropaeum Trajani

Bei dem *Tropaeum Trajani* handelt es sich um ein Siegesmonument, das 108/109 n. Chr. zur Erinnerung an die Dakerkriege (101–102 und 105–106 n. Chr.) etwa zwei Kilometer nordwestlich der gleichnamigen Stadt in der Provinz *Moesia Inferior*, dem heutigen Adamclisi (Rumänien), errichtet wurde. Das Denkmal bestand aus einem mehrstufigen Sockel von etwa 38 m Durchmesser, einem Kegelstumpf mit den Weiheinschriften sowie einem mächtigen Tropaeum, zu dessen Füßen sechs dakische Gefangene standen. Der obere Rand des Sockels war mit 54 metopenartigen Reliefplatten verziert, die in sechs Gruppen zu je neun Platten verschiedene Kämpfe zwischen Römern und Dakern darstellen. Die mittlere Platte zeigt jeweils den Kaiser in Begleitung von Offizieren und Soldaten. Das Denkmal steht in der Tradition vergleichbarer Siegesmonumente, wie dem *Tropaeum Alpium* bei La Turbie (Frankreich) zum Gedenken an die Bezwingung der Alpenvölker durch Augustus.

Abb. 23: Reliefplatte des Monumentum Trajani mit Darstellung eines römischen Reitersoldaten.

Mudau-Schlossau (Schneidershecke)
Unmittelbar östlich der Straße von Schlossau, Gemeinde Mudau, nach (↗) Hesselbach befindet sich eine der interessantesten Turmstellen am (↗) Odenwaldlimes (WP 10: «In der Schneidershecke»). Sie besteht aus einem älteren Holzturm mit Ringgraben, von dem noch deutliche Spuren als Hügel erkennbar sind, und aus den Fundamenten zweier Steintürme. Eine Iuppiterinschrift bezeichnet einen der beiden Türme als (↗) *burgus*, der unter dem Baukommando der *cohors I Sequanorum et Rauracorum* errichtet wurde. Von den beiden Steintürmen mit einer Fläche von jeweils 6 × 6 Meter wurde der östliche (Turm b) als Heiligtum umgebaut. In seinem Inneren lagen im Bauschutt drei lebensgroße Skulpturen mit der Darstellung von Mars, Victoria und Salus. Sie gehören aufgrund stilistischer Merkmale in die Mitte des 2. Jhs. n. Chr. Der Turm hatte ein Ziegeldach, von dem zahlreiche gestempelte Ziegel der *legio VIII augusta* und der *cohors XXIV voluntariorum civium Romanorum equitata* erhalten sind. E. Schallmayer sieht in dieser Turmstelle eine chronologische Abfolge: um 100 n. Chr. Bau des Holzturmes; um 145/146 n. Chr. Errichtung des Steinturmes a und am Ende des 2. Jhs. n. Chr. Bau des Steinturmes b als Heiligtum. Überraschenderweise fand sich das Bruchstück eines Schildes der Victoria im benachbarten römischen Kastell Oberscheidental, so dass man davon auszugehen hat, dass die Skulpturengruppe zunächst dort aufgerichtet und erst später in das kleine Heiligtum überführt wurde.

Lit.: E. Schallmayer, Der Odenwaldlimes (1984), 103 ff.

Musterung *(probatio)*
Als Berufsarmee besaßen Heer und Flotte in römischer Zeit Mindestanforderungen, die jeder Rekrut vor einer erfolgreichen Aufnahme zu erfüllen hatte (↗ Rekrutierung). Hierzu gehörten zunächst körperliche Voraussetzungen, wie etwa ein gutes Sehvermögen oder eine Mindestgröße von umgerechnet 165 cm für einen Soldaten der Legion. Legionäre mussten beispielsweise aber auch schwimmen können. Ferner war es für die Aufnahme zumindest in die Legion auch notwendig, die Befehlssprache Latein zu sprechen. Eine Inschrift der *Legio II adiutrix* aus Budapest-*Aquincum* bezeichnet einen Rekruten *(tiro)*, der die M. *(probatio)* abgeschlossen hatte und als *miles* in die Legion aufgenommen wurde, als *probatus*. Während der M. wurde durch die Musterungskommission auch die Herkunft der Rekruten überprüft. Nur römische Bürger durften in der (↗) Legion dienen, andernfalls blieb nur der Eintritt in eine Einheit der (↗) Hilfstruppen. Sklaven war der Zugang zur Armee generell verwehrt, aber auch Männer, die zuvor wenig angesehene Berufe ausgeübt hatten, oder selbst Ehebrecher wurden nicht aufgenommen. Der soziale Stand beeinflusste zudem wesentlich die Aufstiegsmöglichkeiten, etwa zum (↗) Zenturio.

N

Neckarlimes

Nachdem das obere Neckargebiet und das Gebiet südlich der Donau in frühflavischer Zeit römisch geworden waren, erfolgte eine weitere Etappe der Sicherung des rechtsrheinischen Gebietes. In Raetien wurde die claudische Kastellkette an der Donau aufgegeben und auf den Kamm der Schwäbischen Alb vorverlegt. Auch der mittlere Neckar wurde als (↗) Flussgrenze militärisch gesichert. In den unruhigen Jahrzehnten am Ende des 1. Jhs. n. Chr., insbesondere während des Krieges gegen die (↗) Chatten und des Aufstands des Legionslegaten Saturninus (89 n. Chr.), machte sich die problematische Verkehrssituation zwischen Rhein und Donau bemerkbar, die mit dem Bau einer neuen Straße von Mainz nach Augsburg behoben wurde. Zur Sicherung dieser neuen Querverbindung entstand entlang des Neckars der sog. N.

Zu ihm gehörten die Kastelle Wimpfen im Tal, gleichzeitig der südlichste Eckpunkt des (↗) Odenwaldlimes, ferner Heilbronn-Böckingen, Walheim, Benningen, Stuttgart-Bad Cannstatt und Köngen. Die Verbindungsstraße zum Grenzabschnitt im Westen der Provinz Raetien, dem (↗) Alblimes, verlief das Lautertal aufwärts (↗ Lautertallimes) nach Donnstetten und hatte dort Anbindung an die die Alblimeskastelle verbindende Alblimesstraße.

Eine lineare Grenzbefestigung war entlang des N. nicht vorhanden. Vielmehr ist sogar an einzelnen Abschnitten östlich des Neckars mit römischem Siedlungsgebiet zu rechnen – ein Zeichen dafür, dass dieser Abschnitt offenbar als wenig gefährdet angesehen wurde. Aus allen Kastellen am N. sind mindestens zwei Ausbauphasen bekannt: Einer älteren Holzbauphase, die wohl in das letzte Jahrzehnt des 1. Jhs. n. Chr. zu datieren ist, folgte im frühen 2. Jh. ein massiver Ausbau in Stein. Die qualitätvolle Architektur, die bei zahlreichen (↗) Kastellen am N. in der jüngeren Phase nachweisbar ist, zeigt, dass man damals davon ausging, dass diese Grenzlinie auf längere Zeit Bestand hätte. Spätestens um 160 n. Chr. erfolgte jedoch mit der Anlage des Äußeren oder Vorderen Limes die Aufgabe des N.

Lit.: K. Kortüm, Zur Datierung der römischen Militäranlagen im Obergermanisch-rätischen Limesgebiet, Saalburg Jahrbuch 49, 1998, 5 ff.
K. Kortüm/J. Lauber, Walheim I, Forschungen und Berichte zur Vor- und Frühgeschichte in Baden-Württemberg 95 (2004).

Niederbieber

Eines der jüngsten und gleichzeitig auch größten Kastelle am Obergermanisch-Raetischen Limes befindet sich in N., einem Stadtteil von Neuwied. Erst unter Kaiser Commodus, wohl um 185 n. Chr., angelegt, war N. Garnisonsort des *numerus exploratorum Germanicianorum*

Ausbaustufen und Besetzungsgeschichte (ca. 90 bis 115 n.Chr)

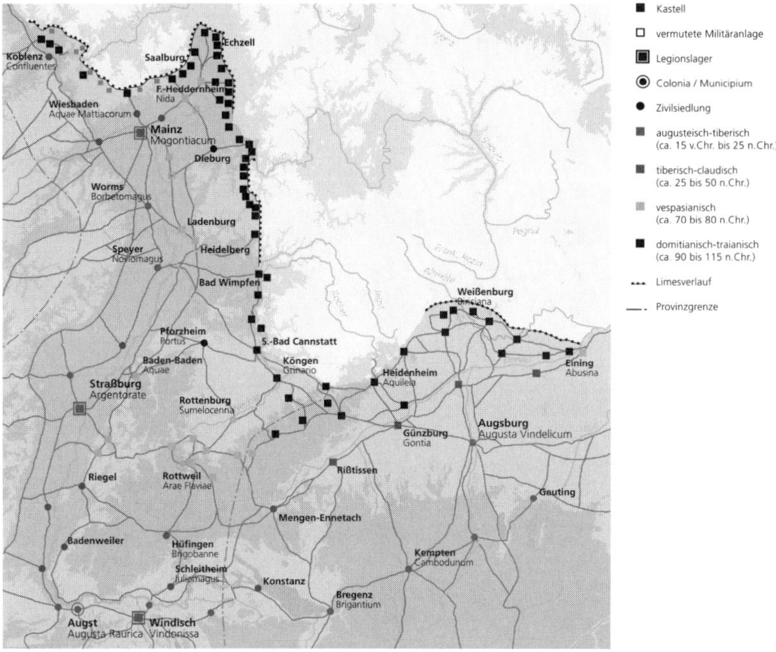

Abb. 24: Karte der römischen Besetzungsphase zwischen 90 und 115 n. Chr. Südlich der Flussgrenze entlang des Mains schließt sich zunächst der Odenwald- und dann der Neckarlimes an.

Divitiensium und eines *numerus Brittonum* (↗ *numerus*). Das 5,2 ha große Steinkastell mit rechteckigem Grundriss von ca. 265 m × 198 m besaß Mauern mit leicht vorspringenden Eck- und Zwischentürmen, was bereits auf die stärker auf Verteidigung ausgerichtete Bauweise der Spätantike hinweist. Im Vergleich zu anderen Limeskastellen ungewöhnlich ist auch die Existenz eines großen Badegebäudes in der *retentura* (↗ Kastell – Aufbau).

Bekannt ist N. durch Funde, die auf ein gewaltsames Ende des Kastells 259/260 n. Chr. hinweisen. Bereits 1826 stieß man in der (↗) Kommandantur auf ein Skelett zusammen mit den Resten eines Feldzeichens der *cohors VII Raetorum*, die in dem benachbarten Limeskastell Koblenz-Niederberg stationiert war. Insgesamt drei Münzhorte, die mit Prägungen der Jahre 257 n. Chr., 258/259 n. Chr. bzw. 259 n. Chr. enden, datieren den an mehreren Stellen festgestellten Zerstörungshorizont. Aus dem Bereich des (↗) Lagerdorfes stammt eine bronzene Drachenstandarte als Bestandteil eines römischen (↗) Feldzeichens.

Lit.: H. Eiden, Trierer Zeitschr., Beih. 6, 1982, 137–169.

Niedergermanischer Limes

Um 13/12 v. Chr. erreichten römische Truppen, von Westen kommend, den Niederrhein. Der Fluss wurde während der augusteischen Zeit zunächst nur als Nachschubweg für die weiter nach Osten vorstoßenden Truppen genutzt. Erst mit der endgültigen Aufgabe der römischen Expansionspläne rechts des Rheins unter Tiberius (16 n. Chr.) wurde der Rhein für rund 400 Jahre zur Ostgrenze Niedergermaniens, das erst um 85 n. Chr. den Status einer Provinz erhielt. Die Militärgrenze erstreckte sich vom Vinxtbach bei Rheinbrohl bis zur Waal-Mündung in die Nordsee. Als «nasse Grenze» wurde die Demarkationslinie in der Antike jedoch nicht als (↗) *limes* (wie in modernen Publikationen oft zu lesen), sondern als *ripa* (d. h. Ufer, ↗ Flussgrenze) bezeichnet. Gegen Ende des 1. Jhs. n. Chr. waren dort 6 Alen und 25 Kohorten mit rund 16 000 Soldaten der (↗) Hilfstruppen stationiert; außerdem befanden sich – anders als in Obergermanien – mehrere Legionslager direkt an der niedergermanischen Reichsgrenze, so in Bonn, Neuss, Xanten und Nijmegen. Von diesen großen Stützpunkten blieben jedoch ab dem frühen 2. Jh. nur noch die Garnisonen in Bonn *(legio I Minervia)* und Xanten *(legio XXX Ulpia victrix)* bestehen. Der n. L. verfügte außerdem über eine Kette von Wachttürmen zwischen den einzelnen Kastellen, zudem gab es eine parallel zum Rhein verlaufende Limesstraße. Die Überwachung des Flusses selbst erfolgte mit Schiffen der in Köln-Alteburg stationierten römischen Rheinflotte (*classis Germanica,* ↗ Flotte). Um 275 n. Chr. wurden zahlreiche Kastelle des n. L. im Zuge eines Frankeneinfalles zerstört. Größere Bautätigkeiten fanden vor allem unter Diokletian und Konstantin statt (u. a. Errichtung des Brückenkopfkastells Köln-Deutz im Jahr 310 n. Chr.). Während des Magnentiusaufstandes 353/355 n. Chr. kam es am n. L. erneut zu gravierenden Zerstörungen – damals sollen sämtliche römischen Siedlungsplätze entlang der Grenze mit Ausnahme des Kastells Remagen sowie eines Turmes bei Köln vernichtet worden sein. Um 375 n. Chr. wurde unter Kaiser Valentinian ein letztes großes Bauprogramm am n. L. realisiert, bei dem vor allem kleinere, stark befestigte Stützpunkte *(↗ burgus)* entstanden. Spätestens zu Beginn des 5. Jhs. n. Chr. erlosch die militärische Präsenz Roms am Niederrhein.

Lit.: T. Bechert/W. J. H. Willems, Die römische Reichsgrenze zwischen Mosel und Nordseeküste (Stuttgart 1995).

***numerus* (pl. *numeri*)**

n. bezeichnet im römischem Militärwesen zunächst eine beliebige, nicht näher definierte Einheit; daher kann eine *legio* (↗ Legion), (↗) *ala* oder *cohors* (↗ Kohorte) in Inschriften durchaus auch als *n.* bezeichnet werden. Daneben etablierte sich der Begriff ab dem 2. Jh. n. Chr. als Bezeichnung für kleinere ethnische Hilfstruppeneinheiten, deren Rechtsstellung und Sozialprestige unter dem der regulären (↗) Hilfstruppen lag. Für den Obergermanischen Limes sind vor allem die *numeri Brittonum* (↗ *Brittones*) von Bedeutung, die in verschiedenen kleineren Kastellen am baden-württembergischen Limesabschnitt stationiert waren. Diese Formationen unterschieden sich in ihrer inneren Organisation (Untergliederung in ↗ *Zenturien*) und ihrer Bewaffnung nicht wesentlich von den übrigen Einheiten der römischen Armee. Schon bald scheinen auch Ortsansässige in den *n.* gedient zu haben, so dass der irreguläre Charakter dieser kleinen Truppen zunehmend verschwand. Am raetischen Limes sind bislang keine ethnischen *n.* nachgewiesen. Ebenfalls als *n.* konnten Detachements von regulären Truppen bezeichnet werden, die über einen langen Zeitraum hinweg fernab ihrer Stammeinheit an einem kleineren Außenposten stationiert waren und als *n.* (plus jeweiliger Ortsname) erwähnt werden. Entsprechende Fälle sind auch am Limes, u.a. im Taunus, nachgewiesen (z.B. *n. Cattharensium* im Kastell Alteburg-Heftrich). Allen *n.* ist gemeinsam, dass sie – im Gegensatz zu den Legionen und den regulären Hilfstruppeneinheiten – keine Ordnungszahl in ihrem Truppennamen tragen.

Lit.: M. Reuter, Studien zu den *numeri* des römischen Heeres in der Mittleren Kaiserzeit, Ber. RGK 80, 1999, 357–590.

Nymphaeum

Als N. bezeichneten die Römer ursprünglich ein Heiligtum für die Nymphen, weibliche Naturgottheiten der Berge, Wälder, Quellen und Gewässer, die in der freien Natur bei Bäumen, in Höhlen oder bei ihren Quellen verehrt wurden. Spätestens ab dem 1. Jh. n. Chr. wurde der Begriff immer mehr im engeren Sinne architektonisch verstanden und umschrieb einen baulich ausgestalteten (Spring)-Brunnen mit einer oder mehreren Statuen. Typisch römische Formen waren solche mit halbkreisförmigen Wasserbecken, die auf berühmte Vorbilder in Olympia und Alexandria zurückgingen. Solche freistehenden oder in Fassaden einbezogenen Wasserbecken mit Nischen und Figurenausstattungen finden sich im ganzen Reich, insbesondere im Zusammenhang mit Bädern oder als Endpunkte von Wasserleitungen.

Die aus der Sorge um frisches Trinkwasser resultierende Verehrung von Gewässergottheiten und die damit verbundene Erschließung von Quellen spielte auch am Limes eine große Rolle. Die Versorgung mit frischem Wasser gehörte daher zu den wichtigsten Fürsorgepflichten der Armee gegenüber den Soldaten.

Ausdruck dessen waren der Bau von Wasserleitungen und die Anlage von N. im Innenhof der Stabsgebäude. Beispiele dafür haben sich in (↗) Aalen und Öhringen erhalten. In Aalen wurden die Fundamente einer halbrunden Brunnenanlage ausgegraben. Im Westkastell von Öhringen fanden sich in einem Brunnen die architektonischen Reste eines N. sowie fünf Weihealtäre für die Nymphen und den jeweiligen Kaiser, die im Zusammenhang mit dem Bau und der Renovierung der Wasserleitung in das Kastell standen. Weiterhin fanden sich die Reste einer Neptunstatue, die wahrscheinlich das N. schmückte. Eine der Inschriften wurde am 23. Juli des Jahres 231 n. Chr. geweiht. An diesem Tag wurden nach dem militärischen Festkalender (↗ Heeresreligion) die Neptunalia gefeiert.

Ein einfaches halbrundes N. als Einfassung einer Quelle markierte auch die erste Bauphase des späteren Beneficiarierheiligtums in (↗) Osterburken, wobei alle späteren Tempelbauphasen auf diese Quellfassung Rücksicht nahmen. Ein mit Inschriften und Reliefs verzierter Laufbrunnen zierte auch das Peristyl der Beneficiarierstation in (↗) Obernburg. Darstellungen von Quellnymphen liegen zudem aus dem Kastellbad von Schwäbisch Gmünd sowie aus Unterheimbach in der Nähe von Öhringen vor.

Abb. 25: Relief mit Darstellung dreier Quellnymphen aus Unterheimbach im Hohenlohekreis.

O

Obergermanisch-Raetischer Limes

An allen Außengrenzen des Römischen Reiches wurden zur Sicherung und zur Grenzmarkierung mehr oder weniger systematisch ausgebaute Grenzlinien angelegt. Der o.-r. L. bildete dabei die Nordgrenze gegen die Germanen, aber auch in anderen Teilen des Imperiums wurden künstliche Landgrenzen, wie etwa die (↗) Hadriansmauer in Nordengland oder der (↗) Antoninuswall in Schottland errichtet.

Der o.-r. L. ist nicht in einem Zug entstanden, sondern entwickelte sich in mehreren Stufen. In augusteischer Zeit bestand die Grenze gegen die Germanen entlang der Niederrheins, des Oberrheins, des Hochrheins und eines schmalen Streifens entlang der Nordalpen. Erst im Laufe des 1. Jhs. n. Chr. wurden die römischen Grenzbefestigungen in Süd- und Südwestdeutschland nach Nordosten verschoben. Neben dem Bau einer Militärstraße von der Provinzhauptstadt Obergermaniens (↗ Mainz) bis zur Provinzhauptstadt Raetiens (Augsburg), galt die Vorverlegung der Grenze der Sicherung der fruchtbaren Lösslandschaften der Wetterau, des Neckarlandes und des Nördlinger Rieses.

Um 100 n. Chr. wurde diese Straßenverbindung unter Kaiser Trajan durch (↗) Odenwaldlimes, Neckarlimes und (↗) Alblimes systematisch gesichert. Kurz nach der Mitte des 2. Jhs. wurde in Obergermanien die Grenze am Neckar und auf der Schwäbischen Alb aufgegeben und etwa 30 km nach Osten verschoben. Die neue Grenzlinie entstand vom Main bei Miltenberg bis nach Lorch im Remstal. Zwischen Lorch und Schwäbisch Gmünd verlief die Nahtstelle zwischen den Provinzen Obergermanien und Raetien. Vom Rotenbachtal westlich von Schwäbisch Gmünd bis zur Donau bei (↗) Eining wurde der raetische Limes über die Donau hinweg nach Norden vorgeschoben. Diese Grenzlinie wird als äußerer o.-r. L. bezeichnet. Der o.-r. L. war vor allem eine Kontrolllinie, um den Grenzverkehr zu überwachen. Er bestand zunächst aus einer Schneise, die für die Patrouillen geschlagen wurde. Mit Hilfe von Holztürmen konnte sie leicht überwacht werden. Zu den weiteren Ausbauphasen gehört eine (↗) Palisade, die zwischen 120 und 130 n. Chr. errichtet und um die Mitte des 2. nachchristlichen Jhs. noch einmal erneuert wurde. Als Ersatz für die Holztürme wurden wenig später Steintürme errichtet, die in Sichtweite voneinander entfernt standen. Ende des 2., Anfang des 3. Jhs. erfolgte die letzte Ausbauphase in Obergermanien mit Wall und vorgelegtem Graben sowie in Raetien mit einer ca. 1,2 m breiten Steinmauer. Diese Grenzanlage hatte jedoch nicht allzu lange Bestand. Schon in der 1. Hälfte des 3. Jhs. erfolgten germanische Angriffe, die schließlich dazu führten, dass spätestens in den ersten Jahrzehnten nach der Mitte des 3. Jhs. der o.-r. L. als Grenzlinie (↗ Limesfall) aufgegeben wurde. Die römischen Truppen zogen

Ausbaustufen und Besetzungsgeschichte (ca. 115 bis Anfang 3. Jh. n. Chr.)

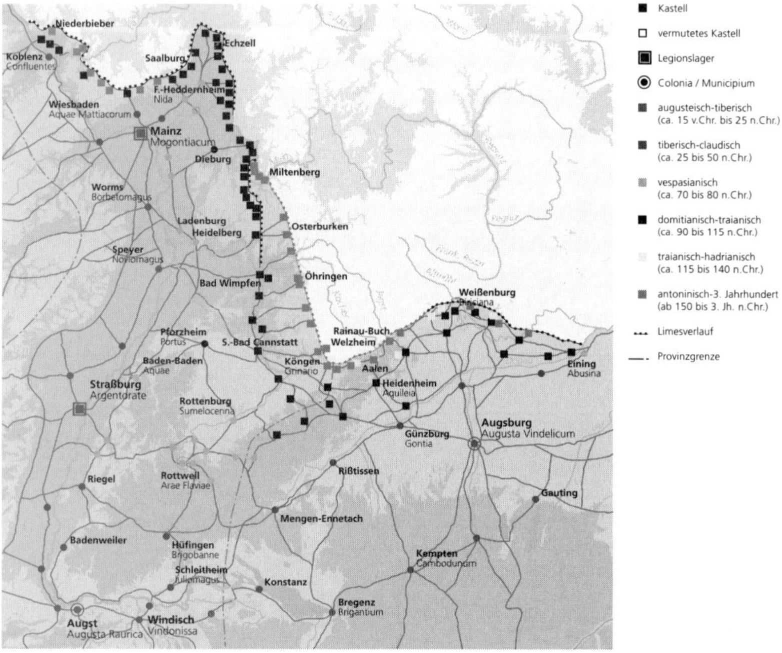

Abb. 26: Karte der römischen Besetzungsphase zwischen 115 n. Chr. und der Mitte des 3. Jhs. n. Chr. Der äußere Obergermanische Limes südlich des Mains und der westliche Abschnitt des Raetischen Limes wurden erst nach der Mitte des 2. Jhs. vorverlegt.

sich wieder an den Rhein und an die Donau zurück, der spätantike (↗) Donau-Iller-Rhein-Limes entstand.

Lit.: B. Rabold/E. Schallmayer/A. Thiel, Der Limes (2000).

Obernburg

Militärstützpunkt am sog. älteren Mainlimes zwischen den Kastellen Niedernberg im Norden und Wörth im Süden. Das Kastell wurde um 100 n. Chr. errichtet und bestand wohl bis zur Aufgabe des Limes um 260 n. Chr. Als Besatzung ist die *cohors IIII Aquitanorum equitata civium Romanorum* belegt.

Durch Untersuchungen Ende des 19. Jhs. konnte ein etwa 3 ha großes Steinkastell nachgewiesen werden. Zum Teil nehmen die heutigen Straßen der Altstadt noch Bezug auf die ehemaligen Lagerstraßen. Von der Innenbebauung konnte nur die (↗) Kommandantur lokalisiert werden. Das Kastelldorf erstreckte sich nördlich und südlich des Kastells entlang der römischen Maintalstraße.

Nachdem bereits 1954 sieben Weihesteine geborgen worden waren, konnten bei Ausgrabungen der Jahre 2000 und 2002 große Teile eines Stationsgebäudes sowie des angrenzenden Weihebezirks der (↗) Beneficiarier untersucht werden. Zusammen mit dem Weihebezirk aus (↗) Osterburken gehört O. damit zu den wichtigsten Fundorten für die Erforschung der Beneficiarier.

Das etwa 18 m breite und 35,5 m lange Stationsgebäude lag ähnlich wie in Osterburken auf einer Vicusparzelle, etwa 90 m vor dem Südtor des Kastells. Der untersuchte hintere Teil der Station umfasste Wohn- und Wirtschaftsräume, u. a. ein *triclinium* (Speisesaal), eine Amtsstube sowie die Küche. Die Räume waren um einen Peristylhof gruppiert, in dessen Mitte ein aufwendig verzierter Laufbrunnen (↗ Nymphaeum) stand.

Im anschließenden Weihebezirk konnten 19 vollständige Altäre und 43 Plinthen nachgewiesen werden. Der älteste Altar von 144 n. Chr. markiert wohl auch die Gründung der Station. Im Gegensatz zum Osterburkener Weihebezirk gab es anscheinend keinen Tempel. Nach bisherigem Stand wurde die Station im Zuge der Germaneneinfälle von 233 n. Chr. zerstört.

Odenwaldlimes

Der etwa 70 km lange Odenwaldlimes verlief vom Mainkastell Wörth bis zum Kastell Bad Wimpfen am Neckar und wurde um 100 n. Chr. unter Kaiser Trajan errichtet. Er war Teil der militärisch überwachten Ostgrenze der Provinz Obergermanien vom Rhein bis zur Donau und verband als eine Art Landbrücke die Grenzabschnitte an Main und Neckar. Wie im Taunus, am Rand der Wetterau und im Lautertal (↗ Lautertallimes), jedoch im Gegensatz zum (↗) Alblimes, errichteten die Römer am Odenwaldlimes Überwachungs- und Befestigungsanlagen. Zunächst wurde eine von Holztürmen aus überwachte Waldschneise angelegt. Unter Kaiser Hadrian erfolgte ab etwa 120 n. Chr. der Bau einer durchgehenden (↗) Palisade. Als dritte Ausbaustufe lässt sich unter Antoninus Pius 145–146 n. Chr. anhand von Inschriften der Bau von Steintürmen nachweisen.

Der O. zeichnet sich durch zwei unterschiedliche Grenzsysteme aus. Der etwa 35 km lange nördliche Teil von Wörth am Main bis nach Schlossau verläuft dem bergigen Gelände angepasst auf einem markanten Höhenrücken nach Süden. Hier lagen im Abstand von etwa 5–7 km die Numeruskastelle (↗ *numerus*) Seckmauern, Lützelbach, Hainhaus, Eulbach, Würzberg, (↗) Hesselbach und Schlossau. Der südliche Teil verläuft dagegen von Schlossau aus weitgehend schnurgerade nach Süden bis an den Neckar. In diesem Abschnitt lagen drei Kohortenkastelle in Oberscheidental, Neckarburken und Bad Wimpfen.

Neben einigen (↗) Kleinkastellen sind am O. über 80 Wachtturmstellen bekannt, die zu etwa einem Drittel noch im Gelände erkennbar sind. Eine Besonderheit stellt das Heiligtum im Bereich des Wachtpostens WP 10/37 Schneidershecke (↗ Mudau-Schlossau) dar. Von mehreren der Wachtposten liegen steinerne Bauinschriften des Jahres 145/146 n. Chr.

vor, zudem sind Architekturreste von Steintürmen überliefert. Die als Mittelstützen großer Panoramafenster interpretierten Steinpfeiler führten dabei zu einer Rekonstruktion der Wachttürme am Odenwald ohne die auf der (↗) Traianssäule dargestellte umlaufende Galerie.

Lit.: E. Schallmayer, Der Odenwaldlimes (Stuttgart 1984).

Orden *(dona militaria, armillae, phalerae, torques)*

Militärische Auszeichnungen waren auch in der römischen Armee ein probates Mittel, den soldatischen Einsatz zu fördern. Die in der Kaiserzeit üblichen Auszeichnungen für einzelne Soldaten oder ganze Einheiten *(dona militaria)* gehen dabei auf republikanische Traditionen zurück. Sie wurden in Abhängigkeit vom Dienstgrad der Soldaten vergeben.

Neben den literarischen Quellen zeigen vor allem die Soldatengrabsteine des 1. Jhs. n. Chr. solche Orden. Originalfunde sind dagegen eher selten. Allerdings ist zu überlegen, ob nicht auch (↗) Helme mit Darstellungen solcher Orden oder gleichartige Gürtelbleche (↗ Wehrgurt) als Auszeichnungen zu interpretieren sind.

Den hohen Offizieren waren besondere Orden wie die *hasta pura* oder ein spezielles *vexillum* (↗ Feldzeichen – *vexillum*) vorbehalten. Daneben gab es verschiedene Kranzformen (*corona*), die für herausragende Leistungen primär an höhere Offiziere, aber auch an Zenturionen vergeben wurden. Besonders geschätzt waren die *corona civica* aus Eichenlaub für die Errettung eines römischen Bürgers aus Lebensgefahr und die *corona muralis* bzw. *valaris* für denjenigen, der als Erster eine feindliche Befestigung bezwungen hatte.

Die unteren Dienstgrade bis zum Zenturio erhielten in der Regel die sog. *dona minora*, bei denen Schmuckscheiben *(phalerae)*, Armreifen *(armillae)* und Halsreifen *(torques)* zu unterscheiden sind.

Am weitesten verbreitet waren die *phalerae*, Schmuckscheiben verschiedener Größe aus getriebenem Bronzeblech, seltener aus Glas, mit einfachen Kreisverzierungen oder auch figürlichen Motiven. Im frühen 1. Jh. n. Chr. waren diese zum Teil auch mit Kaiserportraits (↗ Feldzeichen – *imago*) verziert. Größere Exemplare für ganze Einheiten wurden an den Feldzeichen befestigt. Der einzelne Soldat trug ganze Sätze solcher Schmuckscheiben an Lederriemen auf der Brust. Inwieweit einfache Schmuckscheiben am Pferdegeschirr oder an anderen Rüstungsteilen ebenfalls als Orden zu interpretieren sind, ist umstritten.

Tordierte Armreifen *(armillae)* aus Silber oder Gold wurden ebenfalls einzelnen Soldaten, aber auch ganzen Einheiten verliehen. Zwei sehr dünne Exemplare wurden im Fahnenheiligtum des Kastells (↗) Aalen gefunden und waren wahrscheinlich als zusätzlicher Schmuck an den Feldzeichen angebracht.

Die Halsreifen *(torques)* gehen wahrscheinlich auf keltische Einflüsse zurück. Die vom raetischen Limes bekannten Beispiele aus Treuchtlingen und Dambach bestehen aus einem hohlen Bronzereifen, der vorne in zwei Löwen- oder Pantherköpfen endet. Sie konnten mit einem Haken geschlossen werden.

Osterburken

Militärstützpunkt am Vorderen Limes zwischen den Nachbarkastellen Walldürrn im Norden und Jagsthausen im Süden. Zwischen etwa 150/60 und 260 n. Chr. waren hier mit der *cohors III Aquitanorum equitata* und ab etwa 190 n. Chr. mit einem weiteren (↗) *numerus* etwa 600–700 Soldaten stationiert. Sie überwachten eine West-Ost-Verbindung vom Neckar aus durch das Tal der Kirnau und über den Limes in Richtung der germanischen Siedlungsgebiete im Tauber- und Maintal.

Das in den 1920er Jahren vollständig überbaute Kohortenkastell liegt etwa 500 m hinter dem Limes und besitzt eine langrechteckige Form (186 × 115 m) mit einer Gesamtfläche von 2,14 ha. Von der Innenbebauung sind nur die (↗) Kommandantur und einige Mauerreste im Nordosten bekannt. Nach Bauinschriften wurde das Lager durch Soldaten der XXII. Legion errichtet.

Das Numeruskastell wurde als Annex an die südliche, rechte Seite des Kohortenkastells angebaut. Es hat eine trapezartige Form mit einer Grundfläche von etwa 1,35 ha. Seine extreme Steillage am Talhang machte eine Terrassierung des Geländes notwendig. Von der Innenbebauung ist nichts bekannt. Nach Bauinschriften wurde das Lager zwischen 185 und 192 n. Chr. durch die VIII. Legion errichtet. Die Besatzung ist unbekannt, wahrscheinlich war hier aber der vorher in Neckarburken nachgewiesene *numerus Brittonum Elantiensium* stationiert. Das Gelände des Annexkastells wurde nicht überbaut und seine Außenmauern bis 1912 konserviert.

Am Ort konnten zwei Kastellbäder nachgewiesen werden. Das größere Kohortenbad liegt etwa 120 m vor dem Kastell an zentraler Stelle des Lagerdorfes und gehört zum sog. Reihentypus (↗ Badewesen). Nach den verbauten Ziegeln mit Stempeln der VIII. und XXII. Legion wird das Bad mit der Stationierung der Truppe errichtet worden sein. Das kleinere Kastellbad 2 wurde etwa 40 m westlich entdeckt und unter dem heutigen Altbau des Römermuseums konserviert. Es handelt sich ebenfalls um ein Bad vom Reihentypus. Seine Interpretation als Bad des um 190 n. Chr. im Annexkastell stationierten *numerus* konnte bisher nicht bewiesen werden.

Nach der spektakulären Entdeckung im Zuge eines Brückenbaus wurde zwischen 1982 und 1986 ein Beneficiarier-Weihebezirk ausgegraben. Seine Holzbefunde und Weihesteine machen den Weihebezirk zu einer der bedeutendsten Fundstellen am gesamten Limes und zusammen mit (↗) Obernburg zum wichtigsten Fundort für die Erforschung der (↗) Beneficiarier.

Der Weihebezirk lag direkt gegenüber dem großen Kohortenbad. Nach der Anlage eines kleinen Quellheiligtums (↗ Nymphaeum) um 150 n. Chr. entstand hier um 160 n. Chr. wohl das erste Stationsgebäude sowie über dem Quellheiligtum ein erster kleiner Holztempel. Wenige Jahre später, um 165 n. Chr., wurde dieser durch einen etwa 7 × 10 m großen Holztempel ersetzt. Dieser sowie das Stationsgebäude wurden in den folgenden Jahrzehnten bis um 230 n. Chr. mehrmals umgebaut. Zwischen der Station und dem Tempel fanden sich in sechs Reihen zahlreiche Weihesteine der Beneficiarier, darunter 24 vollständige und zahlreiche Fragmente. Die Inschriften datieren in die Jahre zwischen 174 und 238 n. Chr.

Abb. 27: Rekonstruktion des Beneficiarier-Heiligtums in Osterburken um 200 n. Chr.

P

Palisade

In den frühen Regierungsjahren Hadrians wurde der Holzzaun entlang des Limes, der bisher eine Sperranlage bildete, durch eine durchgehende P. ersetzt. Am Ostrand der Wetterau konnte das Fälldatum der in ihr verarbeiteten Hölzer durch dendrochronologische Untersuchungen in den Winter 119/120 n. Chr. datiert werden. Somit bestand seit dieser Zeit eine P. am Obergermanischen Limes nördlich des Mains und im Odenwald. In der letzten Ausbauphase stammen die Hölzer von 164/165 n. Chr., am raetischen Limes von 160 n. Chr.

Am gesamten (↗) Obergermanisch-Raetischen Limes kommt die P. als Übertrittshindernis vor. Meist aus halbierten Eichenpfählen, in Raetien vereinzelt auch aus Tannenrundlingen, wies die halbierte flache Seite gleichsam mauerartig ins Barbaricum. An der Rückseite konnte durch Einkerbungen an den Stämmen und durch Nagelfunde die Verbindung jeweils mehrerer Stämme durch hölzerne Querriegel nachgewiesen werden. Tief gegründet dürfte die P. mindestens 2,5 bis 3 m hoch gewesen sein.

In Raetien löste die Mauer die zuvor bestehende P. ab. In Obergermanien ist dagegen die Abfolge von P. sowie Wall und Graben nicht so eindeutig. In der letzten Ausbauphase wurde in geringem Abstand hinter der P. ein Graben mit ca. 2 m Tiefe und 5 bis 8 m Breite ausgehoben. Mit dem Aushub wurde unmittelbar an der Böschung ein Wall aufgeschüttet. Bisher ist es nicht möglich nachzuweisen, ob Hölzer ausgetauscht wurden, nachdem sie verrottet waren. Ob die Wall-Graben-Anlage eine Verstärkung der P. bedeutete oder ob sie als deren Nachfolge angelegt wurde, kann bis heute nicht schlüssig beantwortet werden. Sicher dagegen sind die festgestellten Durchlässe (↗ Limesdurchgang), die einen Austausch an Personen und Waren ermöglichten.

Abb. 28: Reste der Palisade in Form mächtiger Eichenstämme wurden 1894 bei den Untersuchungen der Reichs-Limeskommisison geborgen.

Panzer (Kettenpanzer, Schienenpanzer, Schuppenpanzer)

Bei der Körperpanzerung der römischen Soldaten können vier Grundtypen unterschieden werden: der Muskelpanzer *(thorax)*, der Kettenpanzer *(lorica hammata)*, der Schienenpanzer *(lorica segmentata)* und der Schuppenpanzer *(lorica squamata)*.

Der metallene Muskelpanzer *(thorax)* mit unten und an den Schultern angesetzten Lederstreifen *(pteryges)* geht auf griechische Traditionen zurück. Er gehörte zur festen Ikonografie des Kriegsgottes (↗) Mars, des (↗) Iuppiter Dolichenus und der kaiserlichen Panzerstatuen. In der römischen Armee war er nach den Grabsteinen des 1. Jhs. n. Chr. und den Reliefs der (↗) Trajanssäule nur den Offizieren vorbehalten. Originalfunde dieses Panzers haben sich in den römischen Grenzprovinzen nicht erhalten.

Der Kettenpanzer *(lorica hammata)* geht auf keltische Vorläufer zurück und wurde nach den Reliefdarstellungen seit dem 2. Jh. v. Chr. in der römischen Armee verwendet. Er blieb über viele Jahrhunderte bis weit ins Mittelalter hinein die beliebteste Panzerform, da er leicht herzustellen und zu reparieren, pflegeleicht und flexibel zu tragen war. Außerdem bot er einen guten Schutz gegen Schwerthiebe und konnte von Fall zu Fall das tiefe, tödliche Eindringen von Speer-, Lanzen- oder Pfeilspitzen in den Körper verhindern.

Der römische Kettenpanzer wurde sowohl von der Infanterie der (↗) Legionen und (↗) Hilfstruppen als auch von der (↗) Reiterei getragen. In der mittleren Kaiserzeit bestand er aus etwa 20–30 000 vernieteten Eisenringen von 3–9 mm Durchmesser, die in alternierenden Reihen miteinander verbunden waren. Das Gewicht lag je nach Länge bei 6–9 kg. Die Kettenhemden des 1. Jhs. n. Chr. besaßen ein zusätzliches U-förmiges Schulterstück, das auf der Brust mit einem signifikanten s-förmigen Haken geschlossen wurde. Die Reliefs der Trajanssäule zeigen dagegen kürzere Kettenhemden mit gezackten Rändern und Ärmelansatz. Es gab aber auch längere und weitere Varianten. Insgesamt ist die Anzahl der überlieferten Originalfunde aus dem 2. und 3. Jh. n. Chr. sowie der wenigen Darstellungen aus dieser Zeit aber zu gering, um hier klare Aussagen zu treffen.

Der Schienenpanzer (*lorica segmentata* – kein antiker Begriff!) scheint eine originäre Entwicklung der römischen Armee gewesen zu sein. Die archäologischen Funde reichen bis in die augusteische Zeit zurück. Allerdings wird er auf den Soldatengrabsteinen des 1. Jhs. n. Chr. nie dargestellt und erscheint in der Reliefkunst erstmals auf der Trajanssäule. Die jüngsten archäologischen Belege stammen aus dem frühen 3. Jh. n. Chr. Der Schienenpanzer wurde nur von der Infanterie getragen, wobei die allermeisten Darstellungen und auch zahlreiche archäologische Belege ihn als typischen Panzer der Legionssoldaten ausweisen. Nicht zuletzt aus diesem Grunde ist er im Fundgut der Limeskastelle nicht vertreten.

Er bestand aus 6–8 cm breiten, sich überlappenden Eisenschienen, die untereinander mit Lederriemen, Scharnieren und Haken verbunden und dadurch beweglich waren. Insbesondere diese zahlreichen bronzenen Verbindungsstücke sind im Fundgut sehr gut zu identifizieren. Neben den Hauptschienen für Brust und Rücken besaß der Schienenpanzer Schulterstücke aus kurzen, gebogenen Schienen. Er war mit einem Gewicht von etwa 4 kg relativ leicht und bot Hieben und Stößen einen festen Widerstand. Allerdings blieb der Unterleib ungeschützt, was bei einer offenen Kampfweise Mann gegen Mann ein Nachteil gegenüber dem Kettenpanzer war.

Der Schuppenpanzer *(lorica squamata)* geht auf orientalische Vorbilder zurück und ist seit der augusteischen Zeit in der römischen Armee nachweisbar. Anders als der Ketten- und Schienenpanzer gehörte er aber wohl nicht zur Standardausrüstung. Nach den Reliefdarstellungen war er vom 1.–3. Jh. n. Chr. insbesondere bei der Reiterei und bei speziellen orientalischen Hilfstruppen beliebt. Aufwendig gefertigte Exemplare wurden auch von Offizieren oder Feldzeichenträgern verwendet.

Der Panzer bestand aus einem langen festen Leinenhemd, auf das die sich überlappenden Bronzeschuppen aufgenäht wurden. Die Originalfunde auch aus den Limeskastellen besitzen jeweils zwei Löcher oben und an den Seiten. Durch die oberen wurden die Schuppen auf das Untergewand genäht, während sie durch die Seitenlöcher untereinander mit Drähten verbunden waren. Je nach Größe und Dichte der Schuppen konnte ein solcher Panzer zwischen 6–13 kg wiegen.

Im Laufe des späten 2. und 3. Jhs. n. Chr. wurden schwer gepanzerte orientalische Reitereinheiten *(cataphractarii)* in die römische Armee eingegliedert, die auch am Limes durch Grabsteine aus Frankfurt und Stuttgart nachweisbar sind. Bei diesen Verbänden trugen nicht nur die Reiter lange Schuppenpanzer, sondern auch die Pferde wurden mit Decken geschützt, die mit großen Metallschuppen gepanzert waren.

Paraderüstung (Reiterspiele, Manöver)
Neben der alltäglichen Bewaffnung kannte die römische Armee sog. Paraderüstungen, die zu besonderen Festtagen im Rahmen der (↗) Heeresreligion und des (↗) Kaiserkultes bei Turnieren, Manövern und Paraden getragen wurden.

Nach dem Zeugnis der Soldatengrabsteine und der archäologischen Funde gab es dabei im 1. Jh. n. Chr. keine festgelegten Typen oder Formen. Vielmehr scheinen die Soldaten bestimmte Vorlieben für einzelne Waffenteile gehabt zu haben, die dann als besondere, individuell gestaltete Einzelstücke von ihren Besitzern getragen wurden. Dazu gehörten aufwendig gestaltete Schwertscheiden, Gürtelbleche und vor allem Reiterhelme mit eingehängten Gesichtsmasken. Individuelle Details, wie Medaillons mit Kaiserbüsten oder Lorbeer- und Eichenkränze, deuten dabei an, dass solche Waffenteile auch als (↗) Orden verliehen worden sein könnten. Auch die auf der Brust getragenen Schmuckscheiben *(phalerae)*, wie sie der berühmte Caelius auf seinem Grabstein aus Xanten trägt, waren Teil seiner Paraderüstung.

Im 2. Jh. n. Chr. wurde unter Kaiser Hadrian die Ausbildung der Soldaten durch die Ausrichtung großer Manöver anscheinend gezielt gefördert. Davon zeugt die auf einer Inschrift des Jahres 128 n. Chr. erhaltene Manöverkritik Hadrians vor den Truppen der Provinz Numidia ebenso wie die berühmte Beschreibung eines Reiterturniers durch den Historiker Arrian aus dieser Zeit. Bei diesen Turnieren traten zwei Parteien in unterschiedlichen Rüstungen gegeneinander an. Im direkten Zusammenhang mit solchen Reiterspielen müssen die Paraderüstungsteile der Reiter aus dem 2. und 3. Jh. n. Chr. stehen, von denen aus der Limesregion zahlreiche Beispiele bekannt sind. Besonders hervorzuheben sind die (↗) Hortfunde mit solchen Waffenteilen aus Straubing, (↗) Künzing, (↗) Eining und (↗) Weißenburg i. Bay.

Am häufigsten überliefert sind die sog. Gesichts- oder Maskenhelme, zweiteilige Helme aus Eisen oder Bronze mit einem als Haarkalotte ausgearbeiteten Hinterteil und einem als Gesichtsmaske gestalteten Vorderteil. In Analogie zu den bei Arrian beschriebenen Turnieren können ein hellenistischer Alexander-Typ und ein orientalischer Typ unterschieden werden. Neben diesen festen Helmtypen liegen aber auch individuell gestaltete Prunkhelme aus der Limeszeit vor.

Abb. 29: Kopfpanzer eines Pferdes (Rossstirn) als Teil der Paraderüstung römischer Reitersoldaten aus dem Kastell Eining. Zu sehen ist in der Mitte Hercules, darüber der Adler des Iuppiter sowie unten die Göttinnen Minerva (links) und Virtus (rechts).

Außer solchen Prunkhelmen gehören zu den Paraderüstungen auch noch Beinschienen, Brustbleche, Schildbuckel und Kopfpanzer der Pferde (Rossstirnen). Sie alle bestanden aus zum Teil versilberten oder sogar vergoldeten Bronzeblechen mit aufwendig getriebenen Verzierungen. Zu den verwendeten Motiven gehören die Götter der Heeresreligion, wie (↗) Mars, (↗) Hercules, (↗) Minerva, oder der Adler des (↗) Iuppiter, aber auch auf das Jenseits bezogene Darstellungen von Schlangen, Meerwesen oder des Ganymed. Ob solche Paraderüstungen am Limes allgemein verbreitet waren oder nur von wenigen Soldaten getragen wurden, lässt sich anhand der archäologischen Funde nur schwer feststellen.

Pfahlgraben

Am gesamten Obergermanisch-Rätischen Limes ist die Bezeichnung «Pfahl» oder «Pfahlgraben» schon früh urkundlich nachzuweisen. Eine erste Nennung im Jahre 889 in der Forstschenkung im Königsgut Weißenburg ist der älteste bisher bekannte Beleg. Der Begriff und damit eine Verbindung zur Limespalisade lässt sich eindeutig belegen, da das heutige Wort Pfahl über Althochdeutsch «Phal» vom lateinischen *palus* abgeleitet als zugespitztes Bauholz überliefert ist. Der aus Abensberg stammende Geschichtsschreiber Johannes Turmaier (1477–1549), genannt Aventinus, hat im Jahre 1518/19 eine Zusammenfassung des Geschichtswerkes der Bayerischen Chronik verfasst. Hier erwähnt er u. a. ein Stück Landwehr, das aus Wall und Graben bestand. Turmaier hat damit erstmals für Bayern Teile des raetischen Limes als «Pfahl» bezeichnet. Dieser Begriff ist heute in zahlreichen Ortsnamen, wie Pfahlheim, Pfahlbronn, Pfahlgraben, Pfahläcker und Pfahldobel überliefert.

Lit.: R. Braun, Frühe Forschungen am Obergermanisch-Rätischen Limes in Ba-

den-Württemberg, Schriften Limesmuseum Aalen 45 (1991).
H. Neumaier, Christian Ernst Hanselmann, Zu den Anfängen der Limesforschungen in Südwestdeutschland, Materialhefte Vor- und Frühgeschichte in Baden-Württemberg 18 (1993).

Pferdegeschirr

Wie bei den (↗) Waffen, so belegt auch das Pferdegeschirr der römischen Militärpferde des 1.–3. Jhs. n. Chr. den hohen technischen Ausrüstungsstand der römischen Armee. Da die römische (↗) Reiterei des frühen 1. Jhs. n. Chr. primär aus den (↗) Hilfstruppen der unterworfenen Provinzen bestand, wurde auch das Aussehen des Pferdegeschirrs durch diese Soldaten geprägt.

Die Quellenlage zum römischen Pferdegeschirr entspricht derjenigen zu den übrigen Waffen. Aus dem 1. Jh. n. Chr. liegen, insbesondere durch die zahlreichen Reitergrabsteine aus dem Rheinland, zahlreiche detailliert ausgearbeitete Darstellungen vor. Sie werden ergänzt durch eine große Anzahl an Originalfunden aus den frührömischen Militärlagern. Für das 2. und 3. Jh. n. Chr. fehlen solche Reliefs. Die Reiterdarstellungen dieser Zeit aus anderen Provinzen an der Donau oder im Orient sind zudem oft recht ungenau ausgearbeitet und wegen der fehlenden Bemalung nur schwer im Detail zu interpretieren. Die Originalfunde dieser Zeit können diese Lücke aber weitgehend füllen, wobei die notwendige Funktionalität der Einzelstücke ihre Einordnung erleichtert. Ebenfalls förderlich für eine Einordnung ist, dass das Pferdegeschirr der römischen Armee von Britannien bis nach Syrien relativ ähnlich ist und z. T. beinahe identische Einzelstücke vorliegen. Dies unterstreicht die hohe Ähnlichkeit der militärischen Ausrüstung der römischen Armee im 1.–3. Jh. n. Chr., was aber nicht im modernen Sinn als Uniformität interpretiert werden darf.

Zum Pferdegeschirr gehören das Zaumzeug, der Sattel und das übrige Riemengeschirr. Beim Zaumzeug kann zwischen den in keltischer Tradition stehenden Ringtrensen und den mediterranen Hebelstangentrensen unterschieden werden. Beide Formen sind für die römische Reiterei belegt.

Als Sattel verwendeten die ohne Steigbügel reitenden Soldaten einen sog. Hörnchensattel. Dieser hatte vorne und hinten je zwei mit Bronzeeinsätzen verstärkte Hörnchen, zwischen denen der Reiter auch im militärischen Einsatz einen festen Sitz hatte. Originalfunde der bronzenen Versteifungen wie auch die detaillierten Darstellungen der Reitergrabsteine belegen diesen typischen Sattel einrucksvoll.

Zum übrigen Pferdegeschirr gehörten der Kopfzaum sowie die vom Sattel aus um Körper und Hals des Pferdes geführten Zierriemen. Sie waren mit zahlreichen Riemenverteilern, Anhängern und Beschlägen geschmückt, deren Verzierungen denjenigen der (↗) Wehrgurte der Soldaten entsprachen. Während im 1. Jh. n. Chr. hauptsächlich verzinnte und in Niellotechnik verzierte Beschläge und vegetabile Anhängerformen vorliegen, dominieren ab der Mitte des 2. Jhs. n. Chr. Beschläge mit Durchbruchmustern in Peltaform. Besonders beliebt waren beim Pferdegeschirr auch sog. Melonenperlen aus blaugrünem Glas sowie Phallusanhänger, welche die Tiere vor dem bösen Blick schützen sollten. (vgl. Abb. S. 113).

Abb. 30: Pferdegeschirranhänger mit Emailverzierung und Weißblechauflage aus dem 1.–2. Jh. n. Chr..

Pfünz

2,7 ha großes Kohortenkastell am raetischen Limes, das in römischer Zeit den Namen *Vetoniana* trug. P. war Garnison der teilberittenen, mehrfach ausgezeichneten *cohors I Breucorum civium Romanorum equitata*. Das in der Nähe des gleichnamigen Dorfes auf einer Anhöhe über dem Altmühltal gelegene (↗) Kastell spielt vor allem in der Diskussion um den sog. (↗) Limesfall eine wichtige Rolle. Seine Bedeutung erhielt der Platz durch einen eindrucksvollen Zerstörungshorizont (u. a. mit menschlichen Skelettresten), der bei den Ausgrabungen Ende des 19. Jhs. sowohl im Kastell als auch im (↗) Lagerdorf aufgedeckt wurde. Aufgrund von Münzfunden im Brandschutt wurde das Ende des Platzes im Jahr 233 n. Chr. vermutet. P. galt lange Zeit als «Paradebeispiel» für ein römisches Militärlager, das im Zuge des sog. (↗) Alamanneneinfalles unter Severus Alexander vernichtet wurde. Ob der Untergang des Platzes tatsächlich im Jahr 233 n. Chr. stattfand, ist heute Gegenstand einer kontrovers geführten Diskussion. Möglich erscheint beim derzeitigen Kenntnisstand auch ein etwas späteres Datum. Das Areal des Kastells ist bis heute frei von moderner Überbauung geblieben; ein rekonstruiertes Kastelltor sowie ein wieder aufgebauter Abschnitt der Mauer vermitteln dem Besucher eine räumliche Vorstellung vom Aussehen der antiken Umwehrung.

porticus

Bei der *porticus* handelt es sich um eine offene Vorhalle, die von Säulen getragen wird. Diese Bauform findet sich in Kastellen z. B. als überdachter Säulengang an den (↗) Mannschaftsbaracken sowie der Fassade und dem Innenhof der (↗) Kommandantur. Die Holzständer oder Säulen ruhten auf Steinbasen, niedrigen Mauern oder einfach in Pfostenlöchern.

praefectus (pl. *praefecti*)

Im militärischen Bereich bezeichnet der Begriff *p.* einen Offizier, der sehr unterschiedliche Aufgaben vom Lagerkommandanten einer Legion *(p. castrorum)* bis hin zum Verantwortlichen der staatlichen Lebensmittelversorgung *(p. annonae)* wahrnehmen konnte. Am Limes kommen *p.* ausschließlich als Kommandeure der Alen (↗ *ala; p. alae* bzw. *p. equitum*) und der (↗) Kohorten *(p. cohortis)* vor. Eine Ausnahme bilden die Freiwilligenkohorten römischer Bürger, die *cohortes voluntariorum*, die von (↗) Tribunen befehligt wurden. Das Kommando über eine (↗) Hilfstruppe dauerte in der Regel etwa drei Jahre und wurde im Rahmen einer zivil-militärischen Verwaltungslaufbahn absolviert. Die *p.* waren alle Angehörige des römischen Ritterstandes; nur etwa 5 % der ehemaligen Hilfstruppenkommandeure am Limes sind heute (durch Inschriftenfunde) namentlich bekannt.

praepositus (pl. _praepositi_)
p. bedeutet – wörtlich übersetzt – Vorgesetzter; mit dem Begriff wird in der Regel der Führer eines Sonderkommandos bezeichnet, vor allem von militärischen Abordnungen *(vexillationes)* und (↗) *numeri.* Der Begriff des *p.* wird unabhängig vom militärischen (↗) Dienstgrad des betreffenden Offiziers, z. B. (↗) Zenturio, verwendet. So waren etwa die *p.* der meisten *numeri* abkommandierte Legionszenturionen; entsprechende Nachweise liegen vor allem von den *numeri Brittonum* am Odenwaldlimes vor. In Nordafrika wurden auch Unteroffiziere der Alen (↗ *ala*) als *p.* von *numeri* eingesetzt.

Bei den Alen und (↗) Kohorten wurden die Befehlshaber nur dann als *p.* bezeichnet, wenn die Wahrnehmung der Kommandeursstelle außerplanmäßig – etwa bei einer vorübergehenden Personalvertretung – erfolgte. Ein solcher Fall ist z. B. vom Mainlimes bezeugt, wo ein (↗) *praefectus* der Seligenstädter *cohors I civium Romanorum* gleichzeitig das Kommando über die benachbarte *cohors IIII Vindelicorum* in Großkrotzenburg führte; er wird in einer dort gefundenen Inschrift folglich als *p.* der Vindelikerkohorte bezeichnet.

procurator (pl. _procuratores_)
Römischer Amtsträger aus dem sog. Ritterstand, der sehr unterschiedliche Tätigkeiten innerhalb der Reichsverwaltung wahrnehmen konnte. Je nach Aufgabenfeld konnte ein *p.* z. B. mit der Leitung einer kleineren Provinz, der Organisation der staatlichen Getreideversorgung oder auch der gemeinsamen Finanzverwaltung mehrerer Provinzen betraut sein. Für das Obergermanisch-Raetische Limesgebiet sind vor allem die Ämter von zwei verschiedenen *p.* von Bedeutung: der in Trier residierende *p. provinciae Belgicae et duarum Germaniarum* kontrollierte die gesamte Finanzverwaltung der Provinzen *Gallia Belgica* sowie Ober- und Niedergermanien, die er unabhängig von den drei jeweiligen Provinzstatthaltern führte. Er war somit auch für die Bezahlung sämtlicher Truppen am Obergermanischen Limes zuständig.

Ferner gab es den *p. Raetiae,* der bis zum Jahr 166 n. Chr. die Provinz Raetien als (↗) Statthalter verwaltete. Erst mit der Stationierung der *legio III Italica* in (↗) Regensburg ging die oberste Entscheidungsbefugnis in der Provinz auf den ranghöheren senatorischen Legionskommandeur über, während die Finanzverwaltung weiterhin in den Händen des *p.* verblieb. Generell waren die *p.* erfahrene Verwaltungsspezialisten, die bei ihrem Amtsantritt in der Regel bereits auf eine längere Karriere in der römischen Administration zurückblicken konnten.

R

Rainau-Buch

Auf der Gemarkung Buch, einer Teilgemeinde der Gemeinde Rainau, etwa 1,2 km südlich des raetischen Limes, befindet sich auf einer Anhöhe, oberhalb des Ahlbaches und der Jagst, das 2,1 ha große Kohortenkastell Buch. Seine Funktion innerhalb der Grenzüberwachung lässt sich durch die Lage innerhalb des in einem großen Bogen nach Norden ziehenden raetischen Limes gut nachvollziehen.

Das Kastell beherbergte eine 500 Mann starke (↗) Kohorte. Möglicherweise war hier die *cohors III Thracum veteranum* stationiert. 1972 wurde das Südtor ausgegraben und restauriert, der Rest der Kastellinnenfläche ist als archäologisches Reservat geschützt. Eine geomagnetische Prospektion zeigt die komplette Innenbebauung mit (↗) Kommandantur *(principia)*, Wohnung des Lagerkommandanten *(praetorium)* und (↗) Getreidespeicher *(horreum)*, außerdem noch mindestens acht (↗) Mannschaftsbaracken. Zum Kastell gehört eine sich südlich und östlich erstreckende Zivilsiedlung. Grabungen erbrachten ausgedehnte (↗) Streifenhäuser aus Holz, außerdem dreizehn holzverschalte Brunnen, in denen umfangreiche Funde an bronzenem Geschirr, Eisengerät aller Art, ein fast ganz erhaltener Infanteriehelm und auch zahlreiche hölzerne Gegenstände zutage kamen. Insbesondere bei den Metallgefäßen handelt es sich wohl um Versteckfunde, die in Zusammenhang mit einer germanischen Bedrohung des Kastellplatzes zu sehen sind. Durch die dendrochronologische Datierung der erhaltenen Hölzer ist eine Nutzung der Brunnen in der zweiten Hälfte des 2. und in der ersten Hälfte des 3. Jhs. nachweisbar. Südöstlich des Kastells konnten eine Badeanlage (↗ Badewesen) mit drei Ausbauphasen sowie zwei weitere Steinbauen untersucht werden.

Nördlich des Kastells wurden im Tal der Jagst Reste der hölzernen (↗) Palisade mit Einkerbung auf der Rückseite zur Aufnahme quer verbindender Hölzern aufgedeckt. Die Erhaltung erlaubt eine gesicherte Rekonstruktion dieser aus halbierten Eichen errichteten Grenzbefestigung, die in das Jahr 163 n. Chr. datiert werden konnte.

Lit.: D. Planck, Freilichtmuseum am Rätischen Limes im Ostalbkreis, Führer zu archäologischen Denkmälern in Baden-Württemberg 9 (1983).
G. Seitz, Rainau-Buch I, Forschungen und Berichte zur Vor- und Frühgeschichte in Baden-Württemberg 57 (1999).
B. A. Greiner, Rainau-Buch II, Forschungen und Berichte zur Vor- und Frühgeschichte in Baden-Württemberg 106 (2008).

Rainau-Dalkingen

In der Gemeinde Buch, Gemarkung Dalkingen, befindet sich auf einer Anhöhe östlich der Jagst das sog. Limestor von Dalkingen, das erstmals durch Eduard

Paulus d.J. 1884 entdeckt wurde. Eine im Jahre 1974/75 durchgeführte Ausgrabung erbrachte einen am gesamten Limes einmaligen Befund.

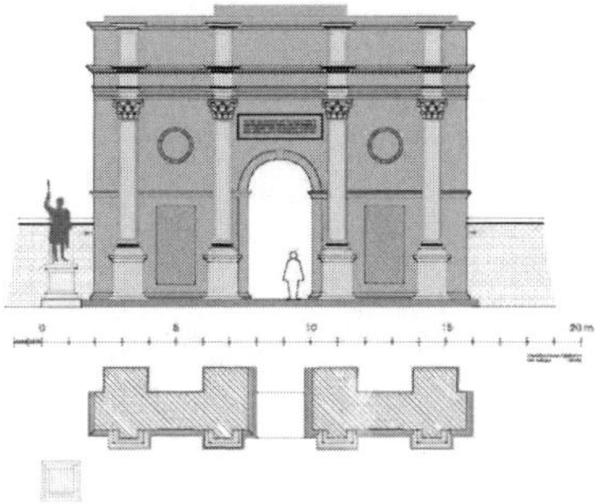

Abb. 31: Zeichnerische Rekonstruktion der als Triumphbogen gestalteten Fassade des Limestores von Rainau-Dalkingen.

Insgesamt vier Bauphasen ergaben eine lückenlose Abfolge des Ausbaus der Grenzanlagen am raetischen Limes. Die älteste durch Einzelpfosten gesicherte Grenze wurde durch eine durchgehende hölzerne (↗) Palisade gebildet, als jüngste ließ sich die massive Limesmauer einschließlich eines Torgebäudes nachweisen. Diesem war zusätzlich ins Provinzinnere eine triumphbogenartige Fassade vorgesetzt, die im Zusammenhang mit dem Feldzug des Kaisers Caracalla im Jahre 213 n.Chr. steht. Wie die Befunde zeigen, insbesondere eine durchgehende Brandschicht mit gut erhaltenen Münzen, wurde das Gebäude Anfang der 30er Jahre wohl im Zusammenhang mit dem Alamanneneinfall 233/34 zerstört und nicht wieder aufgebaut. Die Ruine ist heute durch einen Schutzbau gesichert, zusätzlich wird das ursprüngliche Aussehen durch eine Rekonstruktionszeichnung visualisiert.

Lit.: D. Planck, Das Limestor bei Dalkingen. In: Imperium Romanum – Roms Provinzen an Neckar, Rhein und Donau (2005) 130 ff.

Regensburg *(Reginum, Castra Regina)*
Am nördlichsten Punkt der Donau und an den Einmündungen der Flüsse Naab und Regen bezog die während der (↗) Markomannenkiege neu ausgehobene 3. Italische (↗) Legion am südlichen Donauufer ihr Standquartier. Name *(Reginum/Castra Regina)* und die Erbauungszeit 179 n.Chr. sind durch die Bauinschrift der *porta principalis dextra* überliefert. Das Legionslager besaß eine Größe von ca. 25 ha mit den Ausmaßen von 542 × 453 m. Umschlossen wurde das Lager von einer Quadermauer mit ca. 8 m Höhe sowie 2 m Breite sowie mindestens zwei Gräben. Noch heute sichtbar erhalten sind Teile der Mauer, ein Turmrest sowie ein Durchgang der *porta praetoria*. Durch die kontinuierliche Weiterbesiedlung R. im Mittelalter und in der Neuzeit ist über die Innenbebauung nur wenig bekannt. Die zum Lager gehörige (↗) Lagervorstadt entstand gleichzeitig, ist bisher jedoch weitgehend unerforscht. In spätantiker Zeit bestand das Lager als Festungsstadt weiter, nahm jedoch Militär und Zivilisten auf und wandelte sich im 7. Jh. zum Herzogssitz.

Bereits vor Errichtung des Legionslagers waren in R. römische Truppen stationiert. Ein Kohortenkastell lag in Kumpfmühl und wurde im Zuge der Markommanenkriege zerstört. Gegenüber der Naabmündung wurde das

(↗) Kleinkastell Großprüfening zeitgleich mit dem Legionslager errichtet.

Reichs-Limeskommission (RLK)

Der RLK ist die grundlegende Kenntnis desDenkmals(↗) Obergermanisch-Raetischer Limes zu verdanken. Ihre zentralen Forschungen wurden ab 1892 unter der Leitung des Althistorikers und Literatur-Nobelpreisträger (↗) Theodor Mommsen durchgeführt. Die zahlreichen Forschungen am Limes in der ersten Hälfte des 19. Jhs. (↗ August von Cohausen) sowie häufig unkoordinierte, lokale Grabungstätigkeiten führten zur Erkenntnis, dass die vorwiegend regional geprägte Forschung am Limes einer überregionalen Bündelung und Lenkung bedurfte. Der Hartnäckigkeit Mommsens ist es zu verdanken, dass nach zahlreichen Rückschlägen durch partikulare Interessen der beteiligten Länder am 16. 1. 1892 im Reichstag die Mittel bewilligt wurden und die RLK am 6. 6. 1892 in Heidelberg gegründet werden konnte. Die ursprünglich geplanten fünf Jahre reichten bei weitem nicht aus, das ehrgeizige Ziel zu erreichen, nämlich die vollständige Dokumentation des Obergermanischen wie des Raetischen Limes und die Veröffentlichung der Ergebnisse. Die erste Lieferung der Publikationsreihe «Der Obergermanisch-Raetische Limes des Roemerreiches» erschien 1894, die 56. und letzte wurde erst 1937 durch (↗) Ernst Fabricius zusammengestellt. Die Einteilung des Limes in 15 Abschnitte, die ursprünglich die Betreuung durch die sog. Streckenkommissare angab, sowie die Benennung der Wachtposten durch eine fortlaufende Nummerierung haben bis heute Bestand.

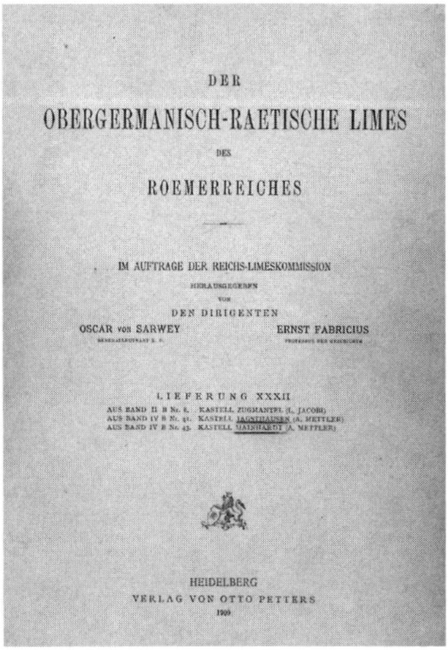
DER
OBERGERMANISCH-RAETISCHE LIMES
DES
ROEMERREICHES

IM AUFTRAGE DER REICHS-LIMESKOMMISSION
HERAUSGEGEBEN
VON
DEN DIRIGENTEN
OSCAR VON SARWEY
ERNST FABRICIUS

LIEFERUNG XXXII
AUS BAND II B Nr. 8. KASTELL ZUGMANTEL (L. JACOBI)
AUS BAND IV B Nr. 41. KASTELL JAGSTHAUSEN (A. METTLER)
AUS BAND IV B Nr. 43. KASTELL MAINHARDT (A. METTLER)

HEIDELBERG
VERLAG VON OTTO PETTERS
1909

Abb. 32: Deckblatt der im Auftrag der Reichs-Limeskommission herausgegebenen Publikationsreihe «Der Obergermanisch-Raetische Limes des Roemerreiches».

Reiterei

Die Reitereinheiten (↗ *ala*) gehörten in der römischen Armee der Kaiserzeit zu den wichtigsten Truppenteilen. Ihre Schnelligkeit und ihre Reitleistung von bis zu 80 km am Tag machten sie insbesondere entlang der Grenzen für Patrouillen und Kurierdienste, aber auch zur weiträumigen Kontrolle des Vorlandes unverzichtbar. Im Kampf konnten die Reiter *(equites)* ihre physische und psychische Überlegenheit gegenüber den (↗) Fußsoldaten einsetzen. Diese Vorteile rechtfertigten auch die enormen Kosten der Reitereinheiten, die für Zucht und Ausbildung der Pferde sowie für die Verpflegung etwa fünfmal so hoch waren wie für eine gleichgroße Fußtruppe.

Als selbstständig operierende Einheiten wurden die Alen über das ganze Reich verteilt und blieben im 2. und 3. Jh. n. Chr., wie am Limes, über viele Jahrzehnte an einem Ort stationiert. Im 3. Jh. n. Chr. zwangen die Einfälle der Germanen im Norden und die Perserkriege im Osten die römische Armee, ihre Taktik anzupassen und fremde Spezialeinheiten wie die persischen Panzerreiter *(catafractarii)* in die eigene Armee zu integrieren. Die Reiterei wurde nun immer stärker als mobile Einsatztruppe bei Einfällen benötigt, was schließlich zur Entwicklung des spätantiken kaiserlichen Bewegungsheeres führte.

Neben den *alae* gab es auch Reiterabteilungen in den gemischten *cohortes equitatae*. Diese 500–1000 Mann starken Einheiten besaßen jeweils ein Kontingent aus 120 bzw. 240 Reitern. Die Kombination aus Infanterie und Kavallerie machte sie zu schlagkräftigen taktischen Verbänden, die selbstständig Polizeiaktionen im Grenzland durchführen konnten. Die kaiserzeitlichen (↗) Legionen besaßen dagegen nur ein kleines Kontingent von etwa 140 Reitersoldaten.

Rekrutierung *(tiro)*

Eine (↗) Legion benötigte im Durchschnitt 240 neue Soldaten im Jahr, um ihre Sollstärke zu halten. Hochgerechnet auf die drei am Obergermanisch-Raetischen Limes stationierten Legionen und ihre (↗) Hilfstruppen ergibt sich so ein Jahresbedarf von zusammen rund 1500 Männern für die Armeen Raetiens und Obergermaniens. Aufgrund von Todesfällen durch Krankheiten oder im Einsatz wird diese Zahl auch während längerer Friedensperioden in der Praxis

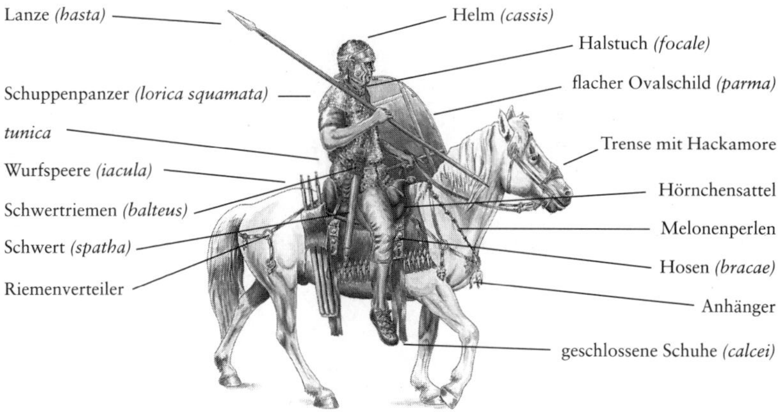

Abb. 33: Römischer Reitersoldat vom Ende des 1. Jhs. n. Chr.

wohl wesentlich höher gelegen haben. Dennoch erscheint es zunächst unproblematisch, unter der gesamten Bevölkerung des Römischen Reiches genügend Männer für den Dienst mit der Waffe zu finden. Offenbar war dies jedoch nicht der Fall. Rein rechtlich bestand während der gesamten Kaiserzeit Wehrpflicht. Dort wo oder in Zeiten wenn die Zahl der Freiwilligen für den Eintritt in die Armee nicht ausreichte, konnte auf Anweisung des Provinzstatthalters (↗ Statthalter) eine Aushebung *(dilectus)* durchgeführt werden.

Während der Limeszeit stammte ein Rekrut *(tiro)* der Legion, der (↗) Flotte oder der Hilfstruppen in der Regel aus der Region, zunehmend sogar aus dem Stationierungsort seiner Einheit. Dennoch gab es weiterhin «Ausländer» unter den am Limes stationierten Soldaten, so insbesondere bei den nationalen *numeri* (↗ *numerus*), wenn auch in zunehmend geringerer Anzahl.

Lit.: K. Kraft, Zur Rekrutierung der Alen und Kohorten an Rhein und Donau (Bern 1951).

S

Saalburg

Die römische Kontrolle an einer leicht zugänglichen Passsituation über den Taunuskamm nördlich von Bad Homburg begann im fortgeschrittenen 1. Jh. mit der Errichtung zweier Erdschanzen. Eine hatte einen polygonalen Grundriss, ein Tor und eine Umwehrung mit Zaun, Graben und Wall. Unmittelbar südlich stand die zweite Schanze mit fast quadratischem Grundriss, einem Tor und einer Umwehrung aus Holz und Erde sowie zwei Gräben. Bekannt sind Spuren einer U-förmigen (↗) Mannschaftsbaracke. Wahrscheinlich um 90 n. Chr. entstand dann weiter westlich ein 0,7 ha großes Erdkastell für einen unbekannten (↗) *numerus*. Um 135 n. Chr. wurde das 3,2 ha (221 m × 147 m) große Kastell S. für die *cohors II Raetorum civium Romanorum* errichtet, das nach Süden, vom Limes weg, orientiert war. In der zweiten Hälfte des 2. Jhs. wurde die Umwehrung als Steinmauer ausgeführt, allerdings ohne Eck- und Zwischentürme. Das Kastell dürfte bis an das Ende der Limeszeit bestanden haben. Sein antiker Name ist nicht überliefert, auch die Bedeutung des Namens S. ist nicht geklärt.

Rings um das Kohortenkastell dehnte sich das (↗) Lagerdorf aus. Hauptachse der Siedlung war die Straße, die vom Haupttor aus in südöstlicher Richtung nach *Nida* führte, dem Hauptort der *civitas Taunensium* (↗ *civitas*) am heutigen Nordrand von Frankfurt. Unmittelbar vor diesem Tor befanden sich das Kastellbad und ein als Herberge gedeuteter Bau, dann setzten zu beiden Seiten der Straße die Häuser des Lagerdorfes ein, gefolgt von Heiligtümern und einem Gräberfeld.

Dank der jahrzehntelangen Ausgrabungen ab dem Ende des 19. Jhs. durch (↗) Louis und Heinrich Jacobi gehört die S. zu den am besten erforschten Kastellplätzen am Obergermanisch-Raetischen Limes. Im Jahr 1897 beschloss Kaiser Wilhelm II. den Wiederaufbau der S., der in den Jahren bis zum Ersten Weltkrieg abgeschlossen wurde. Hierbei sind die Umfassungsmauer mit dem dahinter liegenden Erddamm und den vier Toren, die (↗) Kommandantur, zwei (↗) Getreidespeicher, Teile der mutmaßlichen (↗) Kommandantenwohnung, zwei Mannschaftsbaracken und zahlreiche Brunnen vollständig wieder aufgerichtet worden. In den letzten Jahren wurden diese Nachbauten durch die Vervollständigung des *praetoriums* sowie den Neubau einer *fabrica* (↗ Werkstatt) und zweier (↗) Streifenhäuser des Lagerdorfes ergänzt. Die Steinfundamente zahlreicher Bauten des Lagerdorfes sind nach den Ausgrabungen konserviert worden und bilden eine dichte Ruinenlandschaft. Das Innere des Kastells ist als Park angelegt. Die S. spielt heute als überregionales Museum für die Vermittlung der Geschichte und Archäologie des Obergermanisch-Raetischen Limes eine zentrale Rolle.

Lit.: M. Klee, Die Saalburg, Führer zur hessischen Vor- u. Frühgesch. 5² (Stuttgart 2000).
E. Schallmayer (Hrsg.), Hundert Jahre Saalburg. Vom römischen Grenzposten zum europäischen Museum (Mainz 1997).

Abb. 34: Das wieder aufgebaute Haupttor (porta praetoria) des Kohortenkastells Saalburg.

Schanzwerkzeug *(dolabra)*

Der Alltag der römischen Soldaten wurde nur z. T. durch militärischen Drill, ständige Waffenübungen oder Kampfeinsätze bestimmt. Mindestens ebenso wichtig waren ihre Einsätze als Pioniere. Dies gilt vor allem für die auch handwerklich gut ausgebildeten Legionssoldaten. Die literarischen Quellen, aber auch die detaillierten Reliefbilder der (↗) Trajanssäule vermitteln ein eindrückliches Bild dieser Tätigkeiten.

Der Bau von Verschanzungen, ganzer Kastelle, Straßen, Brücken, Bäder usw. gehörte zu den selbstverständlichen militärischen Aufgaben. Auch der Bau des Limes und seiner Militäranlagen gilt als herausragende Leistung der römischen Armee, an der Soldaten der (↗) Legionen und (↗) Hilfstruppen in verschiedenen Bauabteilungen beteiligt waren.

Voraussetzung für diese Arbeiten war die Ausrüstung der Armee mit qualitativ gutem Werkzeug. Nach dem jüdischen Historiker Flavius Josephus trug jeder Soldat bzw. jede Stubengemeinschaft *(contubernium)* einen Korb, Stricke, Ketten, einen Spaten, eine Säge, Sicheln, einen Rasenstecher und eine *dolabra* mit sich.

Die römische *dolabra*, eine Mischung aus Axt und Pickel, gilt als eine Art Markenzeichen der römischen Pioniere. Sie besaß eine etwa 30 cm lange Axtklinge mit 10 cm breiter Schneide und einem geschwungenen Pickel- oder Hackenfortsatz, der ebenfalls etwa 20 cm lang war. Dieses Werkzeug eignete sich hervorragend für Holz- und Erdarbeiten. Die erhaltenen Exemplare zeigen dabei die hohe Qualität der römischen Werkzeugtechnik. Spezielle Kantenschoner für solche *dolabra* aus Bronze, verziert mit blattförmigen Anhängern, belegen die Bedeutung dieses Werkzeuges für den einzelnen Soldaten.

Schild *(scutum, parma)*

Der Schild war für die römischen Soldaten aller Waffengattungen die wichtigste primäre Schutzwaffe. Anders als die passiven Schutzwaffen (↗) Helm und (↗) Panzer konnte der Schild auch aktiv im Kampf eingesetzt werden, wobei seine Wirkung selbst als offensive Waffe im Nahkampf nicht unterschätzt werden darf. In der Formation war der Schild auch eine wichtige taktische Waffe, zum Beispiel als Schildmauer oder in Form der berühmten «Schildkröte» (*testudo*).

Bedingt durch diese taktischen Möglichkeiten gab es in der römischen Armee des 1.–3. Jhs. n. Chr. verschiedene Schildformen. Die Entwicklung ging dabei, wie auch bei den übrigen (↗) Waffen, insbesondere den Helmen und Schwertern, zu einer Vereinheitlichung. Den zahlreichen Reliefdarstellungen des 1. und 2. Jhs. n. Chr. stehen nur wenige archäologische Originalfunde gegenüber, wobei in der Regel nur die metallenen Schildbuckel, Schildfesseln oder Randeinfassungen erhalten sind.

Die (↗) Legionen verwendeten bis ins 2. Jh. n. Chr. den klassischen gewölbten schweren Rechteckschild (*scutum*). Mit 105–130 cm Länge und 65–75 cm Breite wog das *scutum* zwischen 6,5 und 9,5 kg, was seinen Einsatz im freien Nahkampf erschwerte. Zusammen mit dem *pilum* (↗ Speer) und dem *gladius* (↗ Schwert) gehörte es zur klassischen Formation der Legionen.

Bei den (↗) Hilfstruppen am Limes fand das *scutum* wohl keine Verwendung. Die Fußtruppen und Reiter der Hilfstruppen trugen seit dem 1. Jh. n. Chr. den in keltischer Tradition stehenden flachen rundovalen oder sechseckigen Schild, wobei die Reiter in der Regel kleinere und leichtere Exemplare verwendeten. Spätestens im 3. Jh. n. Chr. hatten sich die flachen rundovalen Schilde als Standardbewaffnung aller Truppengattungen durchgesetzt. Sie waren etwa 80–120 cm lang, 50–70 cm breit und bestanden aus zwei bis drei Schichten verleimter Holzbrettchen von jeweils 2–3 mm Stärke. Ihr Gewicht lag bei 5–8 kg. Die Ränder waren nach den archäologischen Funden im 1. Jh. n. Chr. meist mit bronzenen Randbeschlägen eingefasst. Die runden Schildbuckel bestanden aus Eisen oder Bronze, auf der Rückseite verlief die horizontal montierte sog. Schildfessel mit einer Handhabe als Griff hinter dem Schildbuckel. Die Vorderseite der Schilde war mit Leder bezogen und in der Regel bunt bemalt. Nach den Darstellungen der (↗) Trajanssäule waren Adlerschwingen, Blitzbündel oder Kränze beliebte Motive. Wahrscheinlich werden die Schilde der einzelnen Einheiten gleiche Farben oder Motive gehabt haben. Aufwendig figürlich bemalte Schilde, wie sie sich zum Beispiel im syrischen Kastell Dura Europos aus dem 3. Jh. n. Chr. erhalten haben, gehörten wohl eher zur (↗) Paraderüstung.

Schreibtäfelchen *(tabulae ceratae)*

Meist aus Weißtanne gefertigte, miteinander verbundene Holztäfelchen, auf deren Innenseite sich vertiefte, mit Wachs gefüllte Schreibflächen befanden. Die Texte wurden in der Regel mit einem eisernen Griffel *(stilus)* in die innen liegenden Wachsflächen geritzt; später konnte deren Oberfläche erwärmt, geglättet und anschließend wieder neu beschriftet werden. Gelegentlich drückte sich beim Schreiben der Griffel durch die dünne Wachsfläche und hinterließ im Holz dauerhafte Spuren der einstigen Buchstaben – dabei können sich auch Teile von mehreren übereinander liegenden Texten erhalten, was deren Entzifferung oft sehr erschwert. Es kommen aber auch Fälle vor, in denen mit Tinte direkt auf das Holz geschrieben wurde. Aufgrund der klimatischen Bedingungen sind Funde von hölzernen S. in den Nordwestprovinzen äußerst selten; lediglich bei einer Lagerung in feuchtem Milieu (z. B. im Grundwasserbereich eines Brunnens) ist eine Erhaltung möglich. Zu den wichtigsten Funden von S. im rechtsrheinischen Limesgebiet zählen ein in Rottweil gefundenes Gerichtsprotokoll aus dem Jahr 186 n.Chr. sowie eine Quittung über 200 Denare vom 5. April 130 n.Chr. aus Hanau-Salisberg. An den Kastellplätzen des Obergermanisch-Raetischen Limes sind bislang keine S. mit nennenswerten Schriftresten gefunden worden, doch gab es in den antiken Militärlagern einen ausgedehnten Schriftverkehr wie z.B. die zahlreichen Funde von S. im britannischen (↗) Chesterholm/*Vindolanda* zeigen.

Lit.: J. Wilmanns, Die Doppelurkunde von Rottweil und ihr Beitrag zum Städtewesen in Obergermanien, Epigraphische Studien 12 (Köln 1981) 1–182.
M. Reuter, Ein hölzernes Schreibtäfelchen mit Quittung vom 5. April 130 n.Chr. aus dem vicus von Hanau-Salisberg, Germania 77, 1999/1, 283–293.

Schuhe
(caligae, calcei, solea, carbatinae)

Die römischen Schuhe der mittleren Kaiserzeit vom 1.–3. Jh. n.Chr. lassen sich nach ihrer Herstellungstechnik, ihrer Herkunft sowie nach den hauptsächlichen Trägern klassifizieren. Vor diesem Hintergrund sind die klassischen Soldatenstiefel *(caligae)*, geschlossene Schuhe *(calcei)*, Sandalen *(solea)* und die aus einem Stück gefertigten *carbatinae* zu unterscheiden.

caligae

Die Soldaten des 1. und 2. Jhs. n.Chr. trugen zunächst genagelte Militärsandalen *(caligae)*. Sie finden sich auf allen Darstellungen dieser Zeit bei Legions- und Hilfstruppensoldaten wie auch bei der Reiterei. Sie wurden in dieser Zeit zu einer Art Synonym für den Soldatenstand schlechthin. Der einfache Soldat wurde *miles caligatus* genannt und ein aus diesen Reihen aufgestiegener Unteroffizier wurde offiziell als *ex caliga* bezeichnet. Die nicht zu unterschätzende Bedeutung der *caligae* wird letztlich im Spitznamen Caligula (Soldatenstiefelchen) des Kaisers Gaius deutlich, der als Kind im Heerlager seines Vaters Germanicus gelebt hatte. Durch mehrere Originalfunde aus den Militärlagern am Rhein ist das Aussehen der *caligae* gut überliefert. Das den Fuß bis zum Knöchel umschließende komplizierte Riemengeflecht wurde mit der Sohle aus einem Stück Leder geschnitten, wobei die Laschen auf dem Fußrücken mit einem Riemen zusammengeschnürt wurden. Die dreiteiligen, aus 5–6 mm starken Lederschichten bestehenden Sohlen waren auf der Unterseite mit bis zu 150 Nägeln versehen, die dem Soldaten im Gelände einen sicheren Tritt gaben.

Trotz ihrer großen Beliebtheit scheinen die offenen Sandalen aus klimatischen Gründen an den Nordgrenzen des Reiches im Verlauf des 2. Jhs. n.Chr. aus der Mode gekommen zu sein. So konnten bisher aus den Limeskastellen keine *caligae* nachgewiesen werden.

calcei

Mehrteilige, geschlossene Schuhe mit genagelter oder genähter Sohle galten in Rom zunächst als klassischer Schuh des römischen Bürgers und wurden unter der *toga* getragen. Beim Militär waren sie zunächst nur den hohen Offizieren als eine Art Standessymbol vorbehalten. Im Laufe des 1.–3. Jhs. n.Chr. finden sich solche Schuhe allerdings in vielfachen Ausfertigungen für Männer, Frauen und Kinder im gesamten Reich, wie zum Beispiel der Schuhfund aus (↗) Welzheim belegt. Auch bei den Soldaten des späten 2. und 3. Jhs. n. Chr. am Limes gehörten sie zur Standardausrüstung.

solea
Offene Sandalen waren eine typische Schuhform des Mittelmeerraumes und wurden zunächst nur von Frauen, in der mittleren Kaiserzeit aber auch von Männern getragen. Nach den Schuhfunden aus der Limesregion, Welzheim und der (↗) Saalburg, waren sie aber auch an der Nordgrenze des Reiches weit verbreitet. Als charakteristische Merkmale gelten der Zehenriemen und die über den Spann verlaufenden Querriemen zur Fixierung des Schuhs am Fuß. Die Sohlen konnten genagelt oder ungenagelt sein. Im militärischen Bereich spielten sie keine Rolle.

carbatinae
Die aus einem Lederstück gefertigten *carbatinae* galten als einfacher Universalschuh und wurden nicht nur von den Römern, sondern auch von Kelten und Germanen, von Männern, Frauen und Kindern getragen. Sie sind auch in den Schuhfunden am Limes aus Welzheim, der Saalburg und (↗) Osterburken gut vertreten. Die Schuhe wurden auf dem Spann mit einem Lederriemen geschnürt, die Sohlen waren immer ungenagelt. Als Soldatenschuhe fanden sie wohl keine Verwendung.

Lit.: P. Knötzele, Römische Schuhe. Luxus an den Füßen, Schriften des Limesmuseums Aalen 59 (Stuttgart 2007).

Abb. 35: Römische Schuhe aus einem Brunnen im Ostkastell Welzheim, Anfang 2. Jh. n. Chr. Zu sehen sind Schuhe verschiedener Größe und Formen, carbatinae (oben Mitte) und calcei.

Schwert
(gladius, spatha, Ringknaufschwert)

Das Schwert war auch in der Römerzeit die wichtigste Waffe im Nahkampf. Von der Form und Funktion her kann das Kurzschwert *(gladius)* vom Langschwert *(spatha)* unterschieden werden.

gladius
Das Kurzschwert *(gladius)* war bis ins 2. Jh. n. Chr. die Standardwaffe der römischen Infanterie (↗ Legion, (↗ Hilfstruppen) und wurde dann mehr und mehr von der *spatha* verdrängt. Das zweischneidige Kurzschwert haben die Römer wahrscheinlich im Verlauf der Punischen Kriege von den Keltiberern übernommen. Es konnte als Hieb- oder Stichwaffe verwendet werden, wobei das Zustechen in Kombination mit dem Einsatz des schweren (↗) Schildes *(scutum)* effektiver war.

Der *gladius* besaß eine 50–60 cm lange und 5–9 cm breite Klinge mit lang ausgezogener Spitze. Nach Funden des 1. Jhs. n. Chr. wird heute eine ältere Grundform (Typ Mainz) mit einer kürzeren und breiteren, s-förmig geschwungenen Klinge von einem jüngeren Typ Pompeji mit längeren, schmaleren Klingen und parallelen Schneiden unterschieden. Das Gewicht lag ohne Scheide bei 1200–1600 g. Der Griff bestand in der Regel aus einer vierfach gekehlten Tülle aus Holz oder Bein, einem kurzen gewölbten Handschutz und einem kugeligen oder ovalen Knauf. Die mit einem Bronzerahmen versehene Holzscheide konnte auf der Vorderseite mit Bronzeblechen verziert sein. Über zwei Tragebügel mit Ösen und Ringen wurde die Scheide zunächst am (↗) Wehrgurt *(cingulum)* und ab der Mitte des 1. Jh. n. Chr. am Schwertriemen *(balteus)* befestigt. Getragen wurde der *gladius* auf der rechten Seite.

spatha

Das Langschwert *(spatha)* war nach den Darstellungen der Reitergrabsteine des 1. Jhs. n. Chr. zunächst nur eine Waffe der (↗) Reiterei, um vom Pferd herunter den Gegner zu attackieren. Ähnlich wie beim *gladius* gingen auch die Langschwerter auf keltische Einflüsse zurück. Als mögliche Weiterentwicklung des *gladius*-Typs Pompeji wird die *spatha* dann im Verlauf des 2. Jhs. n. Chr. mehr und mehr zur Standardwaffe der gesamten römischen Armee. Die Entwicklung steht dabei stellvertretend für die kontinuierliche Veränderung der Kampftaktik von der geschlossenen Formation hin zu einer individuellen Kampfweise (↗ Helm). Die Anpassung an die Kampfweise der Gegner findet ihren Widerhall nicht zuletzt in dem häufigen Vorkommen der römischen Langschwerter in den germanischen Moorfunden des 2. und 3. Jhs. n. Chr.

Die ursprünglich 60–70 cm langen und nur 3–4 cm schmalen Klingen mit parallelen Schneiden wurden im Laufe dieser Entwicklung immer größer, so dass die Langschwerter des 3. Jhs. n. Chr. bis zu 95 cm lang und 7 cm breit sein können. Form und Verzierungen der Scheiden und Griffe unterscheiden sich zunächst nicht wesentlich vom *gladius*, wobei die *spatha* immer schon an einem Schulterriemen getragen wurde. Im Verlauf des 2. Jhs. n. Chr. wurde dieser Schulterriemen *(balteus)* breiter und mit Metallbeschlägen verziert. Die Befestigung des Schwertes erfolgte über einen sog. Schwertriemenhalter auf der Vorderseite der Scheide. Dabei handelte es sich um eine Art Bügel aus Bronze, Eisen oder Bein, durch den zwei sich kreuzende Riemen zur Befestigung verliefen. Das Ende der Scheide war durch dosenförmige Ortbänder aus Metall oder Bein eingefasst. Als Verzierungsformen der Beschläge, Ortbänder und Schwertriemenhalter waren Tauschierungen und Durchbruchmuster mit Pelta-Motiven besonders beliebt.

Ringknaufschwert

Neben der typischen langen und breiten *spatha* führte im späten 2. und 3. Jh. n. Chr. das sog. Ringknaufschwert mit seiner kürzeren Klinge die Tradition des *gladius* fort. Charakteristisch für diese Schwerter ist der als Knauf dienende massive Eisenring. Trageweise und auch die Verzierung der Schwertscheide entsprechen dem Schema der *spatha*.

Signalinstrumente *(cornu, tuba)*

Die römische Armee kannte verschiedene S., die aber auch im zivilen Bereich bei Opferhandlungen oder im Circus eingesetzt wurden. Sie dienten der taktischen Befehlsübermittlung im Kampf wie auch der Regelung des täglichen Dienstbetriebs im Lager (↗ *bucinator*). Schließlich konnten sie am Limes von Wachtturm zu Wachtturm zur Weitergabe von Meldungen genutzt werden, insbesondere bei schlechten Sichtbedingungen.

Die wichtigsten Signalhörner waren das *cornu* und die *tuba*. Die Hornbläser (*cornicen* und *tubicen*) waren als sog. *immunes* (↗ Dienstgrade) vom normalen Militärdienst befreit und erhielten einen höheren Sold als die normalen Soldaten. Darstellungen solcher Hornbläser sind u.a. auf der (↗) Trajanssäule zu sehen.

Abb. 36: Relief der Trajanssäule in Rom, um 110 n. Chr. Der Kaiser Trajan bei einem großen Opfer in einem Militärlager. Neben der Opferzeremonie sind die Feldzeichen, Tuba- und Cornu-Bläser der Einheit zu erkennen.

Das *cornu* war ein kreisrund gebogenes Signalhorn, das an einer diagonal verlaufenden Tragestange gehalten wurde. Das dünne Metallrohr des Hornes wurde durch zwei Bronzetüllen am Ende der Tragestange fixiert. Zwei solcher Bronzetüllen mit figürlichen Verzierungen sind im Kastell Murrhardt gefunden worden. Nach den antiken Beschreibungen war der Klang des bis zu 17 Töne umfassenden *cornu* besonders laut und durchdringend.

Die *tuba* war dagegen ein langes gerades, leicht konisches Metallrohr mit trichterförmiger Schallöffnung. Sie umfasste nur etwa sechs Töne, wobei ihr Klang als scharf und rauh beschrieben wird.

Signalwesen

Die Überwachung der 550 km langen Limeslinie vom Rhein zur Donau war nur mit einem gut funktionierenden S. möglich. Die Nachrichtenübermittlung konnte dabei sowohl auf akustischem als auch auf optischem Weg erfolgen. So zeigen Darstellungen auf der (↗) Trajanssäule mehrere (↗) Wachttürme, auf denen Signalfeuer entzündet werden. Bei starkem Regen oder bei Nebel konnte jedoch die optische Kommunikation von Wachtturm zu Wachtturm erheblich behindert werden; beim Ausfall einzelner Turmstellen drohte sogar die Unterbrechung der gesamten Signalkette. Weniger anfällig war dagegen die akustische Nachrichtenübermittlung durch Hornsignale; auf diese Weise konnten außerdem differenziertere Informationen weitergegeben werden. Aufgrund dieses Umstandes ist zu vermuten, dass das S. am Limes v.a. auf akustischen Signalen beruhte. In diese Richtung deutet auch das Mundstück eines bronzenen Blasinstrumentes, das im Schutt des Limeswachtturmes WP 4/18 (zwischen den Kastellen Kapersburg und Langenhain gelegen) entdeckt wurde.

Lit.: J. H. Donaldson, Signalling, Communications and the Roman Imperial Army, Britannia 19, 1988, 349–356. W. Leiner, Die Signaltechnik der Antike (Stuttgart 1982).

signifer

Verdienter Soldat der (↗) Legion oder (↗) Hilfstruppen im Range eines Unteroffiziers, der zunächst in der Schlacht das (↗) Feldzeichen trug. Zu unterscheiden ist beispielsweise der *aquilifer* (↗ Dienstgrade), der den Legionsadler hielt. Der *s.* kam im Rang unmittelbar hinter dem (↗) Zenturio. Das Führen des *signums* im Kampf bedingte, dass sich die Ausrüstung von der der anderen Soldaten unterschied. So trug er kein schweres *scutum* (↗ Schild), sondern lediglich einen wesentlich kleineren rundovalen Schild. Zur Ausrüstung eines *s.* gehörte offenbar auch regelhaft eine versilberte Gesichtsmaske aus Eisenblech. Über den Helm war die Kopfpartie eines präparierten Tierfelles gezogen, das über den Rücken des *s.* herabfiel und vor der Brust verknotet war.

Der *s.* war auch für die Buchhaltung seiner Zenturie zuständig. In dieser Eigenschaft verwaltete er u. a. das (↗) *depositum* der Soldaten.

Sold (*stipendium*)

Seit dem ausgehenden 1. Jh. n. Chr. erhielten einfache Legionäre einen Jahressold von 300 Silbermünzen (Denaren), der den Soldaten in drei Raten ausgezahlt wurde. Die am Limes stationierten Angehörigen der Hilfstruppen bezogen mit 225 Denaren pro Jahr eine etwas geringere Summe. Zu diesem Grundgehalt konnten noch unregelmäßig gezahlte kaiserliche Geldgeschenke *(donativa)* kommen, die vor allem bei Regierungsantritten und -jubiläen fällig wurden. Generell lag das Salär eines römischen Soldaten über dem Verdienst eines durchschnittlichen Handwerkers, auch wenn den Militärangehörigen vor der Auszahlung ihres Soldes kleinere Abzüge für Kleidung u. ä. in Rechnung gestellt wurden. Nachdem die Höhe des römischen Militärsoldes rund 100 Jahre lang unverändert geblieben war, verdoppelte Septimius Severus (193–211 n. Chr.) die Entlohnung der Soldaten; schon kurz darauf wurde unter seinem Nachfolger Caracalla der Sold dann noch einmal um die Hälfte angehoben, bevor Maximinus Thrax (235–238 n. Chr.) eine weitere Verdoppelung der Geldsumme veranlasste. Durch die immensen Solderhöhungen unter den sog. Soldatenkaisern im frühen 3. Jh. avancierten die römischen Militärangehörigen – auch im Limesgebiet – zu einer privilegierten Gruppe innerhalb der römischen Gesellschaft.

Speer (*pilum, iaculum*)

Wurfspeere finden sich unter den Fernwaffen (↗ Angriffswaffen) der römischen Armee in zwei funktional und taktisch völlig unterschiedlichen Bereichen. Zum einen das *pilum*, der klassische Wurfspeer der römischen (↗) Legionen, und zum anderen der leichte Wurfspeer *(iaculum)*, der vor allem von der (↗) Reiterei aber auch der leichten Infanterie der (↗) Hilfstruppen verwendet wurde.

pilum

Das *pilum* galt bis ins 2. Jh. n. Chr. als Standardwaffe der Legion. Zusammen mit dem großen (↗) Schild *(scutum)* stand es in engem Zusammenhang mit der Kampfweise der Legionen in der geschlossenen Formation. Das bis zu 220 cm lange und 1,5–3 kg schwere *pilum* bestand aus dem Holzschaft und einer dreiteiligen Eisenspitze, die mit etwa 70–80 cm gut ein Drittel der Gesamtlänge umfasste. Auf die eigentliche, 4–5 cm lange, pyramiden- oder kegelförmige Spitze folgte der 60–70 cm lange und dünne Eisenschaft, der über eine Angel oder Zwinge mit dem Holzstiel verbunden war. Bei einem gezielten Wurf konnte die Spitze des *pilums* mit hoher Energie zum Beispiel einen Schild durchschlagen, wobei die Waffe wegen des langen Eisenschaftes weit eindrang. Als *pilum*-Salve, aus einer geschlossenen Formation heraus geworfen, konnte diese Waffe unzählige Schilde der gegnerischen Soldaten unbrauchbar machen. Exakt dieses taktische Vorgehen der Römer wird von Caesar für seine Schlachten im Gallischen Krieg beschrieben. Im Gegensatz zur *hasta* (↗ Lanze) war das *pilum* als Einzelwaffe im Nahkampf kaum geeignet, weswegen es auch bei den Limestruppen wohl nicht zum Einsatz kam. Die markanten Eisenspitzen sind deshalb auch im Fundgut der Limeskastelle nicht vertreten.

iaculum

Einfache Wurfspeere mit blattförmigen oder vierkantigen Spitzen scheinen zur Standardausrüstung aller Einheiten am Limes gehört zu haben, wie die zahlreichen Funde solcher 7–15 cm langen Eisenspitzen nahelegen. Allerdings mögen diese einfachen Spitzen als Massenware auch keinen besondern Wert gehabt haben und deshalb im Fundgut überrepräsentiert sein. Ob gerade die zahlreichen vierkantigen Spitzen auch als Geschossspitzen von leichten Torsionsgeschützen (↗ Katapult) angesprochen werden müssen, ist unklar.

Die 80–120 cm langen und 300–600 g schweren Wurfspeere wurden wohl zumindest von den Reitern in einem Köcher am Sattel mitgeführt. Nach den Beschreibungen von Arrian und Vegetius wurden im Einsatz mehrere Speere gezogen, hinter dem Schild gehalten und dann in schneller Folge hintereinander geworfen. Im Idealfall sollte der Gegner dabei nicht weiter als 20 m entfernt sein. Gerade die Reiter konnten die Wirkung der Waffe durch die Geschwindigkeit des Pferdes deutlich erhöhen.

statio (pl. *stationes*)

Mit dem Begriff *st.* kann im militärischen Milieu sowohl das sechsmonatige Kommando eines (↗) Beneficiariers als auch das Dienstgebäude dieser Soldaten bezeichnet werden. In den Beneficiarier-Weiheinschriften, die nach Abschluss der halbjährigen Diensteinsätze gestiftet wurden, ist gelegentlich von *secunda statione* (zweites Kommando) die Rede, wenn der betreffende Soldat wiederholt an derselben Dienststelle eingesetzt war. Archäologische Nachweise von entsprechenden Dienstgebäuden sind am Limes bislang selten geblieben – die einzige, annähernd vollständig untersuchte *st.* wurde vor wenigen Jahren in (↗) Obernburg am Main ausgegraben.

Lit.: B. Steidl, Die Station der beneficiarii consularis in Obernburg am Main, Germania 83/1, 2005, 67–94.
J. Ott, Die Beneficiarier. Untersuchungen zu ihrer Stellung innerhalb der Rangord-

nung des römischen Heeres und zu ihrer Funktion (Stuttgart 1995) 85–87 [zum Begriff *statio*].

Statthalter

Der St. war der oberste Amtsträger einer Provinz mit Befehlsgewalt über sämtliche dort stationierten Truppen. Je nach Status der Provinz führte er den Titel eines *legatus Augusti pro praetore* oder den eines (↗) *procurator*. Im ersten Fall war der St. Angehöriger des Senatorenstandes, die *procuratores* dagegen kamen aus dem rangniederen Ritterstand. Zu den wichtigsten Aufgaben des St. zählte die Rechtsprechung. Diese erfolgte sowohl am Sitz des St. selbst, aber auch – an festgesetzten Gerichtstagen – an allen größeren Orten in der Provinz. Der St. verbrachte daher einen Teil seiner (in der Regel zwei- bis vierjährigen) Amtszeit auf Dienstreisen innerhalb seines Zuständigkeitsbereiches. In seinem Amt fungierte er als Vertreter des Kaisers, von dem er auch direkt ernannt wurde. Als oberster Befehlshaber der Provinzarmee oblag ihm außerdem die Aufsicht über das Personalwesen des jeweiligen Heeres; im Kriegsfall trug er die Verantwortung für die militärische Sicherheit seiner Provinz. Daher gehörte auch die Kontrolle des baulichen Zustandes sämtlicher Militäranlagen in seinen Aufgabenbereich – die Renovierungsmaßnahmen an Kastellen und anderen militärischen Einrichtungen erfolgten in der Regel *sub cura,* d. h. «unter Aufsicht» des St. (↗ Bauinschriften). Die gesamte Finanzverwaltung der Provinz, insbesondere der Bereich Steuereinnahmen, wurde hingegen von einem eigenen Ressort wahrgenommen, das unabhängig vom St. arbeitete.

Lit.: W. Eck, Die Statthalter der germanischen Provinzen vom 1.–3. Jahrhundert, Epigraphische Studien 14 (Köln/Bonn 1985).

Strafen

Zur Aufrechterhaltung der Disziplin gab es in der römischen Armee vielfältige Formen von S., die – je nach der Schwere des Vergehens – von der Herabsetzung der Essensration bis zur Todesstrafe reichen konnten. Als besonders schwere Vergehen wurden (im Kriegsfall) Wachvergehen geahndet, die in der Regel die Hinrichtung des Schuldigen zur Folge hatten. Bei kollektiver Feigheit vor dem Feind konnte eine Truppe mit Dezimierung bestraft werden – d. h. mit der Hinrichtung jedes zehnten Soldaten (Losverfahren). Bei Illoyalität und Meuterei drohte der rebellierenden Truppe die Auflösung und unehrenhafte Entlassung, wie dies z. B. nach dem Bataveraufstand im Jahr 70 n. Chr. mit zwei römischen Legionen geschah, die ursprünglich am Niederrhein stationiert waren. Die meisten Vergehen während des täglichen Dienstbetriebes waren jedoch weniger gravierend und wurden mit entsprechend leichteren S. geahndet. In den Quellen ist von Strafdiensten, Urlaubssperren bis hin zur Degradierung die Rede – ganz ähnlich den disziplinarischen Maßnahmen in modernen Armeen.

Lit.: E. Sander, Das römische Militärstrafrecht, Rhein. Museum f. Philologie 103, 1960, 289–319.

Straßburg *(Argentorate)*

Auf dem rechten Ufer des Flüsschens Ill, knapp 2 km vom Rhein entfernt, bestand bereits seit augusteischer Zeit ein Militärlager, vermutlich für die inschriftlich bezeugte *ala Petriana* (↗ *ala*). Archäologisch lässt sich ein Lager für die *legio II Augusta* in Holz-Erde-Technik nachweisen, das unter Tiberius und Claudius auf einer Illinsel bestand. Danach beherbergte S. keine (↗) Legion, bis hier zwischen 80 und 90 n. Chr. die *legio VIII Augusta* stationiert wurde, die bereits ab 74 n. Chr. an dem römischen Vormarsch rechts des Rheins beteiligt gewesen war. Deren rund 19 ha großes Lager bestand bis in die Spätantike, wobei sich mehrere Ausbauphasen nachweisen lassen. Aufgrund der mittelalterlichen Überbauung sind außer der Wehrmauer nur wenige Lagerstrukturen bekannt. In groben Zügen zeigt sich die Einteilung der römischen Hauptachsen der *via principalis* bzw. *via praetoria* (↗ Kastell) bis heute in den nördlich der Kathedrale gelegenen Straßenzügen (Münstergasse und Spiesgasse).

Nördlich und westlich des Lagers lassen sich auf der Restfläche des Inselovals Spuren der zugehörigen (↗) Lagervorstadt nachweisen, doch reichen Besiedlungsspuren (Wohnbauten, Thermen, Gräber, Kultplätze) bis zu 4 km weiter nach Westen entlang der Römerstraße (heute: Route des Romains) nach Königshofen, wo die Legion auch eine (↗) Militärziegelei betrieb. Irgendwann in der entwickelten Kaiserzeit erhielt S. den Status des Hauptortes einer (↗) *civitas*.

In der Spätantike erfuhr die Befestigung des Legionslagers verschiedene Verstärkungen, ohne dass der Mauerverlauf wesentlich geändert wurde. Insgesamt scheint S. keinen Niedergang erlebt zu haben und war ab dem 4. Jh. auch Bischofssitz. 357 n. Chr. fand in der näheren Umgebung die Schlacht von *Argentoratum* gegen die (↗) Alamannen statt.

strata Diokletiana

Die Ostgrenze des Römischen Reiches reichte von Trapezunt *(Trapezus)* am Schwarzen Meer bis nach Aqaba *(Aila)* am Roten Meer. Ab flavischer Zeit bildete dabei der Oberlauf des Euphrat in der Provinz *Cappadocia* und im Norden der Provinz *Syria* die (↗) Flussgrenze zum Perserreich. Im Süden der Provinz *Syria* und in der anschließenden *Arabia* entwickelte sich erst im Verlauf des 2. Jhs. ein Grenzsystem, das im Wesentlichen aus einer durch verschiedene Militäranlagen gesicherten Straße bestand. Der Abschnitt, der über *Palmyra* nach Bosra *(Bostra)* führte, wird dabei noch in byzantinischen Quellen als *s. D.* bezeichnet. Kaiser Diokletian ordnete ihren Ausbau um 290 n. Chr. an, als die gesamte Verteidigung der Ostprovinzen nach den verlustreichen Kriegen gegen die Parther in der zweiten Hälfte des 3. Jhs. neu organisiert und massiv verstärkt werden musste. Sperranlagen in Form von Wällen oder Mauern bestanden entlang der *s. D.* nicht, vielmehr verband ein mehrheitlich unbefestigter Straßenzug die einzelnen, an Orten mit gesicherter Wasserversorgung angelegten Militäranlagen. Weiter nach Süden schloss sich der größtenteils gut vergleichbare *limes Arabicus* an. Wie groß die Bedrohung durch Parther und nomadisierende Stämme in der Spätantike war, zeigt die Tatsache, dass gut ein Drittel der spätantiken Legionen an der Ostgrenze stationiert war.

Streifenhaus

Zu jedem Kastell gehört eine mehr oder weniger ausgedehnte Zivilsiedlung, der *vicus* (↗ Lagerdorf), in der sich außerhalb der Kaserne der Tross der Truppe, Familienangehörige, Händler und Handwerker niederließen. Diese Siedlungen lagen meist an den Hauptausfallstraßen und wurden nach einem einheitlichen Bauschema angelegt. Entlang der Straßen wurde das Gelände parzelliert und auf den langrechteckigen Parzellen wurden in Teilbereichen unterkellerte Gebäude errichtet. Ihre Schmalseiten, die zwischen ca. 6 und 14 m breit waren, lagen an der Straße. Oftmals befindet sich zur Straße hin noch eine überdachte Vorhalle (↗ *porticus*). Die Tiefe der Gebäude erreicht bis zu 25–30 m. Diese als kombinierte Wohn- und Wirtschaftsgebäude anzusprechenden Bauten wurden erstmals in der englischen Forschung als «Strip-houses» bezeichnet. Oft befindet sich an ihrer zur Straße gewandten Seite ein Keller und eine Werkstatt. Das vordere Haus wurde hinten durch private Wohnräume abgelöst. Hinter dem Haus im Hof sind Handwerksplätze nachzuweisen. Brunnen, Brennöfen, aber auch technische Einrichtungen wie Darren u. ä. sind nicht selten. Streifenhäuser sind meist in reiner Holzbauweise errichtet, in späteren Zeiten erhielten sie oftmals Steinsockel mit Fachwerkaufbau. Ob auch massive Steinbauten in dieser Bauform vorhanden waren, entzieht sich bisher unserer Kenntnis. Bei großflächigen Ausgrabungen in derartigen Zivilsiedlungen war zu erkennen, dass oft mehrere Parzellen zu einem Gebäudekomplex zusammengefasst, dass also die Streifenhäuser zu richtigen Reihenhäusern weiterentwickelt worden sind. Auf diese Weise vermitteln die Kastelldörfer ein stadtähnliches Gepräge.

Wie Grabungen in größeren Siedlungen auch im Hinterland des Obergermanisch-Raetischen Limes zeigen, sind diese Bauformen auch in die größeren und kleineren stadtartigen Zentren übertragen worden.

Lit.: H. Kaiser/C. S. Sommer, Lopodunum I, Forschungen und Berichte zur Vor- und Frühgeschichte in Baden-Württemberg 50 (1994) 374 ff.

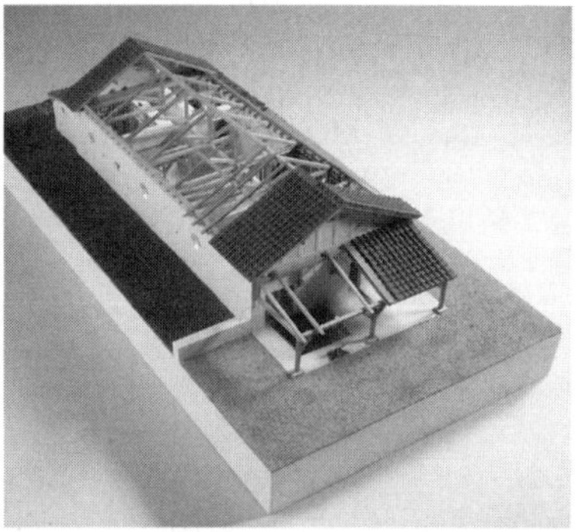

Abb. 37: Modell eines typischen Streifenhauses nach den Befunden der Ausgrabungen im Kastellvicus von Bad Wimpfen am Neckar.

T

tabularium **(pl. *tabularia*)**
Der Begriff bezeichnet in der römischen Armee das Büro und Archiv einer Militäreinheit, in dem dienstliche Dokumente – Soldabrechnungen, Personalakten, Dienstpläne, Vollzähligkeitslisten bis hin zu Materiallisten – angefertigt und aufbewahrt wurden. Das *t.* befand sich im rückwärtigen Trakt des Stabsgebäudes in unmittelbarer Nähe zum Fahnenheiligtum. Dort waren verschiedene militärische Verwaltungsdienstgrade wie z. B. der *cornicularius,* der *exactus* oder der *librarius* tätig, denen die Aufsicht bzw. Wahrnehmung der anfallenden Schreibarbeiten oblag. Wie eine im Limeskastell (↗) Niederbieber gefundene Inschrift zeigt, besaß das *t.* einen eigenen Schutzgeist, den *genius tabulari(i)* (↗ Genius), der von den dort tätigen Schreibstubensoldaten verehrt wurde. In den großen Legionslagern gab es mehrere *t.*

Lit.: K. Stauner, Das offizielle Schriftwesen des römischen Heeres von Augustus bis Gallienus (27 v. Chr.–268 n. Chr.). Eine Untersuchung zu Struktur, Funktion und Bedeutung der offiziellen militärischen Verwaltungsdokumentation und zu deren Schreibern (Bonn 2004).

Teufelsmauer
Für den sehr viel älteren Begriff (↗) Pfahl ist erstmals im 17. Jh. auch die Bezeichnung Teufelsmauer überliefert. Sie geht auf die Vorstellung zurück, dass die Reste der umfangreichen Wehranlagen des «Limes» nur das Werk des Teufels sein können, nachdem der römische Hintergrund der umfangreichen Bauten nicht mehr festzustellen war. Bei T. handelt es sich daher im Gegensatz zu Pfahl nicht um einen antiken, sondern um einen mittelalterlichen oder neuzeitlichen Begriff für den Obergermanisch-Raetischen Limes, der auf verschiedene lokale Sagen zurückgeht.

Abb. 38: Ein Nachbau der raetischen Limesmauer nahe Dennenlohe in Mittelfranken.

Trajanssäule
Die T. in Rom, in deren Sockel die Urne mit der Asche des 117 n. Chr. verstorbenen Kaisers Trajan beigesetzt worden

war, stand an zentraler Stelle des *Forum Trajani* und wurde zusammen mit diesem im Jahr 113 n. Chr. eingeweiht. Die gesamte Anlage des Forums war der (↗) Kommandantur der Militärlager nachempfunden und verherrlichte mit ihrer prunkvollen Statuen- und Reliefausstattung die großen Siege der Römer gegen die Daker in den beiden Kriegen 101–102 sowie 105–106 n. Chr. (↗ Germanenkriege).

Die ursprünglich mit einer Statue des Kaisers bekrönte Säule ist mit einem spiralförmig verlaufenden Reliefband verziert, das in zwei großen, detailliert ausgearbeiteten Reliefzyklen den Ablauf der beiden Kriege gegen die Daker wiedergibt. Ihre realistisch gestalteten Szenen machen zunächst den Eindruck einer konkreten Wiedergabe des historischen Geschehens, was sich im Detail allerdings nicht nachvollziehen lässt. Zahlreiche szenische Darstellungen gehören hingegen zum festen Repertoire der kaiserlichen Bildpropaganda und bieten wichtige Informationen zum (↗) Kaiserkult bzw. zur (↗) Heeresreligion, vom Auszug des Heeres *(profectio)* über die Ansprache des Kaisers an die Truppen *(adlocutio)*, die Opferszenen *(lustratio)* mit den Soldaten und Provinzbewohnern, die Kampfszenen (*proelium*) mit Unterstützung durch den höchsten Gott (↗) Iuppiter bis hin zum Sieg *(victoria)* und zur Unterwerfung der Gegner vor dem Kaiser.

Auch die beinahe genrehaften Szenen des Soldatenalltags, die die Soldaten in ihrer detailreichen Ausrüstung nicht nur im Kampf, sondern beim Straßen- und Kastellbau, beim Nachschubtransport oder bei der medizinischen Versorgung von Verletzten zeigen, hatten eine propagandistische Bedeutung. Sie standen nicht nur für die überlegene Ordnung und Disziplin der von der kaiserlichen Fürsorge profitierenden römischen Armee, sondern auch für deren zivilisatorische Leistung in der neu unterworfenen Provinz als Teil des Römischen Reiches.

Für die heutige Archäologie dient das reiche Bildmaterial der T. als einmalige Quelle bei einer Fülle offener Fragen der römischen Militärgeschichte. Dies reicht von der Darstellung von Wachttürmen an der Donau über die Rekonstruktion der Limeswachttürme bis hin zu Details der Bewaffnung und Ausrüstung. Dabei ist jedoch zu bedenken, dass es sich um ein stadtrömisches Monument handelt, dass in seiner Form sowie auch in manchen Darstellungsdetails eine hellenistisch-stadtrömische Formensprache aufweist und zeitlich wie räumlich weit von den manchmal vorschnell herangezogenen Parallelen am Limes oder anderswo entfernt war.

Abb. 39: Relief der Trajanssäule. Römische Reiter und Hilfstruppen im Kampf gegen die Daker. Der höchste Gott Iuppiter greift auf römischer Seite in den Kampf ein.

tribunus **(pl. *tribuni*)**

Im militärischen Bereich wird mit *t.* ein Offizier bezeichnet, dem ein Kommando über 1000 Fußsoldaten zustand. Die römische Armee kannte verschiedene Arten von *t.*: in den Legionen gab es jeweils sechs solcher Offiziere, von denen einer aus dem Senatorenstand *(t. laticlavius)* und fünf weitere aus dem Ritterstand *(t. angusticlavii)* kamen. Das nur wenige Jahre dauernde Legionstribunat wurde meist in jungem Alter im Rahmen einer militärisch-zivilen Verwaltungslaufbahn *(cursus honorum)* absolviert. Auch bei den (↗) Hilfstruppen gab es *t.*, die die wenigen 1000 Mann starken Infanteriekohorten *(cohortes milliariae)* kommandierten. Die gleich starken Kavallerieeinheiten *(alae milliariae)* wurden hingegen von Praefekten befehligt. Sonderfälle innerhalb der militärischen Befehlsstruktur stellen die Freiwilligenkohorten römischer Bürger *(cohortes voluntariorum civium Romanorum)* dar, die – trotz einer (↗) Mannschaftsstärke von nur 500 Soldaten – ebenfalls von *t.* befehligt wurden. Eine solche Truppe ist am Limes z. B. im Kastell Oberflorstadt in der östlichen Wetterau nachgewiesen. Warum die Befehlshaber der im Kastell Jagsthausen stationierten *cohors I Germanorum* den Dienstrang eines *t.* einnahmen, ist unklar – zu erwarten wäre hier eigentlich, wie bei den übrigen Kohorten am Limes auch, ein (↗) *praefectus*.

tunica

Die *t.* war über Jahrhunderte das Grundkleidungsstück der Römer im militärischen wie zivilen Bereich. Sie wurde aus zwei Teilen geschnitten und vernäht und bestand meist aus Leinen oder Wolle. Sie diente ursprünglich als Untergewand der römischen *toga*. Im Alltag wurden häufig zwei *tunicae* übereinander getragen, wobei in Mitteleuropa ein leinenes Untergewand und eine strapazierfähige Wolltunica die meiste Zeit des Jahres üblich gewesen sein dürften. Es gab weite ärmellose Varianten ebenso wie kurz- und langärmlige *t.* In der Regel reichte das Gewand bis ans Knie, wurde gegürtet und dabei je nach Bedarf hochgezogen. Frauen trugen längere *t.*, die bis zu den Knöcheln reichen konnten. Im 3. Jh. n. Chr. wurde die langärmlige *t. manicata* oder *dalmatica* mehr und mehr üblich.

Die Farbe der Soldatentunicae war sicher unterschiedlich, wobei durch erhaltene Farbreste oder durch Wandmalereien sowohl rote als auch weiße *t.* überliefert sind. Letztere werden im Alltag allerdings weniger tauglich gewesen sein, so dass es sich eher um eine Art Festtags- und Offizierskleidung gehandelt haben mag. Angehörige des Senatoren- und Ritterstandes, wie z. B. die *legati* (↗ *legatus legionis*) und (↗) *tribuni* der (↗) Legionen oder die (↗) *praefecti* und (↗) *tribuni* der (↗) Hilfstrupppen, kennzeichneten ihre *t.* mit einem vertikal verlaufenden schmalen bzw. breiten Purpurstreifen.

turma (pl. *turmae*)

Unterabteilung der römischen Kavallerie, bestehend aus 32 Reitern, die von einem *decurio* befehligt wurde; *t.* gab es sowohl bei den reinen Kavallerieeinheiten des römischen Heeres (↗ *ala*) als auch bei den gemischten Verbänden *(cohortes equitatae)*. Um die einzelnen *t.* einer Einheit unterscheiden zu können, wurden diese – wie die (↗) Zenturien der Infanterie – nach ihren jeweiligen Zugführern, den *decuriones*, benannt; also z. B. *t. Enni* (Schwadron des Ennius) oder *t. Proculi*

(Schwadron des Proculus). Neben dem *decurio* verfügte jede *t.* über einen eigenen Feldzeichenträger (↗ *signifer*) und zwei Unteroffiziere *(duplicarius, sesquiplicarius)*. Ferner gab es einen Waffenwart *(custos armorum)* sowie einen weiteren Dienstrang *(curator t.)*, dessen genaue Aufgabe jedoch unbekannt ist.

V

vallum

Allgemeiner Begriff für jede Art von Schutzwall, meist im militärischen Zusammenhang. *v.* bezeichnet rasch errichtete Mauern aus Holz, Erde und Rasensoden. Der Bereich dahinter im Kastellinneren wurde *intervallum* genannt und bezeichnet den freien Raum bis zu den ersten Bauten. In ihm lag die umlaufende Lagerstraße, die *via sagularis* (↗ Kastell), die jedoch nicht in allen Lagern nachgewiesen ist.

Vermessung *(groma)*

Eine Grundvoraussetzung des römischen Staatswesens und der Kolonisation neu eroberter Gebiete war die V. des Landes. Neu erobertes Gebiet wurde zunächst römisches Staatsland und durch Aufteilung verpachtet. Diese Aufteilung erfolgte durch eine V. des Geländes, die «Limitation». Ob auch in Südwestdeutschland ein Limitationsnetz bestand, wie es in anderen Provinzen des Römischen Reiches nachweisbar ist, entzieht sich bisher unserer Kenntnis. Die Geradlinigkeit des Obergermanisch-Raetischen Limes, insbesondere des Stückes zwischen Walldürn und dem Haghof südlich von (↗) Welzheim, macht es wahrscheinlich, dass auch hier ein Limitationsnetz nach der Eroberung errichtet wurde. Für derartige Messarbeiten waren sehr genaue Instrumente notwendig. Zunächst einmal sog. Messketten *(decempeda)*, dann eine 10 Fuß lange Messlatte sowie die *groma*, ein rechtwinkliges Lattenkreuz, das drehbar war und waagrecht auf einem gekröpften Stabstativ befestigt wurde. Durch Lotschnüre an den Enden des Kreuzes wurde im Gelände die Gerade und der rechte Winkel anvisiert und festgelegt. Mit Hilfe dieser Geräte wurde das Land in gleich große Rechtecke oder Quadrate aufgeteilt.

Die *groma* als Vermessungsinstrument war auch Grundvoraussetzung für die V. der Kastellareale. Nach Süden gerichtete Limites hießen *cardo/cardines*, nach Osten gerichtete *decumani*. Die Hauptachsen der Limitation (↗) *cardo* und (↗) *decumanus maximus* kreuzten sich rechtwinklig im Mittelpunkt der römischen Lager, d. h. im Zentrum des zu vermessenden Kastellareals.

Lit.: U. Heimberg, Römische Landvermessung, Kleine Schriften zur Kenntnis der römischen Besetzungsgeschichte Südwestdeutschlands 17 (1977).

Verputz

Das römische Mauerwerk am Obergermanisch-Raetischen Limes, aber auch in dessen Hinterland, ist in der Regel in Schalenmauertechnik (↗ Mauertechnik) errichtet, wobei die äußere und innere Schale als geschichtetes, horizontales Quadermauerwerk gebildet sind, das von einer vermörtelten Füllung zusammengehalten wird. Im Allgemeinen sind diese Mauern nicht als Sichtmauern belassen worden, sondern verfügen innen wie außen über einen flächenhaften Verputz.

Wie originale Befunde vereinzelt belegen, war der Außenputz oftmals auch farbig flächig gefasst, während die Innenräume ohnehin meist flächig verputzt und geometrisch verziert waren.

Vom Flächenputz, dessen Zusammensetzung durch Analysen heute genau nachweisbar ist, muss der Fugenputz deutlich unterschieden werden. Lagenmauerwerk aus (↗) Handquadern wurde häufig mit weißem Mörtel ausgefugt und mit dem Fugeisen nachgezogen, um so einen gleichmäßigen Eindruck zu vermitteln. Nicht selten wurde dieser Fugenstrich auch farbig rot oder braun nachgezogen.

Am raetischen Limes konnte ein derartiger Fugenstrich an verschiedenen Türmen der Limesmauer nachgewiesen werden, um so der massiven Steinmauer ein geschlossenes Erscheinungsbild zu geben. Auf diese Weise wurde auch die besondere Bedeutung der raetischen Mauer unterstrichen, die als massive Mauer von großer Länge die Grenze markierte.

Verteidigungswaffen (Helm, Panzer, Schild)

Zu den V. zählen alle Einzelwaffen, die dem Körperschutz des Soldaten dienen, insbesondere (↗) Helm, (↗) Panzer und (↗) Schild. Als wichtigste Faktoren bei

Abb. 40: Römischer Soldat am Limes um 200 n. Chr.

der konkreten Ausgestaltung dieser Verteidigungswaffen gelten ein möglichst optimaler Schutz und eine hohe Beweglichkeit. Die Gewichtung beider Kriterien ist dabei abhängig von der jeweiligen Kampftechnik. Aus diesem Grunde unterschieden sich noch im 1. Jh. n. Chr. die Schutzwaffen der in geschlossener Formation kämpfenden (↗) Legionen von den in offenerer Kampfweise eingesetzten Fußsoldaten und Reitern der (↗) Hilfstruppen. Zu den Quellen und zur grundsätzlichen Entwicklung der römischen Bewaffnung siehe unter (↗) Waffen (vgl. auch Abb. S. 137).

Veteran *(missio honesta)*

Nach 25 Jahren Dienst in der (↗) Legion oder in einer Einheit der (↗) Hilfstruppen bzw. nach 26 Dienstjahren in der (↗) Flotte konnte ein Soldat ehrenhaft entlassen werden (*missus honesta missione*). In der Limeszeit bestand danach für einen V. keine weitere Verpflichtung mehr, als «Reservist» weitere Jahre in Bereitschaft zu bleiben (unehrenhaft aus der Armee schied beispielsweise bereits aus, wer dienstunfähig wurde). Nichtrömer ließen sich bei dieser Gelegenheit häufig durch ein sog. (↗) Militärdiplom das Ende ihres Dienstes bescheinigen, der mit der Verleihung des vollen römischen Bürgerrechts verbunden war. Ein V. (lat. *vetus* = alt) erhielt zum Abschied die Einlagen aus seinem (↗) *depositum*, ein Entlassungsgeld (*commoda*) sowie häufig die sog. *praemia militiae* in Form einer Land- *(missio agriaria)* oder Geldzuweisung *(missio nummaria)*. Mit Hilfe dieses Grundkapitals waren zahlreiche V. im Anschluss an ihre Militärzeit noch als Gewerbetreibende oder Landwirte er-

Abb. 41: Altar der im Lagerdorf von Jagsthausen ansässigen Veteranen der dort stationierten cohors I Germanorum aus severischer Zeit.

folgreich. Viele ließen sich im Ruhestand auch am Stationierungsort ihrer Einheit nieder. So weihten in Jagsthausen die vor Ort ansässigen V. *(veterani consistentes ad hibernam)* einen Altar für den Kaiser und für (↗) Iuppiter.

vexillatio (vexillum)

(↗) Legionen und (↗) Hilfstruppen stellten für besondere Aufgaben im Krieg, aber auch im Frieden Abordnungen, bei denen ein Teil der Soldaten ihre Stammeinheit für eine befristete Zeit verließ. Hierzu zählten etwa die Unterstützung anderer Einheiten bei einem Feldzug oder auch Baumaßnahmen. So wurden 120 n. Chr. insgesamt dreitausend Legionäre der beiden obergermanischen Legionen und auch der spanischen *legio VII Gemina* zusammengefasst, um an einem Feldzug in Britannien teilzunehmen, und 212/213 n. Chr. kam eine *v.* der *legio II adiutrix* aus *Aquincum*/Budapest für den

Feldzug Kaiser Caracallas an den raetischen Limes (↗ Germanenkriege). Die Bezeichnung *v.* begegnet aber auch für eine Abordnung von Soldaten der *legio XXII Primigenia* aus (↗) Mainz/*Mogontiacum,* die für die Versorgung der Provinz mit Baumaterial als (↗) Holzfäller tätig war. Eine solche Abordnung führte nicht das (↗) Feldzeichen ihrer Einheit mit sich, sondern ihr eigenes *vexillum,* weshalb diese offiziell abgeordnete Gruppe als *v.* und ein Angehöriger als *vexillarius* bezeichnet wird. Befehlshaber einer *v.* konnte je nach Größe und Zusammensetzung ein Legat, (↗) Tribun oder (↗) Zenturio sein; ab dem ausgehenden 2. Jh. wird dann die Bezeichnung (↗) *praepositus* gebräuchlich. An ihrem Einsatzort, der häufig außerhalb des Provinzgebietes lag, unterstand die *v.* dann dem dortigen Kommandanten, blieb aber als selbstständige taktische Einheit zusammen. Im Unterschied zur Verlegung der gesamten Einheit riss die Abordnung lediglich eines Teils der Soldaten keine Lücke in die Grenzverteidigung.

Victoria

Die Göttin V. galt als Personifikation des militärisch errungenen Sieges und stand deshalb in enger Verbindung zu (↗) Mars. Die Verehrung in Rom begann zu Beginn des 3. Jhs. v. Chr. In der Kaiserzeit wurde V. ein wichtiger Bestandteil der Herrschaftsideologie, verlor dabei aber ihre Bedeutung als personifizierte Göttin und wurde immer mehr zu einer kaiserlichen Eigenschaft, vergleichbar mit Virtus (Tugend) oder Pietas (Frömmigkeit). Ikonografisch an die Darstellungen der griechischen Nike angelehnt, besitzt sie Flügel, ist mit einem langen Chiton bekleidet und trägt als Attribute ein Füllhorn sowie einen Kranz oder Palmzweig.

In Anlehnung an den im Senat aufgestellten Siegesschild des Augustus, auf dem dessen Taten verzeichnet waren, wurde das Motiv der den Siegesschild beschreibenden V. zu einem der wichtigsten Bildmotive der kaiserlichen Herrschaftsideologie. Es findet sich auf unzähligen Münzprägungen ebenso wie in zentraler Position auf der (↗) Trajanssäule oder als Teil der Statuengruppe von der (↗) Schneidershecke am (↗) Odenwaldlimes.

Weitere Darstellungsformen, z. B. auf den Panzern der bronzenen Kaiserstatuen (↗ Kaiserkult) oder auf Teilen der (↗) Paraderüstungen zeigen sie einzeln auf der Weltkugel stehend mit Kranz und Palmzweig oder paarweise im Flug, nicht selten in Verbindung mit einem *tropaeum,* einem Holzstamm, an dem die Waffen der Besiegten aufgehängt wurden. Die Inschriften aus der Limesregion nennen sie sowohl alleine, wie z. B. aus (↗) Osterburken und Miltenberg, als auch gemeinsam mit Mars und/oder dem Kaiser, wie z. B. aus Öhringen, Walldürn und (↗) Obernburg.

W

Wachtdienst *(vigilia)*

Zu den täglichen Aufgaben der Soldaten gehörte in Friedens- und mehr natürlich noch in Kriegszeiten der W. Nach Angaben in schriftlichen Quellen war während der Nachtstunden jeder fünfte Soldat der Legion auf Wache *(vigilia)*. Auch während des Tages bewachten Posten zumindest Tore, (↗) Kommandantur und (↗) Kommandantenwohnung sowie die Vorratsspeicher eines Kastells. Die Wachtwechsel wurden mit Hornsignalen angezeigt (↗ Signalinstrumente). Zusätzlich war ein nicht geringer Teil der Soldaten auf oftmals mehrtägigen Wachtdiensten außerhalb des Lagers eingesetzt. Entlang des Obergermanisch-Raetischen Limes dürfte darunter insbesondere die Stationierung auf den zahlreichen (↗) Wachtposten innerhalb des Kommandobereichs eines Limeskastells gefallen sein. Nach welchem Turnus hier die W. organisiert waren, ist allerdings nicht gesichert.

Wachtposten (Wachtturm, Limesturm)

Seit der Arbeit der (↗) Reichs-Limeskommission werden Stellen, an denen die Limesstrecke mit Hilfe kleiner Bauwerke, meist Türmen, überwacht wurde, als W. bezeichnet. Insgesamt sind am ganzen Obergermanisch-Raetischen Limes etwa 900 W. nachgewiesen oder werden anhand von Überlegungen zur idealen Verteilung entlang der Sperranlagen vermutet. Durch den Wechsel von der Holz- zur Steinbauweise sowie durch die mit der Zeit notwendig werdenden Reparaturen sind an den meisten Wachtposten mehrere aufeinander folgende Limestürme nachzuweisen. Eine Iuppiterweihung vom Wachtposten WP 10/37 (↗ Mudau-Schlossau) bezeichnet einen solchen Turm als *burgus*.

Eine Vorstellung vom Aussehen eines Wachtturms am Limes gibt möglicherweise der untere Beginn des Reliefbandes der (↗) Trajanssäule in Rom. Die hier dargestellten Türme von der Grenze an der mittleren Donau zeigen allerdings Details, wie einen Eingang zu ebener Erde oder eine umlaufende Galerie im Obergeschoss, die am Obergermanisch-Raetischen Limes wohl anders gelöst waren bzw. die sich im archäologischen Befund nicht mehr nachweisen lassen. Unsere Vorstellung vom Aussehen der Limestürme beruht daher großteils auf Hypothesen. Dementsprechend vielfältig gestalten sich moderne Darstellungen oder Nachbauten. Allgemein werden Limestürme als dreigeschossige Bauwerke mit einem massiven oder nur von innen zu begehenden Sockelgeschoss, einem darüber gelegenen Aufenthaltsraum und dem eigentlichen Wachlokal an der Spitze rekonstruiert. Wie auf der Trajanssäule dargestellt nimmt man darüber ein gleichseitiges Giebeldach an, das mit Holzschindeln oder Schieferplatten gedeckt war. Der erhöht angelegte Eingang war vermutlich nur über eine Leiter zu erreichen. Holztürme waren zudem von einem bis zu 1 m tiefen Ringgraben umgeben, bei Steintürmen ist dieser Graben sehr viel flacher und hatte wohl eher die Funktion eines Traufgräbchens. Im näheren Umfeld eines Turmes finden sich gelegentlich weitere kleinere Bauten aus Holz und Stein, auch Öfen konnten jüngst erstmals nachgewiesen werden. Funde von Gebrauchskeramik lassen vermuten, dass die auf etwa fünf Soldaten geschätzten Turmbesatzungen längere Zeit, möglicherweise mehrere Tage, Dienst an einem W. hatten.

Lit.: D. Baatz, Die Wachttürme am Limes, Kl. Schriften zur Kenntnis der röm. Besetzungsgesch. Südwestdeutschlands 15 (Stuttgart 1976).

Abb. 42: Nachbau des Limesturms WP 9/83 auf dem Heidenbuckel bei Großerlach-Grab im Schwäbisch-Fränkischen Wald.

Waffen

Die Bewaffnung der römischen Armee lässt sich anhand ihrer Funktion in drei Gruppen aufteilen. Zu den (↗) Angriffswaffen zählen alle Einzelwaffen, die der Soldat aktiv im Kampf gegen einen Gegner einsetzen konnte. Als (↗) Verteidigungswaffen bezeichnet man diejenigen Teile, die dem Körperschutz des Soldaten dienten. Als dritte Einzelgruppe sind die (↗) Paraderüstungen zu nennen, deren meist prunkvoll gefertigte Einzelteile nicht für den alltäglichen militärischen Einsatz geeignet waren.

Unsere Kenntnisse über die römische Bewaffnung des 1.–3. Jhs. n. Chr. beruhen auf literarischen, bildlichen und archäologischen Quellen. In den Texten der antiken Historiker werden allerdings Details der Bewaffnung meist nur beiläufig erwähnt. Für die römische Kaiserzeit sind dabei besonders Tacitus (*Annales* und *Historiae*, um 100 n. Chr.), Flavius Josephus (*Bellum Iudaicum*, Mitte 2. Jh. n. Chr.) und Arrian (Mitte 2. Jh. n. Chr.) zu nennen. Wichtige Details zum Einsatz bestimmter Waffen sind auch den Beschreibungen Caesars (*De Bellum Gallicum,* 1. Jh. v. Chr.) und dem Werk des Vegetius (*Epitoma rei militaris,* 4. Jh. n. Chr.) zu entnehmen.

Bei den bildlichen Quellen geben vor allem die Soldatengrabsteine wichtige Hinweise. Besonders aus dem 1. Jh. n. Chr. sind aus dem Rheinland zahlreiche Beispiele überliefert, die meist sehr detailliert die individuelle Bewaffnung des Soldaten wiedergeben. Im 2. Jh. n. Chr. wurde in der Limesregion diese Tradition nicht fortgesetzt. Erst aus dem 3. Jh. liegen dann wieder vereinzelt Grabsteine vor, die aber nicht mehr so detailliert die Bewaffnung der Soldaten zeigen. Ergänzend können aus dieser Zeit Soldatengrabsteine aus dem Donauraum, dem Orient oder aus Rom herangezogen werden. Von besonderer Bedeutung sind neben den Grabsteinen die großen historischen Reliefzyklen, wie zum Beispiel der Bogen von Orange aus dem frühen 1. Jh. n. Chr. oder die Reliefs der (↗) Trajans- und Marcussäule in Rom aus dem 2. Jh. n. Chr.

Nach Aussage der Quellen war die Bewaffnung der römischen Kaiserzeit einem stetigen Wandel unterworfen. Meist als Reaktion auf die jeweiligen Gegner übernahmen die Römer immer wieder gegnerische Waffentechniken. So wurden seit dem 1. Jh. v. Chr. insbesondere keltische bzw. keltiberische Waffen (↗ Helm, ↗ Panzer, ↗ Schwert), aber auch orientalisch-persische Bewaffnungen (↗ Bogen) integriert und weiterentwickelt. Die im 1. Jh. n. Chr. noch deutlichen Unterschiede in der Bewaffnung der (↗) Legionen und (↗) Hilfstruppen wird im Laufe des 2. Jhs. mehr und mehr angeglichen. Im 3. Jh. n. Chr. kann dann weitgehend von einer einheitlichen Bewaffnung aller Truppenteile ausgegangen werden, was sich vor allem in den Formen der (↗) Schwerter, (↗) Helme und (↗) Schilde widerspiegelt (vgl. Abb. S. 132).

Als wichtigste Quellen zur römischen Bewaffnung gelten aber die archäologischen Funde. Am Limes finden sich hauptsächlich Fragmente einzelner Waffen, wobei Metallfunde aus Eisen und Bronze bei weitem überwiegen. Diese wurden oft gezielt als Altmetall gesammelt (↗ Hortfunde). Vollständige römische Waffen, von denen an einem Tag am Limes etwa 35 000 Stück im Umlauf waren, sind dagegen ausgesprochen selten. Die überlieferten Stücke stammen oft aus Flüssen oder aus den germanischen Moor- und Gewässerfunden des 2.–3. Jhs. n. Chr. Im Gegensatz zu den Metallfunden haben sich die organischen Teile der Bewaffnung aus Holz, Leder oder Textilien am Limes nur in großen Ausnahmefällen erhalten.

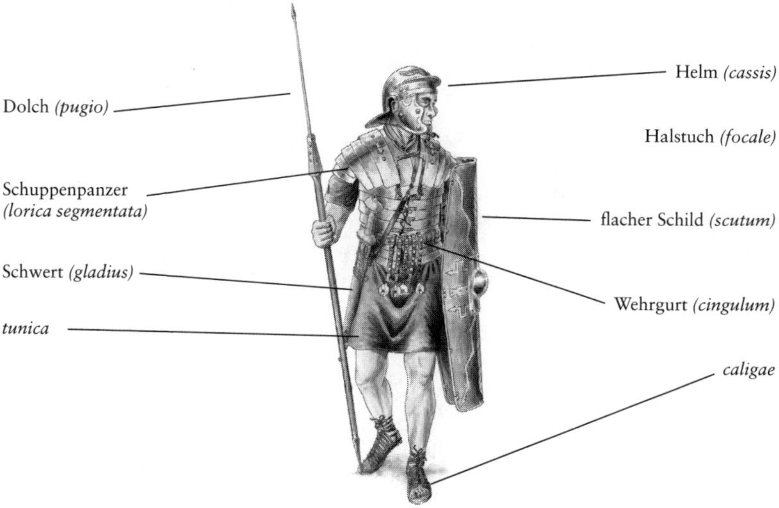

Abb. 43: Römischer Legionssoldat aus dem 1. Jh. n. Chr.

Waffenbesitz

Die wichtigsten Schutz- wie (↗) Angriffswaffen waren im Privatbesitz der einzelnen Soldaten. Mit dem Eintritt in die Armee konnte ein Rekrut (↗ Rekrutierung) seine persönliche Ausstattung an Waffen entweder bereits mitbringen, sofern sie den Anforderungen der Truppe entsprach, oder diese wurde ihm von seiner Einheit gegen einen Abzug von seinem Handgeld *(viaticum)* oder späteren (↗) Sold *(stipendium)* gestellt. Zur persönlichen Ausrüstung zählten in diesem Fall auch Kleidung oder etwa Zelte. Der Preis für diese Anschaffung entsprach dabei in etwa dem Jahressold eines einfachen Soldaten. Damit war gewährleistet, dass Waffen sorgfältig geführt und gepflegt wurden. Das Risiko des Verlustes oder der Beschädigung, auch bei Kampfeinsätzen, lag damit letztendlich bei jedem Soldaten selbst. Viele Fundstücke tragen daher Besitzerinschriften. Mit dem Tod eines Soldaten oder mit seinem Ausscheiden aus dem aktiven Dienst nahm die Truppe die Waffenausrüstung wieder zurück und zahlte dem (↗) Veteranen oder seinen Erben den Wert aus. Dass Waffen auf diese Weise nacheinander von mehreren Soldatengenerationen geführt wurden, beweisen Funde, auf denen sich zwei oder gar drei verschiedene Besitzerinschriften finden. Diese Praxis führte zum einen dazu, dass in der Bewaffnung einer Einheit keine strenge Uniformität herrschen konnte. Verschieden weit entwickelte Typen einer Waffenform und auch einfache wie aufwendig verzierte Stücke waren gleichzeitig im Einsatz. Zum anderen sind gut erhaltene Waffen unter den archäologischen Funden am Limes heute sehr spärlich. Naturgemäß wollte jeder Soldat den zufälligen Verlust einer Waffe vermeiden oder versuchte ein verlorenes Stück wiederzufinden. Beschädigte Ausrüstungen reparierten private (↗) Handwerker in den (↗) Lagerdörfern oder die Waffenschmiede der Einheit, wobei man auch versuchte, ältere Typen umzuarbeiten bzw. nachzubessern. Waffen tauchen als Grabbeigaben so gut wie nie auf und falls doch, kommen darin eher unrömische Jenseitsvorstellungen zum Ausdruck.

Waffenkammer (Rüstkammer, Arsenal, *armamentarium*)

Im Stabsgebäude eines Kastells wurde ein größerer Teil der Waffen in diesen speziellen Räumlichkeiten gelagert. Ihre genaue Lage ist meist nicht bekannt; W. werden üblicherweise an den Längsseiten der (↗) Kommandantur angenommen.

Waldgirmes

W. gehört zu Gemeinde Lahnau in Mittelhessen und liegt rund 10 km westlich von Gießen. Im Zuge der (↗) Germanenkriege unter Augustus wurde hier spätestens im Jahr 4 v. Chr. auf einem Hochufer der Lahn eine planmäßig angelegte römische Siedlung gegründet. Der Fluss ermöglicht eine Verbindung per Schiff an den Rhein, nach Osten öffnet sich das Gießener Becken. Wie die ab 1993 durchgeführten Untersuchungen zeigen, war W. kein Militärlager, sondern ein zwar befestigter, aber hauptsächlich ziviler Handelsort. Unter den zwei Dutzend ergrabenen Gebäuden fällt besonders der zentral gelegene Platz in Form eines römischen Forums auf, an das sich eine Marktbasilika (↗ Basilika) anschloss. Diese Anlage stellt den ältesten Steinbau rechts des Rheins dar. Damit ließen sich literarische Darstellungen belegen, nach denen Rom in der Zeit vor der Schlacht im Teutoburger Wald 9 n. Chr. im Inneren Germaniens Städte gegründet habe. Das Fundmaterial besitzt einen stark germanisch geprägten Anteil, was darauf schließen lässt, dass hier verschiedenste, auch nichtrömische Bevölkerungsgruppen ansässig waren. Zu den wichtigsten Funden zählen Bruchstücke einer Reiterstatue aus vergoldeter Bronze, die vermutlich Augustus darstellte. Speziell diese Funde weisen auf das rasche Ende der Ansiedlung, die offenbar verlassen wurde, als die römischen Rachfeldzüge nach der Niederlage des Varus im Jahr 16 n. Chr. ergebnislos abgebrochen wurden und sich die römischen Truppen hinter den Rhein zurückzogen.

Lit.: A. Becker/G. Rasbach: «Städte in Germanien»: Der Fundplatz Waldgirmes. In: R. Wiegels (Hrsg.): Die Varusschlacht. Wendepunkt der Geschichte?, Archäologie in Deutschland, Sonderheft (Stuttgart 2007).

Wehrgurt *(cingulum, balteus)*

Der Militärgürtel (*cingulum militare*) diente primär zur Befestigung von (↗) Schwert und (↗) Dolch. Er bot aber auch für jeden Soldaten die Möglichkeit, durch aufwendige Metallbeschläge eine repräsentative Wirkung zu erzielen. Auf diese Weise wurde er zu einer Art Statussymbol für den Soldatenstand.

Im frühen 1. Jh. n. Chr. trugen die Soldaten zunächst zwei Gürtel, jeweils für Schwert und Dolch. An einem dieser Gürtel wurde zudem bei den Fußsoldaten der (↗) Legionen und (↗) Hilfstruppen ein Schurz aus bis zu acht dünnen Lederriemen mit Metallbeschlägen und Anhängern befestigt, die den Unterleib verdeckten. Die Schutzfunktion dieser Lederstreifen hatte dabei sicher nur symbolischen Wert. Im 2. Jh. n. Chr. scheinen solche Schurze nicht mehr üblich gewesen zu sein. Allerdings tragen manche Soldaten auf Grabsteinen des 3. Jhs. n. Chr. Wehrgurte mit ein bis zwei auffällig drapierten und mit Metallbeschlägen oder Anhängern verzierten Riemenenden.

Ab der Mitte des 1. Jhs. n. Chr. wurde das (↗) Schwert, wie schon bei der (↗) Reiterei, an einem Schulteriemen *(balteus)* befestigt. Diese Trageweise blieb für die folgenden Jahrhunderte verbindlich.

Insbesondere die Form der Gürtelschnallen und Verzierungsbleche wandelte sich im Laufe der Zeit. Während im 1. und 2. Jh. n. Chr. zunächst Dornschnallen üblich waren, setzten sich im späten 2. und 3. Jh. n. Chr. mehr und mehr Ring- oder Rahmenschnallen durch. Die Pressblech- und Niello-Verzierungen des 1. Jhs. wurden dagegen im 2. und 3. Jh. n. Chr. von Durchbrucharbeiten abgelöst. In beiden Fällen sollte ein Hell-Dunkel-Kontrast entstehen, wobei dieser Effekt durch eine Verzinnung der Bronzebeschläge noch verstärkt wurde. Aufwendig gestaltete Gürtelbleche konnten wahrscheinlich auch als Auszeichnung (↗ Orden) verliehen werden.

Weißenburg in Bayern

6,8 km hinter dem raetischen Limes befindet sich das 3,1 ha große Kastell *Biriciacum/Biriciana* am Rande des Stadtkernes von W. Als Standlager der *ala I*

Hispanorum Auriana gehört das Kastell zu den wenigen Reitergarnisonen am raetischen Limes.

Durch die Grabungen ließen sich zwei Bauphasen nachweisen. Ein älteres Holz-Erde-Kastell wurde bereits um 90 n. Chr. errichtet und um die Mitte des 2. Jhs. in Stein ausgebaut. Von den Innenbauten sind durch die (↗) Reichs-Limeskommission die (↗) Kommandantur *(principia)*, das (↗) Kommandantenwohnhaus *(praetorium)* und ein (↗) Getreidespeicher *(horreum)* sowie weitere Innenbauten nachgewiesen worden. Das Haupttor *(porta praetoria)* mit seinen beiden halbrund nach außen vorspringenden Türmen ist heute rekonstruiert. Das Kastell ist heute als archäologischer Park erhalten und in Teilen visualisiert.

Der Kastellort *Biriciana* zeichnet sich durch mehrere Großbauten aus, die die zentrale Rolle dieser Siedlung am raetischen Limes verdeutlichen. Unter den zentralen Bauten sind drei Thermen zu nennen, vor allem das große Kastellbad, das ungewöhnlich gut erhalten im Jahre 1977 entdeckt wurden. Diese Badeanlage (↗ Badewesen) zeigt eindrucksvoll die Konstruktion römischer Kastellbäder und ist heute durch einen Schutzbau als Museum zugänglich. Bei diesen Untersuchungen sind vier Bauphasen vom frühen 2. Jh. n. Chr. bis in die Mitte des 3. Jhs. ermittelt worden.

Kastell und (↗) Lagerdorf sind in der 2. Hälfte des 3. Jhs. zerstört und aufgegeben worden. Zeugnis dafür ist u. a. ein im Kastell gefundener Münzschatz (↗ Hortfunde) aus der Zeit nach 253 n. Chr. und vor allem der im Jahre 1979 unmittelbar südlich des Kastellbades entdeckte umfangreiche Weißenburger Schatzfund, dessen qualitätsvolle Einzelstücke (u. a. bronzene Gefäße, Götterbilder, Votivbleche aus Silber, zahlreiche Paradehelme) wohl als Teil eines geplünderten Tempelschatzes anzusehen ist. Dieser Fund ist heute im Römermuseum Weißenburg zu sehen.

Etwa 1,6 km nordöstlich wurde im Gewann «Breitung» ein nur kurz belegtes 3,05 ha großes Holz-Erde-Kastell ausgegraben, das wohl in Trajanisch-hadrianische Zeit datiert. Möglicherweise war dieses Lager zeitweise Garnison der durch eine Weißenburger Inschrift nachgewiesenen *cohors IV Batavorum equitata milliaria exploratorum*.

Lit.: E. Grönke, Das römische Aalenkastell Biriciana – Weißenburg in Bayern, Limesforschungen 25 (1997).

Weltkulturerbe

Das Kultur- und Naturerbe der Menschheit zu schützen, liegt nicht allein in der Verantwortung eines einzelnen Staates, sondern ist Aufgabe der Völkergemeinschaft. Dies ist das Ziel der UNESCO-Welterbekonvention, die 1972 unterzeichnet wurde. Sie ist eines der erfolgreichsten Programme seit Gründung der Vereinten Nationen und wurde bislang von 185 Staaten unterzeichnet. Das «Übereinkommen zum Schutz des Kultur- und Naturerbes der Welt» ergänzt nationale Schutz-Programme. Jeder Staat benennt freiwillig Kultur- und Naturstätten für die UNESCO-Liste und geht die Verpflichtung ein, durch Ausschöpfen aller Schutzmaßnahmen Bestand und Wertigkeit des Gutes zu erhalten. Die Verantwortung bleibt weiterhin vor Ort, neu ist allerdings die Verpflichtung gegenüber der gesamten Menschheit. Zum gemeinsamen Erbe der Welt gehören mittlerweile weit über 850 Kultur- und Naturstätten. In Deutschland sind es 33 (Stand 2008). Die Koordinierung aller Maßnahmen an der im Juli 2005 eingetragenen Welterbestätte «Obergermanisch-Raetischer Limes» ist Aufgabe der (↗) Deutschen Limeskommission.

Der «Obergermanisch-Raetische Limes» wurde als Teils des transnationalen Welterbes «Grenzen des Römischen Reiches» in die UNESCO-Liste aufgenommen. Weitere Bestandteile dieser gemeinsamen Welterbestätte sind der (↗) Antoninuswall und die (↗) Hadriansmauer. In mehreren europäischen und außereuropäischen Ländern laufen derzeit Vorbereitungen, auch die dort erhaltenen Abschnitte der antiken Grenzanlagen Roms nach dem UNESCO-Übereinkommen schützen zu lassen. Ziel ist es, die einstige Grenzlinie in Afrika, dem Nahen Osten und in Europa auf ihrer ganzen Länge zum Welterbe zu machen.

Lit.: D. J. Breeze/S. Jilek/A. Thiel, Frontiers of the Roman Empire. Grenzen des Römischen Reiches, Frontières de l'Empire Romain ... (Edinburgh, Esslingen und Wien 2005).
A. Thiel (Hrsg.), Der Limes als UNESCO-Welterbe, Beitr. Welterbe Limes 1 (Bad Homburg 2008).

Welzheim

In Welzheim, am südlichen Ende des 80 km langen geradlinigen Obergermanischen Limes, sind insgesamt drei Kastellanlagen nachgewiesen worden. Das östlich der geraden Limestrasse liegende, 1896 entdeckte Ostkastell wurde kurz nach der Mitte des 2. Jhs. errichtet und wohl schon in der 1. Hälfte des 3. Jhs. aufgegeben. 1894 und 1980–1982 wurde es in Teilen untersucht. Wie Inschriften belegen, war hier ein *numerus Brittonum L ...* stationiert. Das Westtor ist in voller Höhe rekonstruiert und bildet zusammen mit den anschließenden Mauerzügen das Kernstück des Archäologischen Parks in Welzheim.

Bei den jüngsten Grabungen wurden u. a. drei Brunnen freigelegt, die durch ihr zahlreiches organisches Fundmaterial berühmt geworden sind. Dendrochronologische und archäobotanische Untersuchungen erlaubten die Rekonstruktion des limeszeitlichen Vegetationsbildes und seiner Veränderung im Laufe der römischen Besiedlung. Mit der Aufgabe des Kastells am Ende des 2. Jhs. wurden die Brunnen verfüllt. Aus der Verfüllung stammen neben botanischen Resten insbesondere auch über 100 Schuhe, von denen 36 annähernd vollständig erhalten blieben. Da es sich meist nicht um gesamte erhaltene Paare handelt und der Grad der Verschlissenheit der Schuhe erheblich ist, scheint es sich hier um eine Entsorgung von Abfällen zu handeln, die erst später in den aufgegebenen Brunnen eingebracht wurden. Die Schuhe aus dem Brunnen ergeben ein repräsentatives Bild der Schuhformen der provinzialrömischen Bevölkerung im beginnenden 3. Jh. Es handelt sich sowohl um Kinder- wie auch um Männer- und Frauenschuhe verschiedenster Machart (↗ Schuhe). Daneben sind in allen Brunnen doppelspitzige Schanzpfähle, sog. *pila muralia,* aufgefunden worden.

Etwa 400 m östlich im Bereich der heutigen Stadt liegt das Westkastell. Mit 4,3 ha Fläche zählt dieses Lager zu den größten Anlagen am Limes. Hier war die *ala I Scubulorum* stationiert. Großflächige Grabungen innerhalb der (↗) Kommandantur in den Jahren 2004/05 erbrachten den Nachweis zweier deutlich unterschiedlicher Ausbaustufen und ein Ende des Kastells wohl schon vor der Mitte des 3. Jhs. Zwischen diesen beiden Kastellen entwickelte sich ein ziviles (↗) Lagerdorf, von dem jedoch nur wenig Ausschnitte, wie etwa das Kastellbad, archäologisch nachgewiesen sind. Große Teile des römischen Gräberfeldes mit ca. 150 Bestattungen konnten 1978 beim Bau einer Schule untersucht werden. Besondere Bedeutung hat auch ein 1911 gefundener Münzschatz (↗ Hortfund) mit über 650 Stücken wohl aus dem Jahre 233 n. Chr. aus dem Westkastell, der ebenfalls darauf hindeutet, dass in jenen Jahren Welzheim erstmals großflächig zerstört worden ist.

Etwa 1 km nördlich vom Ortsrand von Welzheim wurde 1895 ein drittes kleines Lager entdeckt, das als «Kleinkastell Rötelsee» in die Literatur einging und 1974 vollständig untersucht wurde. Das 0,3 ha große Kastell wurde im späten 2. Jh. errichtet und war wohl für knapp 20 Mann Besatzung bestimmt. Wichtig ist der vollständige Nachweis der Innenbebauung mit einem hufeisenförmigen hölzernen Mannschaftsgebäude, Innenhof und einem an die Mauer aufgelegten hölzernen Wehrgang. Derartige (↗) Kleinkastelle hatten wohl spezielle Wachaufgaben am Limes zu übernehmen. Die Fundamente des Kleinkastells sind heute konserviert und im Rahmen des Archäologischen Parks zugänglich.

Lit.: C. Van Driel-Murray/H. H. Hartmann, Das Ostkastell von Welzheim, Forschungen und Berichte zu Vor- und Frühgeschichte in Baden-Württemberg 42 (1999).
D. Planck, Die Römer in Baden-Württemberg (2005), 364 ff.

Werkstatt *(fabrica)*

Funktionierende und effiziente W. waren eine grundlegende Voraussetzung für den reibungslosen Ablauf des täglichen Dienstbetriebs. Soldaten, die auch als Handwerker ausgebildet waren, gab es in den (↗) Legionen und den (↗) Hilfstruppen. Die Quellenlage ist für die Legionen ungleich besser und bestätigt die exzellente Bandbreite des Handwerks in diesen Elitetruppen. Auch in Hilfstruppeneinheiten mussten Spezialisten für Bauerhaltung, Wartung der Waffen und Wagen vorhanden sein, die in eigenen W. arbeiteten. In den (↗) Kastellen am Limes können mehrere Gebäude als *fabricae* identifiziert werden. Dies ist nicht aufgrund der Bauform möglich, sondern vor allem durch technische Einrichtungen wie Wasserbecken und Schmelzöfen sowie Funde der Metallverarbeitung und Schlacken. Organische Materialien wie Holz und Leder haben sich nur selten erhalten, sind jedoch als wichtige handwerkliche Materialien indirekt über ihre Bearbeitungswerkzeuge nachgewiesen.

Z

Zenturie/Zenturio

Unterabteilung der römischen Infanterie, die von einem Zenturio befehligt wurde. Der Begriff Z. bedeutet wörtlich übersetzt «Hundertschaft», doch lag die tatsächliche Sollstärke dieser Abteilungen während der römischen Kaiserzeit bei nur noch 80 Fußsoldaten. Z. waren sowohl bei den Legionen (jeweils 60 Z.) als auch bei der Hilfstruppenkohorten (jeweils 6 Z.) anzutreffen; die römische Reiterei war dagegen in *turmae* untergliedert. Die 6 Z. einer Kohorte besaßen unterschiedliche Rangstufen; gleiches gilt für die Führer der Abteilungen. Jede Z. zerfiel in 10 sog. Stubengemeinschaften *(contubernia)* mit jeweils 8 Soldaten. Zur besseren Unterscheidung der Z. führten diese den Namen ihres jeweiligen Zenturios, also z. B. *centuria Candidi* (= Zenturie des Candidus) oder *centuria Maximi* (= Zenturie des Maximus). Innerhalb des Lagers bezog eine Z. geschlossen eine lange (↗) Mannschaftsbaracke; der zugehörige Zenturio bewohnte einen geräumigen Kopfbau am Ende des Traktes. Ihm zur Seite standen in jeder Z. ein Feldzeichenträger (↗ *signifer*), der zugleich die Kassenführung der Abteilung besorgte, ein Leutnant *(optio)*, mehrere Unteroffiziere *(duplicarius, sesquiplicarius)* und ein Waffenwart *(custos armorum)*.

Lit.: O. Richier, Centuriones ad Rhenum. Les centurions légionaires des armées romain du Rhin, Gallia Romana VI (Paris 2004).

Ziegel

Mit der Steinbauweise (↗ Mauertechnik) kam auch das Brennen spezieller Baukeramik für Dächer und Heizanlagen in der Römerzeit über die Alpen. Das heutige Wort «Ziegel» leitet sich vom lateinischen Begriff *tegula* ab. Während der Limeszeit wurden große Mengen an Ziegeln für den Bau der Steinkastelle und der zugehörigen Kastellbäder (↗ Badewesen) benötigt, die meist zentral in eigenen (↗) Militärziegeleien hergestellt und auf dem Wasserweg an die Garnisonen geliefert wurden. Zu den in römischer Zeit charakteristischen Ziegelformen gehören *tegula* und *imbrex* für die Dachdeckung. Die Fugen der flach nebeneinander gelegten, rechteckigen *tegulae* überspannten die halbrunden *imbrices.* Neben den zahlreichen meist quadratischen Ziegelplatten, die für den Bau der (↗) Hypocausten benötigt wurden, waren hier sog. *tubuli,* Hohlziegel, für die Ableitung der Warmluft aus dem Fußboden erforderlich.

Lit.: J. Dolata, Ziegel. In: H. Beck/D. Geuenich/H. Steuer (Hrsg.), J. Hoops, Reallexikon der Germanischen Altertumskunde 35 (2007) 914–921.

Zugmantel

Nördlich des (↗) *civitas*-Vorortes *Aquae Mattiacorum* (Wiesbaden) kontrollierte der Kastellplatz von Z., Stadt Taunusstein, eine bereits seit vorgeschichtlicher Zeit wichtige Verbindungsroute aus dem

Rheingau. Mit dem Limburger Becken war hier dem Limes eine ausgedehnte germanische Siedlungskammer vorgelagert. Das in seiner letzten Bauphase 2,1 ha (124,5 m × 171 m) große Steinkastell besitzt drei Vorgängerkastelle, von denen das älteste noch in vorTrajanischer Zeit entstand. Am Z. war eine nicht näher bekannte *Treverer*-Einheit stationiert. Die Ausdehnung des (↗) Lagerdorfes auf allen vier Seiten des Kastells ist nahezu vollständig bekannt. Der Kern der Ansiedlung entwickelte sich zu beiden Seiten der Straße vom Haupttor zur Quelle der Aar, wo sich das Bad befand. Vor dem Tor befand sich ein dreieckiger Platz. Neben dem Badegebäude (↗ Badewesen) kennt man drei Heiligtümer. Eines davon war dem (↗) *Iuppiter Dolichenus* geweiht, ein anderes vielleicht der *Magna Mater*. Besonders hinzuweisen ist auf zwei kleine Amphitheater am nördlichen und östlichen Rand des Lagerdorfes. Ein Gräberfeld wurde an der Straße lokalisiert, die vom Südtor aus nach Süden führte. Kastell und Lagerdorf gehören damit zu den am besten bekannten Kastellplätzen am Obergermanisch-Raetischen Limes.

Lit.: F.-R. Herrmann, Kastell Zugmantel und der Limes bei Orlen, Arch. Denkmäler Hessen 33. Abt. Vor- und Frühgesch. im Landesamt für Denkmalpflege Hessen (Wiesbaden 1983).
M. Reuter, Cohortes Treverorum am Taunuslimes? Zur Besatzung der Kastelle Zugmantel und Holzhausen. In: A. Thiel (Hrsg.), Neue Forschungen am Limes, Beiträge zum Welterbe Limes 3 (Bad Homburg 2008) 82 ff.

Literatur

Allgemeine Literatur

Arch. Landesmuseum (Hrsg.), Imperium Romanum. Roms Provinzen an Neckar, Rhein und Donau, Ausstellungskatalog (Stuttgart 2006).

Dietwulf Baatz, Der römische Limes. Archäologische Ausflüge zwischen Rhein und Donau (Berlin [4]2000).

Dietwulf Baatz/Fritz-R. Herrmann (Hrsg.), Die Römer in Hessen (Stuttgart 2002).

Heiz Cüppers/Helmut Bernhard/Walburg Boppert (Hrsg.), Die Römer in Rheinland-Pfalz (Hamburg 2005).

Wolfgang Czysz/Karlheinz Dietz/Thomas Fischer (Hrsg.), Die Römer in Bayern (Hamburg 2005).

Hermann Dannheimer (Hrsg.), Der römische Limes in Bayern. 100 Jahre Limesforschung, Ausstellungskataloge der Prähistorischen Staatssammlung 22 (München 1992).

Deutsche Limeskommission (Hrsg.), Der Limes als UNESCO Welterbe, Beiträge zum Welterbe Limes 1 (Bad Homburg 2007).

Werner Eck/Hartmut Wolff, Heer und Integrationspolitik. Die römischen Militärdiplome als historische Quelle, Passauer Hist. Forsch. 2 (Köln, Wien 1986).

Ernst Fabricius/Felix Hettner/Oskar von Sarvey, Der obergermanisch-raetische Limes des Römerreiches, 14 Bände – Abt. A: Streckenbeschreibungen; Abt. B: Beschreibungen der Kastelle (Berlin/Leipzig 1894–1937).

Peter Fasold, Römischer Grabbrauch in Süddeutschland, Schriften des Limesmuseums Aalen 46 (Stuttgart 1992).

Thomas Fischer, Materialhorte des 3. Jh. in den Grenzprovinzen zwischen Niedergermanien und Noricum. In: Das mitteleuropäische Barbaricum und die Krise des römischen Weltreiches im 3. Jh. (Brno 1999).

Thomas Fischer (Hrsg.), Die römischen Provinzen. Eine Einführung in ihre Archäologie (Stuttgart 2001).

Thomas Fischer/Erika Riedmeier-Fischer, Der römische Limes in Bayern. Geschichte und Schauplätze entlang des UNESCO-Welterbes (Regensburg 2008).

Anita Gaubatz/Wolfgang Seidenspinner, Osterburken, Archäologischer Stadtkataster Baden-Württemberg 16 (Stuttgart 2001).

Michael Heinzelmann/Jacopo Ortali/Peter Fasold/Marion Witteyer, Römischer Bestattungsbrauch und Beigabensitten in Rom, Norditalien und den Nordwestprovinzen von der späten Republik bis in die Kaiserzeit, Palilia 8 (Wiesbaden 2001).

Anne Johnson, Römische Kastelle des 1. und 2. Jahrhunderts n. Chr. in Britannien und in den germanischen Provinzen des Römerreiches, Kulturgeschichte Antike Welt 37 (Mainz 1987).

Cliff A. Jost, Der römische Limes in Rheinland-Pfalz, Archäologie an Mittelrhein und Mosel Bd. 14 (Koblenz 2003).

Martin Kemkes/Jörg Scheuerbrandt/Nina Willburger, Am Rande des Imperiums. Der Limes – Grenze Roms zu den Barbaren (Stuttgart [2]2004).

Margot Klee, Der Limes zwischen Rhein und Main (Stuttgart 1989).

Hans-Peter Kuhnen (Hrsg.), Gestürmt – Geräumt – Vergessen? Der Limesfall und das Ende der Römerherrschaft in Südwestdeutschland, Württembergisches Landesmuseum Archäologische Sammlung Führer und Bestandskataloge II (Stuttgart 1994).

Nicole Lambert/Jörg Scheuerbrandt, Das Militärdiplom. Quelle zur römischen Armee und zum Urkundenwesen, Schriften des Limesmuseums Aalen 55 (Stuttgart 2002).

Joris Peters, Römische Tierhaltung und Tierzucht. Eine Synthese archäozoologischer Untersuchung und schriftlich-bildlicher Überlieferung (Rahden/Westfalen 1998).

Barbara Pferdehirt, Römische Militärdiplome und Entlassungsurkunden in der Sammlung des Römisch-Germanischen Zentralmuseums (Mainz 2004).

Dieter Planck/Willi Beck, Der Limes in Südwestdeutschland (Stuttgart ²1980).

Dieter Planck (Hrsg.), Die Römer in Baden-Württemberg. Römerstätten und Museen von Aalen bis Zwiefalten (Stuttgart 2005).

Britta Rabold/Egon Schallmayer/Andreas Thiel, Der Limes, Die Deutsche Limes-Straße vom Rhein bis zur Donau (Stuttgart 2000).

Der römische Limes in Bayern. 100 Jahre Limesforschung, Ausstellungskataloge der Prähistorischen Staatssammlung München 22 (München 1992).

Der römische Limes in Deutschland: 100 Jahre Reichs-Limeskommission, Archäologie in Deutschland, Sonderheft 1 (Stuttgart 1992).

Der römische Weihebezirk von Osterburken II. Kolloquium 1990 und paläobotanische-osteologische Untersuchungen, Forsch. u. Ber. Vor- u. Frühgesch. Baden-Württemberg 49 (Stuttgart 1994).

Vera Rupp/Heide Birley, Wanderungen am Wetteraulimes. Archäologische Wanderungen am Limes vom Köpperner Tal im Taunus bis zur Drususeiche bei Limeshain, Führer zur hessischen Vor- und Frühgeschichte Bd. 6 (Stuttgart 2005).

Egon Schallmayer, Der Odenwaldlimes vom Main bis an den Neckar (Stuttgart 1984).

Egon Schallmayer (Hrsg.), Hundert Jahre Saalburg. Vom römischen Grenzposten zum europäischen Museum (Mainz 1997).

Egon Schallmayer, Der Limes. Geschichte einer Grenze (München 2005).

Bernd Steidl, Welterbe Limes. Roms Grenze am Main, Ausstellungskataloge der Prähistorischen Staatssammlung 36 (Obernburg am Main 2008).

Heiko Steuer, Schatzfunde. In: Reallexikon der germanischen Altertumskunde Band 26 (Berlin, New York 2004) 598–611.

Hans-Peter Stika, Römerzeitliche Pflanzenreste aus Baden-Württemberg, Beiträge zur Landwirtschaft, Ernährung und Umwelt in den römischen Provinzen Obergermanien und Rätien, Materialhefte Arch. Baden-Württemberg (Stuttgart 1996).

Andreas Thiel, Wege am Limes. 55 Ausflüge in die Römerzeit (Stuttgart ²2007).

Andreas Thiel (Hrsg.), Forschungen zur Funktion des Limes. Beiträge zum Welterbe Limes 2 (Bad Homburg 2007).

Andreas Thiel (Hrsg.), Neue Forschungen am Limes. Beiträge zum Welterbe Limes 3 (Bad Homburg 2008).

Ludwig Wamser/Christof Flügel/Bernward Ziegaus (Hrsg.), Die Römer zwischen Alpen und Nordmeer (Düsseldorf 2004).

Waffen, Ausrüstung, Bekleidung

M. Bishop/J. C. Coulston, Roman military equipment. From the Punic Wars to the fall of Rome (London 1993).

Astrid Böhme-Schönberger, Kleidung und Schmuck in Rom und den Provinzen. Schriften des Limesmuseums Aalen 50 (Stuttgart 1997).

Florea Bobu Florescu, Das Siegesdenkmal von Adamklissi, Tropaeum Traiani (Bonn 1965).

Karl Lehmann-Hartleben, Die Trajanssäule. Ein römisches Kunstwerk zu Beginn der Spätantike (Berlin, Leipzig 1926).

Marcus Junkelmann, Die Legionen des Augustus. Der römische Soldat im archäologischen Experiment (Mainz 1986).

Marcus Junkelmann, Die Reiter Roms III. Zubehör, Reitweise, Bewaffnung (Mainz 1992).

Marcus Junkelmann, Reiter wie Statuen aus Erz (Mainz 1996).

Martin Kemkes/Jörg Scheuerbrandt, Zwischen Patrouille und Parade. Die römische Reiterei am Limes, Schriften des Limesmuseums Aalen 51 (Stuttgart 1997).

Peter Knötzele, Römische Schuhe. Luxus an den Füßen, Schriften des Limesmuseums Aalen 59 (Stuttgart 2007).

Ernst Künzl, Unter den goldenen Adlern: Der Waffenschmuck des römischen Imperiums (Regensburg 2008).

Matthias Pausch, Die römische Tunica (Augsburg 2003).

Danae Richter, Das römische Heer auf der Trajanssäule: Propaganda und Realität, Waffen und Ausrüstung, Marsch, Arbeit und Kampf (Mannheim /Möhnesee 2004).

Religion/Heeresreligion

Hans Ankersdorfer, Studien zur Religion des römischen Heeres (Konstanz 1973).

Gerhardt Bauchhenß, Die Iuppitergigantensäulen in den germanischen Provinzen, Beihefte Bonner Jahrbücher 41 (Bonn 1981).

Manfred Clauss, Mithras. Kult und Mysterien (München 1990).

Roland Gschlößl, Im Schmelztiegel der Religionen, Göttertausch bei Kelten, Römern und Germanen (Mainz 2006).

Martin Kemkes/Nina Willburger, Der Soldat und die Götter. Römische Religion am Limes, Schriften des Limesmuseums Aalen 56 (Stuttgart 2004).

Michael P. Speidel, Jupiter Dolichenus. Der Himmelsgott auf dem Stier, Schriften des Limesmuseums Aalen 24 (Stuttgart 1980).

Michael P. Speidel, The Religion of Jupiter Dolichenus in the Roman Army (Leiden 1978).

Hans Rüpke/Wolfgang Spickermann (Hrsg.), Religion in den germanischen Provinzen Roms (Tübingen 2001)

Wolfgang Spickermann, Germania Superior. Religionsgeschichte des römischen Germanien 1, Religion der römischen Provinzen 2 (Tübingen 2003).

Oliver Stoll, Die Skulpturenausstattung römischer Militärlager an Rhein und Donau (St. Katharinen 1992).

Register

Bild- und Artikelnachweis

Archäologisches Landesmuseum Baden-Württemberg: 6, 8, 11–16, 19–20, 22–23, 25, 27, 29–31, 33, 35–36, 39–40, 43; Archäologisches Landesmuseum Baden-Württemberg (Grafik: H. Fischer, Ranger Design): 9, 24, 26; Bayerisches Landesamt für Denkmalpflege (Foto: O. Braasch): 10; Hessisches Landesamt für Denkmalpflege Hessen (Foto: O. Braasch): 17; Regierungspräsidium Stuttgart: 2–5, 7, 18, 21, 32, 37, 41–42; Regierungspräsidium Stuttgart (Foto: O. Braasch): 1; Römerkastell Saalburg, Archäologischer Park: 34; Römisch-Germanische Kommission des Deutschen Archäologischen Instituts, Limesarchiv: 28; A. Thiel: 38

Martin Kemkes: Angriffswaffen, Bestattungswesen, Bürgerrecht, Diener, Dolch, Feldzeichen, Fortuna, Genius, Helm, Hercules, Hortfund, Hosen, Iuppiter, Iuppiter Dolichenus, Kaiserkult, Kleidung, Landwirtschaft, Lanze, Mantel, Mars, Militärdiplom, Minerva, Mithras, Monumentum Trajani, Nymphaeum, Obernburg, Odenwaldlimes, Orden, Osterburken, Paraderüstung, Reiterei, Schanzwerkzeug, Schild, Schuhe, Schwert, Trajanssäule, Verteidigungswaffen, Waffen, Wehrgurt

Jürgen Obmann: Annäherungshindernisse, Annex, Blockhaus, *burgus, cardo maximus,* August von Cohausen, *decumanus maximus,* Donau-Iller-Rhein-Limes, Exerzierplatz, Ernst Fabricius, Flechtwerkzaun, Christian Ernst Hanßelmann, Heinrich Jacobi, Kastell, Kleinkastell, Kolonnenweg, Kommandantenwohnung, Kommandantur, Lager, Latrine, Lazarett, Mannschaftsbaracke, Theodor Mommsen, Palisade, *porticus,* Regensburg, Reichs-Limeskommission, *vallum,* Waffenkammer, Werkstatt

Dieter Planck: Aalen, Alblimes, Badewesen, Burgus in der Harlach, *capitolium,* Deutsche Limeskommission, Deutsche Limesstraße, Donaulimes, Echzell, Handwerker, Heidenheim, Hesselbach, Hypocaustum, Lautertallimes, Limesdurchgang, Mauertechnik, Neckarlimes, Obergermanisch-raetischer Limes, Pfahlgraben, Rainau-Buch, Rainau-Dalkingen, Streifenhaus, Teufelsmauer, Vermessung, Verputz, Weißenburg in Bayern, Welzheim

Marcus Reuter: Alamannen, Amphitheater, *annona militaris, basilica,* Bauinschriften, Bogen, *Brittones, bucinator,* Chatten/Chattenkriege, Chesterholm, *collegium, cursus publicus, damnatio memoriae, dediticii,* Dienstzeit, *explorator,* Franken, Gallisches Sonderreich, Gardetruppen, Geheimdienst, Germanenkriege, Holzfäller, *legatus legionis,* Limesfall, Mannschaftsstärke, Niedergermanischer Limes, *numerus,* Pfünz, *praefectus, praepositus,* procurator, Schreibtäfelchen, Signal, Sold, *statio,* Statthalter, Strafen, *tabularium, tribunus, turma,* Zenturie/Zenturio

Andreas Thiel: *agri decumates, ala,* Antoninuswall, Beneficiarier, *beneficium, civitas, depositum,* Dienstgrade, Einheiten, Eining, Flotte, Flussgrenze, *fossatum Africae,* Fußsoldat, Germania, Hadriansmauer, Herberge, Hilfstruppen, Kapersburg, Katapult, Kohorte, Künzing, Lagerdorf, Lagervorstadt, Legion, Limes, Mainz, Manipel, Militärziegeleien, Musterung, Niederbieber, Rekrutierung, Saalburg, signifer, Straßburg, *strata Diokletiana,* Veteran, *vexillatio,* Wachtdienst, Wachtposten, Waffenbesitz, Waldgirmes, Weltkulturerbe, Ziegel, Zugmantel